अनुवाद प्रक्रिया एवं परिदृश्य

अनुवाद प्रक्रिया और परिदृश्य

रीतारानी पालीवाल

प्रोफेसर

इन्दिरा गांधी राष्ट्रीय मुक्त विश्वविद्यालय

नयी दिल्ली

वाणी प्रकाशन

वाणी प्रकाशन
4695, 21-ए, दरियागंज, नयी दिल्ली 110 002

शाखा

अशोक राजपथ, पटना 800 004

फ़ोनः +91 11 23273167 फ़ैक्सः +91 11 23275710

www.vaniprakashan.in
vaniprakashan@gmail.com
sales@vaniprakashan.in

ANUVAD PRAKRIYA AUR PARIDRASHYA
by Ritarani Paliwal

ISBN : 978-81-8143-085-4
Linguistic

संस्करण 2004, 2010
आवृत्ति 2018

मूल्य : ₹ 495

सिटी प्रेस, दिल्ली-110 095 में मुद्रित

वाणी प्रकाशन का लोगो मक़बूल फ़िदा हुसेन की कूची से

अपनी बात

मेरी पिछली पुस्तकों—'अनुवाद प्रक्रिया' और 'अनुवाद की सामाजिक भूमिका' का पाठकों ने जिस स्नेह के साथ स्वागत किया वह मेरे लिए प्रेरणा का स्रोत रहा है। अनुवाद संबंधी प्रश्नों की समस्याओं और जटिलताओं से जूझने में इस प्रेरणा की बलवती भूमिका है। प्रस्तुत पुस्तक इसी उत्साह वर्धन का परिणाम है।

'अनुवाद प्रक्रिया' बाईस वर्ष पूर्व आई थी। तब से अब तक हमारे समाज और भाषाई परिदृश्य में व्यापक बदलाव आए हैं। हिंदी के स्वरूप और मुहावरे को लेकर तरह-तरह की बहस-मुबहिसे शुरू हुए हैं और जारी हैं। संचार क्रांति के परिणामस्वरूप भाषा को नई चुनौतियाँ झेलनी पड़ी हैं। इन सब के मद्देनज़र मेरे कई लेख समय पर पत्र पत्रिकाओं में आते रहे हैं तथा सभा गोष्ठियों में भी पढ़े गए हैं। उन्हें इस पुस्तक में शामिल कर लिया गया है। कारण प्रयोजनमूलक अथवा व्यावहरिक हिंदी और अनुवाद परस्पर पर्याय हो गए हैं—कहना चाहिए प्रयोजनमूलक हिंदी पूर्णतया अनुवाद जीवी हो गई है। इस स्थिति के चलते हिंदी की स्वरूपगत चुनौतियों पर चर्चा आवश्यक है।

पुस्तक के अंतिम भाग में थोड़ी सामग्री अनुवाद के लिए जोड़ दी गई है। इसमें दिए गए अनुच्छेदों का अंग्रेज़ी से हिंदी और हिंदी से अंग्रेज़ी तरजुमा कर अनुवाद का अभ्यास किया जा सकता है। यह सामग्री कई स्रोतों से एकत्र की गई है। इसे शामिल करने के पीछे मेरी यह धारणा है कि व्यवहारमूलक विद्या होने के कारण अनुवाद संबंधी कोई भी अध्ययन तभी पूरा होगा जब सिद्धांत और व्यवहार दोनों को जोड़ा जाए।

रीतारानी पालीवाल

ए-102/3 एस.एफ.एस.फ्लैट्स
साकेत, नई दिल्ली 110017

विषय-सूची

एक

दो

तीन

एक

अनुवाद क्या है?

किसी एक भाषा की ज्ञान-विज्ञान सम्बन्धी पाठ सामग्री का दूसरी भाषा में भाषान्तर या पुनः कथन अनुवाद है। अनुवादक को अनूद्य सामग्री को स्रोत भाषा (Source Language) से लक्ष्य भाषा (Target Language) में सावधानी में पुनर्प्रस्तुत करना पड़ता है। एक भाषा से दूसरी भाषा में अंतरण और पुर्नप्रस्तुति का यह कार्य एक चुनौती भरा काम होता है। यह कार्य तमाम कठिनाइयों और चुनौतियों से भरा हुआ इसलिए माना जाता है कि प्रत्येक भाषा एक भिन्न प्रकृति एवं परिवेश लेकर विकसित होती है। उसका संरचनात्मक गठन अपने स्वरूप और आयामों में दूसरी भाषा से भिन्न अर्थ-स्तर का होता है। एक भाषा से दूसरी भाषा की यह भिन्नता पद, पद-बन्ध, व़ाक्य-रचना, ध्वनि, अर्थ-लय, शब्द-रूप, शब्द-गठन-विन्यास, रूप-विन्यास, अलंकार, छन्द, लोकोक्ति-मुहावरों के प्रयोग की विधि एवं सांस्कृतिक-ऐतिहासिक परिप्रेक्ष्य के अध्ययन से समझी-समझायी जा सकती है। प्रत्येक भाषा के इस निजी सांस्कृतिक-ऐतिहासिक परिप्रेक्ष्य और प्रकृति परिवेशगत विशिष्टताओं के कारण अन्य किसी भाषा में पूरी तरह उसी तरह की समग्र अभिव्यक्ति सम्भव नहीं हो पाती है।

यह कार्य स्रोत भाषा की अभिव्यक्ति-क्षमता और लक्ष्य भाषा की अभिव्यक्ति क्षमता पर भी निर्भर करता है कि दोनों भाषाओं में अपनी कितनी ताकत है। प्रायः लक्ष्य-भाषा में स्रोत भाषा की सम्पूर्ण अभिव्यक्ति को व्यक्त करने की क्षमता कम या ज्यादा रहती है। ऐसा होने के कारण अनुवाद कार्य में कभी-कभी घपला खड़ा हो जाता है। लक्ष्य भाषा में यदि स्रोत भाषा की शब्द-शक्तियों को पकड़ने की सही स्थिति न हुई तो भाषान्तर या व्याख्यात्मक आवृत्ति में बड़ा अनर्थ हो जाता है। शब्द और अर्थ के अनर्थ से बचने के लिए भारतीय वैयाकरणों ने अभिधा, लक्षणा एवं व्यंजना नामक शब्द-शक्तियों पर विस्तार से विचार किया है। तीनों शब्द-शक्तियों के सूक्ष्म भेद-प्रभेद को समझने के लिए इन तीन शब्द-शक्तियों के अनेकानेक भेद उदाहरण देकर प्रस्तुत किए हैं। शब्द और अर्थ की पारस्परिकता, भिन्नता या स्वतंत्रता पर विचार करते हुए स्पष्ट कहा गया हैं कि–'योऽयं शब्दः सोऽर्थः, योऽर्थः स शब्दः' इति। शब्दार्थ के

शक्तिवाद के लिए वैयाकरणों ने शब्दचतुष्टयवाद (जाति, गुण, क्रिया एवं यदृच्छा शब्द) का खुलकर पक्ष लिया है। अनुवाद के संदर्भ में शब्द-शक्तियों की दृष्टि से यह अपेक्षित होता है कि किसी भी बात को पढ़-सुनकर स्रोत भाषा का व्यक्ति जो अर्थ ग्रहण करे, वही लक्ष्य भाषा को पढ़-सुनकर भी ग्रहण करे या कर सके। अर्थ-ग्रहण के साथ बिम्ब-ग्रहण कराना भी भाषा का कार्य है और कथ्य को स्रोत भाषा से लक्ष्य भाषा में अंतरित करते समय अनुवादक से चूक नहीं होनी चाहिए। लक्ष्य भाषा में स्रोत भाषा का पूर्ण समानार्थ अनुवाद में सम्भव नहीं होता है, क्योंकि स्रोत भाषा की अर्थ-ध्वनियां, नादात्मक झंकारें तथा अनुकरणात्मक और अनुरणनात्मक संगतियों में अभिव्यक्तिगत अन्तर होता है। इसीलिए स्रोत भाषा के अर्थ को लक्ष्य भाषा या तो बढ़ाती है या संकुचित करती है, या घटाती है या सन्दर्भ च्युत कर देती है या एकदम भिन्नार्थक स्थिति में पहुंचा देती है। यही कारण है कि स्रोत भाषा के अर्थ-सन्दर्भ को लक्ष्य भाषा में ठीक वैसा का वैसा ला पाना सम्भव नहीं होता। अनुवादक सम्पूर्ण निष्ठा से दोनों के आस-पास की अर्थ-सम्भावनाओं से अर्थ उजागर करता है। अतः अनुवाद में समानार्थक नहीं, निकटार्थक स्थिति रहती है। अनुवाद एक प्रकार से समानता की कला न बनकर सम्भावनार्थक समझौते की कला है। स्रोत भाषा के शब्दार्थ-सन्दर्भ से लक्ष्य भाषा में अधिकाधिक सन्निकटता स्थापित कर लेने वाला अनुवादक ही सही और निष्ठावान कर्मी है। इसी कोण से अनुवाद में 'सम्पूर्णता' की मांग एक गलत नारा बनकर रह जाती है क्योंकि लक्ष्य भाषा और स्रोत भाषा के बीच काल-भेद, देश-भेद, देश-भेद, जातीय-भेद आदि की दूरी या निकटता के प्रश्न का अनुवाद पर गहरा प्रभाव पड़ता है। शेक्सपियरियन ट्रेजेडी का आज इक्कीसवीं शताब्दी में हिन्दी-अनुवाद करते समय ऐसी ही समस्या रहती है। इसे शेक्सपियर के नाटक 'हेमलेट' के कवि बच्चन द्वारा तथा 'मैकबेथ' के कवि रघुवीर सहाय द्वारा किए गए अनुवाद से समझा जा सकता है।

कोई व्यक्ति किसी भी ऐसे पाठ (Text) का अनुवाद नहीं कर सकता, जो उसकी पकड़ या समझ से बाहर हो। उसे विषय-वस्तु (Subject matter) विशेष की पर्याप्त जानकारी होनी चाहिए। वह जिस भाषा से अनुवाद कर रहा है और जिसमें वह अनुवाद कर रहा है, उन दोनों की पर्याप्त पकड़ के साथ-साथ उसमें दोनों में सोचने-विचारने और गहन चिन्तन करने की पर्याप्त क्षमता होनी चाहिए। इसमें कोश एक महत्त्वपूर्ण भूमिका अदा कर सकते हैं, किन्तु वे विषय की समझ और चिन्तन की तर्क-शक्ति का स्थान नहीं ले सकते। यही कारण है कि नैसर्गिक प्रतिभा के धनी, शब्द-खोजी अनुवादकों द्वारा किया गया अनुवाद बेहतर होता है।

अनुवाद केवल स्रोत भाषा के पाठ को लक्ष्य भाषा के समानार्थकों द्वारा प्रतिस्थापित करना ही नहीं है, बल्कि अनेक ऐसे सन्दर्भों और सांस्कृतिक अर्थ अभिप्रायों को लक्ष्य भाषा में अन्तरित करना भी है, जो लक्ष्य भाषा की संस्कृति में

मौजूद ही नहीं हैं। यह कठिनाई इसलिए प्रखरता से उत्पन्न होती है कि स्रोत भाषा के सांस्कृतिक अर्थ-अभिप्राय और अर्थ-गुच्छ लक्ष्य भाषा में ठीक वैसे के वैसे उपलब्ध नहीं होते हैं। किसी बिन्दु पर इन्हें अभिव्यक्त करना असम्भव-सा लगने लगता है। कठिनाई का मूल तो यही होता है कि स्रोत भाषा और लक्ष्य भाषा में पूरी तरह समानतापरक या समान अभिव्यक्तियां उपलब्ध नहीं हो पातीं। इस स्थिति से बचने के लिए अनुवादक कभी-कभार 'शार्ट-कट' खोजता है। वह स्रोत भाषा और लक्ष्य भाषा में समानता लाने के चक्कर में स्रोत भाषा के ऐसे प्रयोग भी लक्ष्य भाषा में हू-ब-हू लाने की भयंकर भूल कर बैठता है, जो लक्ष्य भाषा की अपनी प्रकृति में स्वाभाविक नहीं लगते। ऐसे अनुवादक लक्ष्य भाषा की सहजता को नष्ट करते हुए, कृत्रिमता का संसार रचते रहते हैं। जैसे अंग्रेजी का एक वाक्य है– 'The man, who does not see that the good of every living creature is his own good, is a fool. 'वह आदमी, जो नहीं देखता कि प्रत्येक जीवधारी की भलाई उसकी अपनी भलाई है, मूर्ख हैं।' किन्तु यह हिन्दी का सहज वाक्य नहीं है। हिन्दी की प्रवृत्ति के अनुसार यह वाक्य होना चाहिए : 'वह आदमी मूर्ख है जो प्रत्येक जीवधारी की भलाई में अपनी भलाई नहीं देखता।'

इन कठिनाइयों से बचने के लिए अनिवार्य है कि अनुवादक को स्रोत और लक्ष्य भाषा की प्रकृति और परिवेश, सांस्कृतिक-ऐतिहासिक पीठिका का प्रामाणिक एवं गहरा ज्ञान हो।

अनुवादक से पाठक यह भी चाहता है कि अनूदित पाठ-सामग्री में अभिव्यक्ति की वैसी ही सुबोधगम्यता, प्राञ्जलता और प्रवाहमयता हो, जो मूल पाठ में मौजूद है। इसके साथ-साथ अनुवाद में शाब्दिक वास्तविकता और परिशुद्धता भी हो, जिसके न होने पर सम्पूर्ण पाठ ही अप्रामाणिक हो जाता है, अनुवाद में मूल सृजनात्मकता के समान सहजता और स्वाभाविक गत्यात्मकता हो जिससे मूल तथा अनुवाद की तुलना करते पर पता लगाना असम्भव-सा हो कि कौन-सा मूल है और कौन-सा अनुवाद। प्रत्येक अनुवादक को–चाहे वह साहित्यिक अनुवाद करता हो, या तकनीकी या वैज्ञानिक अनुवाद–इस तथ्य को स्वीकार करने में ननु नच नहीं करनी चाहिए।

अनुवाद के प्रश्न पर तीन कोणों में विचार किया जा सकता है–(1) अनूदित पाठ-सामग्री का पर्याप्त ज्ञान, (2) जिस भाषा में अनुवाद करना है, उस पर पर्याप्त अधिकार का प्रश्न, (3) इन दोनों के बीच भाषांतर की प्रक्रिया। अनुवाद की समस्या पर किए गए सभी अध्ययन इस बात को मानकर चलते हैं कि अनुवादक को पाठ-सामग्री की ज्ञानात्मक चेतना, भाषा और संवेदना, संरचनात्मक गठन, पद-बन्ध, अन्तर्गठन, पदांशों की आवृत्ति, वाक्य-गठन आदि की सम्पूर्ण जानकारी हो। किन्तु सम्पूर्णता में यह ज्ञान इतनी आसान बात नहीं है जितनी लगती है।

यह एक स्वयंसिद्ध तथ्य है कि अनुवाद एक व्याख्यात्मक कला (Interpretative

Art) है। किन्तु अनुवादक के साथ यह अजीव विरोधाभास है कि वह एक ऐसे माध्यम से कार्यरत व्याख्यात्मक कलाकार है जो उस मूल से, जिसे वह अपने शब्दों में प्रस्तुत करना चाहता है—समान भी है और भिन्न भी। अनुवादक अन्य कलाकारों की भांति मौलिक नहीं हो सकता, क्योंकि वह उन बिम्बों और शब्दों के माध्यम से कार्य करता है जो कलम की गई शाखा या प्रतिरोपित वृक्ष की भांति अपने जीवन के लिए ऐसे बीज के ऋणी होते हैं ज़िसे किन्हीं अन्य हाथों ने किसी अन्य स्थान पर रोपा है। प्रत्येक व्याख्यात्मक कलाकार की भांति अनुवादक का कार्य पराये सौन्दर्य-बोध को अपनी ज्ञानात्मक संवेदना में तादात्म्यीकृत करते हुए लक्ष्य भाषा में अन्तरित करने का है।

कलाकार की भांति अनुवादक भी आत्माभिव्यक्ति का इच्छुक होता है। वह भी पूरी साधना से पराए ढांचे में अपना अनुभव 'फिट' कर देना चाहता है। यह अनुभव ऐतिहासिक, समाजशास्त्रीय, आत्मवृत्तान्तपरक, मनोवैज्ञानिक, आर्थिक या सांस्कृतिक किसी भी प्रकार का हो सकता है। अतः अनुवादक किसी भी प्रकार सर्जक से कम नहीं होता है और इसी अर्थ में अनुवाद को 'पुनर्सृजन' या 'पुनर्प्रस्तुतीकरण' कहा भी जाता है।

कुछ विद्वान यह भी कहते रहे हैं कि अनुवादक के पास अपना मौलिक कहने को कुछ नहीं होता। उसका कार्य ऐसा होता है कि जैसे पुरानी बोतल में रखी शराब को नयी बोतल में ढंग से पलट दिया जाए। अर्थात् अनुवाद प्रक्रिया में अनुवादक को कुछ नहीं करना होता क्योंकि पाठ-सामग्री में परिवर्तन सम्भव नहीं है। किंतु इस कथन में सच्चाई नहीं है क्योंकि एक बोतल से दूसरी बोतल में पलटते समय शराब फैल भी सकती है, उसका काफी अंश नष्ट भी हो सकता है। प्रश्न यह भी होता है कि पुरानी बोतल की चीज को सुरक्षित रखते हुए नई बोतल में कैसे समाहित किया जाए। कभी-कभार तो पुरानी बोतल की शराब से ही नई बोतल के टूट जाने का खतरा रहता है जैसे कि अठारहवीं शताब्दी में अंग्रेजी के कवि आलोचकों ने जब प्राचीन क्लासिकों की रचनाओं का अपनी भाषा में अनुकरण किया तो वे 'रूप' (Form) को ही पकड़ पाए, वस्तु (Content) की भव्यता एवं गहनता उनके हाथ से खिसक गई।

तमाम बहसों में से एक बात उभरती है कि चाहे कोई कुछ भी कहे अनुवादक एक साहित्यिक कलाकार है जो अपने अनुभव की अभिव्यक्ति के लिए उपयुक्त रूप अपने से बाहर खोजता है। ऐसी स्थिति में यह दृष्टिकोण मूलतः गलत है कि अनुवादक एक उथला कलामर्मज्ञ या खोखला रूपवादी (Empty Formalist) होता है या वह सर्जक या कवि नहीं है बल्कि मात्र उल्थाकार शब्द-शिल्पी है जिसके पास अपना कहने को कुछ नहीं होता। निश्चय ही उस श्रेणी के कुछ अनुवादक होते हैं, किन्तु वे उस क्षेत्र के आदर्श उदाहरण नहीं है। कुछ तथाकथित लेखक भी इसी श्रेणी के होते हैं लेकिन वे रचनाकार के मॉडल के रूप में स्वीकार नहीं होते। अनुवाद को

हम चाहें तो साहित्यिक अनुकरण के रूप में परिभाषित कर सकते हैं। अन्य भाषा की कविता अनुवादक के लिए एक 'मॉडल' बन जाती है और वह मात्र अनुकरण से प्रेरित नहीं होता बल्कि वैकल्पिक सादृश्य से प्रेरित होता है। वस्तु का आकर्षक उसे इतना आकृष्ट करता है कि वह अपनी वस्तु (Content) के अनुकूल रूप (Form) खोजकर तादात्म्य स्थापित कर लेता है। इस प्रकार वह एक ऐसे रूप के माध्यम से नियन्त्रित रहता है जो सहज तो नहीं होता, किन्तु उसके अनुकूल होता है।

इस तरह अनुवाद मनोवैज्ञानिक रूप से एक आभ्यन्तरीकरण की प्रक्रिया है–पलायन की नहीं। कोई चाहे तो अनुवाद की इस प्रक्रिया और अनुभव को निर्वैयक्तीकरण के साथ तादात्म्यीकरण की प्रक्रिया कह सकता है जिसे केवल भावनात्मक वस्तु के अन्तरण के रूप में ही नहीं समझा जाना चाहिए। अन्य भाषा की कविता केवल विषय मात्र ही नहीं होती है–बल्कि एक आर्केटाइप या आद्य रूप होती है जो भौतिकेतर या अमूर्त्त प्रभाव जागृत करती है।

अनुवाद के सिद्धान्त भाषाओं के बीच एक विशेष प्रकार के सम्बन्ध से संबद्ध होते हैं। परिणामस्वरूप अनुवाद को तुलनात्मक भाषा-विज्ञान की एक शाखा भी कहा जाता है। अनुवाद-सिद्धान्त की दृष्टि से वर्णनात्मक और ऐतिहासिक सादृश्य के बीच भेद करना असंगत होगा। किन्हीं भी दो भाषाओं-बोलियों के बीच अनुवाद समानार्थकता (Translation Equivalence) खोजी जा सकती है और अनुवाद किया जा सकता है, भले ही वे स्थानिक, कालपरक, सामाजिक या अन्य किसी प्रकार से सम्बन्धित हों अथवा नहीं।

भाषाओं के बीच का सम्बन्ध सामान्य रूप से द्विदिशात्मक हो सकता है एवं यह आवश्यक नहीं हैं कि यह सम्बन्ध सदैव सन्तुलित ही हो। अनुवाद प्रक्रिया के रूप में तो एकदिशात्मक होता है और उसकी प्रक्रिया सदैव एक निर्दिष्ट दिशा में होती है क्योंकि अनुवाद सदैव स्रोत-भाषा, जिसे कभी-कभी मूल भाषा भी कहा जाता है, से लक्ष्य-भाषा में किया जाता है। तीन प्रसिद्ध विद्वान अनुवाद की परिभाषा इस प्रकार करते हैं।

डॉर्टेस्ट अनुवाद को अनुप्रयुक्त-भाषा विज्ञान की शाखा के रूप में परिभाषित करते हैं जो प्रतिमानित प्रतीकों के एक समूह से दूसरे समूह में अर्थ को अन्तरित करती है। "Translation is that branch of applied science of language which is especially concerned with the problem–or the fact–of the transference of meaning from one set of patterned symbols...into another set of patterned symbols."

जे० सी० केटफोर्ड ने अनुवाद की परिभाषा इस प्रकार से की है–"अनुवाद स्रोत भाषा की पाठ-सामग्री को लक्ष्य भाषा के समानार्थी पाठ में प्रतिस्थापित करने की प्रक्रिया है।" (The replacement of textual material in one language (S L) by equivalent textual material in another language। (T L)"

रेनाटो पोगिआलो ने कहा है कि 'अनुवाद एक व्याख्यात्मक कला है।' ('Translation is an interpretative art.')

इन तीन परिभाषाओं के प्रकाश में चौथी परिभाषा हम इस प्रकार से कर सकते हैं कि—

'स्रोत भाषा में व्यक्त प्रतीक-व्यवस्था को लक्ष्य भाषा की सहज प्रतीक व्यवस्था में रूपांतरित करने का कार्य अनुवाद है।'

इस परिभाषा में कुछ तथ्यों पर ध्यान देने की अपेक्षा है।

(1) स्रोत-भाषा में व्यक्त प्रतीकों और विचारों पर ध्यान की केन्द्रीयता।

(2) एक भाषा की प्रतीक-व्यवस्था को दूसरी भाषा की प्रतीक-व्यवस्था में सावधानी से भाषान्तर करने का प्रयास।

(3) अनुवाद की प्रतीक-व्यवस्था में स्रोत भाषा की सहजता-स्वाभाविकता को लक्ष्य-भाषा में लाने का प्रयत्न।

(4) रूपान्तरण-कार्य की शक्तिवत्ता और गुणवत्ता।

(5) भाषागत प्रतीक-व्यवस्था (ध्वन्यात्मक प्रतीकों की व्यवस्था) की अर्थसन्दर्भों, प्रसंगों तथा अर्थ-अनुषंगों में सही आवृत्ति।

अनुवाद-कर्म में मूल पाठ-सामग्री पर ध्यान को केन्द्रित करना अत्यन्त आवश्यक है। स्रोत भाषा की पाठ-सामग्री को सम्पूर्णता में थाहे बिना लक्ष्य भाषा के समकक्षों द्वारा प्रतिस्थापित नहीं किया जा सकता। सच बात तो यह है कि अनुवाद सही प्रतीकों का लक्ष्य भाषा में प्रतिस्थापन कार्य ही है। भाषा के अनेक स्तरों पर पाठ सामग्री को असमानार्थी लक्ष्य भाषा सामग्री द्वारा प्रतिस्थापन किया जा सकता है। इसके अतिरिक्त अनेक बार ऐसा भी हो सकता है कि कुछ भी प्रतिस्थापित नहीं किया जाए, बल्कि स्रोत भाषा की पाठ-सामग्री को लक्ष्य भाषा में सीधे अन्तरित कर दिया जाए।

स्पष्ट रूप में 'समानार्थी शब्द' एक संकेत शब्द (Key Term) है। अनुवाद प्रक्रिया की मूलभूत समस्या स्रोत भाषा में अनुवाद-समानार्थी खोजने की है। अनुवाद सिद्धान्त का केन्द्रीय कार्य अनुवाद-समानार्थकता के स्वरूप और स्थिति को परिभाषित करना है।

अनुवाद कर्म में हमें ध्यान देकर दो चीजों के बीच का पार्थक्य समझना होगा। यह पार्थक्य स्रोत भाषा और लक्ष्य भाषा के समानार्थक शब्दों को ध्यान में रखकर समझा जा सकता है। क्योंकि एक ओर तो हम अनुवाद प्रक्रिया की समानार्थकता को अनुभवजन्य तथ्य के एक परिवेश से से दूसरे में ग्रहण करते हैं और दूसरी ओर अनुवाद प्रक्रिया में अन्तर्निहित स्थितियों या औचित्य को थाहते रहते हैं। इस दृष्टि से अनुवाद प्रक्रिया में अनुवादक का पूरा ध्यान अनुवाद के समानार्थक शब्दों पर होना चाहिए।

ऐसा न होने से अनुवादक अपने लक्ष्य से च्युत हो जाता है।

हमें सामान्य सादृश्य तथा पाठ-समानार्थकता और दोनों के मध्य निहित रहने वाले पार्थक्य पर भी ध्यान देना होगा। प्रायः इन पर ध्यान न देने से दोनों का पार्थक्य स्पष्ट नहीं हो पाता है। किसी लक्ष्य भाषा की पाठ-समानार्थकता में वह पाठ भी विशिष्ट ध्यान की अपेक्षा करता है जिसे विशिष्ट स्थितियों में प्रस्तुत किया गया है, क्योंकि उसे स्रोत भाषा के समानार्थक शब्दों के पाठ या पाठांश के मूलार्थ को सही स्थितियों में ग्रहण करना होगा। लक्ष्य भाषा का सामान्य सादृश्य (जिसमें भाषिक संरचना करना, वाक्य-रचना, पद-बन्ध, अर्थ प्रक्रिया आदि संरचनात्मक तत्त्व होते हैं) अधिकाधिक निकटता से ग्रहण करने का प्रयत्न करना चाहिए। प्रत्येक भाषा की अपनी विशिष्ट संरचनात्मक प्रकृति होती है। इसलिए अनुवाद के दौरान भाषा की प्रकृति को कायम रखने का प्रयास करना होता है। ऐसी स्थिति में यह आवश्यक है कि सामान्य सादृश्य सदैव सन्निकटता का कार्य करें।

पाठ-समानार्थकता तथा बाहरी सादृश्य (Formal Correspondence) में भी अन्तर किया जाना चाहिए। पाठ-समानार्थक स्रोत भाषा के पाठ या पाठ के किसी भी अंश के समकक्ष के रूप में प्रस्तुत किया गया लक्ष्य भाषा या लक्ष्य भाषा के पाठ का कोई भी अंश होता है। दूसरी ओर बाहरी सादृश्य लक्ष्य भाषा का कोई भी प्रवर्ग (इकाई, वर्ग, संरचना या संरचना का घटक आदि) होता है, जो लक्ष्य भाषा की व्यवस्था में यथासम्भव वही स्थान प्राप्त करता है, जो दिए गए स्रोत भाषा प्रवर्ग को स्रोत भाषा में प्राप्त है। प्रत्येक भाषा अन्ततोगत्वा अद्वितीय है, उसके प्रवर्गों को भाषा के भीतर उनके सम्बन्धों के सन्दर्भ में ही परिभाषित किया जाता है। अतः बाहरी सादृश्य सदैव स्थूल अनुमानाश्रित होता है।

इस प्रकार पाठगत अनुवाद समानार्थक लक्ष्य भाषा का कोई भी वह रूप होता है जो स्रोत भाषा के रूप के समकक्ष के रूप में प्रस्तुत किया जाता है।

पाठ-समानार्थक को खोजना अनुवादक की दो भाषाओं की गहरी जानकारी और भाषा की अधिकार-क्षमता पर निर्भर रहता है।

पाठगत अनुवाद समानार्थक लक्ष्य भाषा पाठ का वह अंश होता है जिसे तभी परिवर्तित किया जा सकता है, जब स्रोत भाषा पाठ के समकक्ष अंश को परिवर्तित किया जाए। जैसे–'मेरा बेटा आठ साल का है।' इसका अंग्रेजी अनुवाद हुआ–'My son is eight years old'। यहां पर 'मेरा बेटा' का पाठ समानार्थक हुआ–'My son'। लेकिन जब मूल पाठ या स्रोत भाषा के पाठ में अन्तर करेंगे 'तुम्हारी बेटी आठ साल की है,' तभी लक्ष्य भाषा का पाठ समानार्थक बदल जाएगा–'Your daughter is eight years old।' यहां पर बदलाव तभी आया है जब हमने स्रोत भाषा के पाठ में परिवर्तन किया है।

लम्बे पाठ के अनुवाद के दौरान प्रायः प्रयुक्त होने वाले स्रोत-भाषा के शब्दों के

लक्ष्य भाषा में समानार्थक अक्सर एक से अधिक हुआ करते हैं। सन्दर्भ एवं प्रसंग के अनुसार भी उनमें अर्थ-भेद हो जाना स्वाभाविक है। कारण, किसी भी शब्द का कोई भी शब्द अन्तिम समानार्थी शब्द नहीं माना जा सकता। अनुवाद-समानार्थकता की सम्भावनाओं के आधार पर शब्दों को खोजने का प्रयास करते हैं, जिसमें सीमाओं को बचाया जा सकता है।

अनुवाद उसी स्थिति में अनुवाद कहा जा सकता है, जब स्रोत भाषा का सम्पूर्ण सन्दर्भ और प्रसंग' लक्ष्य भाषा में व्याख्यात्मक आकृति पाने पर भी स्रोत भाषा से दूर न जा पड़े क्योंकि अपने समग्र रूप में अनुवाद एक भाषा के भाव एवं विचारगत प्रतीकों का अन्य भाषा के भाव एवं विचारपरक प्रतीकों में प्रतिस्थापन है।

अनुवाद : प्रक्रिया और प्रभेद

सामान्य रूप से यह माना जाता है कि अनुवाद में भी मौलिक सृजनात्मकता की भांति प्रातिभ कलात्मकता और शिल्पगत दक्षता के साथ-साथ व्यापक भाषिक संरचनात्मक अन्विति का प्रयास अपेक्षित होता है। विद्वान मौनिन (Mounin) का यह कथन आज के सन्दर्भ में काफी सटीक माना जा सकता है, 'जागरूक अनुवादक के लिए भाषिक दक्षता ही पर्याप्त नहीं है, बल्कि उसे एक कुशल नृतत्त्वशास्त्री भी होना चाहिए।' तात्पर्य यह है कि उसमें भाषिक अनुवाद मात्र से सन्तुष्ट न होकर स्रोत भाषा की तहों में जाने की दक्षता होनी चाहिए। उसे भाषा की गहनतम पकड़ के साथ मानव मनोविज्ञान की अन्तर्ज्ञानात्मक पकड़ होनी चाहिए।

अनुवाद चाहे वैज्ञानिक हो अथवा साहित्यिक, उसमें सृजनात्मकता की प्रक्रिया हर स्थिति में अन्तर्निहित रहती है। वस्तुतः अनुवाद विषय की जटिलता, दुर्बोधता तथा स्रोत और लक्ष्य भाषा में अर्थ-तत्त्व सम्बन्धी सहसम्बन्धों से अनपेक्ष स्रोत्‌भाषा में प्रस्तुत सामग्री के सम्पूर्ण विवरणों और उसमें निहित स्पष्ट-अस्पष्ट संकेतार्थों का लक्ष्य भाषा में पुनर्प्रस्तुतीकरण है। ऐसा करने के लिए सर्वप्रथम विषय (Subject) को भलीभांति समझा जाना चाहिए। किसी भी अभिलिखित पाठ में तीन बातों पर ध्यान दिया जाता है :

(1) लेखक ने क्या कहा?

(2) लेखक ने जो कहा है, उसके बारे में वह क्या सोचता है?

(3) उसने जो कहा है, उसके बारे में पाठक क्या सोचता है?

यह तीनों बातें तकनीकी अनुवाद के सन्दर्भ में भी विशेष रूप से ध्यान में रखनी चाहिए। क्योंकि अनुवादक अनुवादक के माध्यम से पाठकों के समक्ष एक नवीन एवं जटिल जानकारी को सम्प्रेपणीय बनाता है। वास्तविक जानकारी को प्रभावपूर्ण ढंग से समझने के लिए अनुवादक को लेखक के 'आधार वाक्य', उसके आगमनात्मक (Inductive) और निगमनात्मक (Deductive) तर्कों और उसके निष्कर्षों को समग्र रूप में समझने का प्रयास करते हुए लेखकीय सन्दर्भ में भाषान्तरित करना चाहिए।

व्यावहारिक प्रयोजन से उसे उस आयाम में प्रवेश करना चाहिए जहां से लेखक ने अपने कच्चे माल के लिए सूचना प्राप्त की है। ऐसा करके ही वह इस जानकारी को लक्ष्य भाषा के भाषिक और पारिभाषिक समकक्षों में सुसंगत रूप में पुनर्प्रस्तुत कर सकेगा। एक दृष्टि से सम्पूर्ण अनुवाद-प्रक्रिया का यही आधारभूत सिद्धान्त है। अनुवादक की व्यक्तिगत क्षमता, विषयगत अभिज्ञान, कार्य करने का वैयक्तिक स्वभाव, विषय के स्वरूप तथा स्रोत और लक्ष्य भाषा में प्रवाह-क्षमता आदि गुण इसके बाद ही आते हैं।

अनुवाद सम्बन्धी कोई मानक प्रक्रिया निर्धारण करना उतना ही कठिन काम है जितना कि संगीतकला, चित्रकला या काव्यकला पर कोई नियम-पुस्तिका लिखना। साथ ही यह कहना कि इन नियमों का पालन नौसिखियों तथा आचार्यों द्वारा समान रूप से किया जायेगा। फिर भी अनुवाद कर्म की व्यावहारिक जरूरतों की दृष्टि से अनुवाद प्रक्रिया सम्वन्धी कुछ सिद्धान्त निर्मित किए जा सकते हैं–

(1) अनुवाद करते समय एक-एक पैराग्राफ पढ़कर अनुवाद करते जाने के बजाय सम्पूर्ण स्रोत भाषा पाठ से समग्रता में परिचय बेहतर होगा। ऐसा करने से अनुवाद में मानसिक क्रमवद्धता, एकरूपता तथा सुबोधगम्यता आयेगी।

(2) किसी भी नयी जटिल, अपरिचित पाठ-सामग्री पर अनुवाद कार्य आरम्भ करने से पहले स्रोत भाषा में उस विषय के नवीनतम ग्रंथों और सन्दर्भों को खोज लिया जाना चाहिए जिससे कि पारिभाषिक एवं संकल्पनात्मक समस्याओं का समाधान किया जा सके। यदि लक्ष्य भाषा में प्रत्यक्ष, सन्दर्भ उपलब्ध नहीं हो पाते तो विश्वकोशों तथा विषय से सम्बन्धित कोशों से सहायता लेनी चाहिए। यह सब करने पर भी यदि कोई समस्या रह जाती है तो उस विषय के विशेषज्ञों से परमर्श लेना उचित होगा।

(3) नये शब्दों, तकनीकी मुहावरों, वैज्ञानिक क्षेत्र की शब्दावली, व्यावसायिक नामों, उत्पादों, संघटनात्मक, संकल्पनापरक, पारिवर्णी शब्दों (Acronym) के दोनों भाषाओं में समकक्षों को अन्योन्य सन्दर्भों के साथ सूचीवद्ध रूप में रखना चाहिए। इन सूचियों को समय-समय पर अद्यतन बनाया जाना चाहिए। ऐसा करने से विभिन्न विषयों की नवीनतम शब्दावली अनुवादक के पास हर समय मौजूद रहेगी।

(4) समसामयिक पुस्तकों, निवन्धों, पत्र-पत्रिकाओं के अनुवाद के सम्बन्ध में यदि स्वयं लेखक-लेखकों से सम्पर्क स्थापित किया जाए तो अनुवाद प्रामाणिक तथा बेहतर होने की सम्भावना बढ़ जाती है। क्योंकि तकनीकी वैज्ञानिक एवं साहित्यिक विषयों के अनुवाद या प्रकाशन के वारे में जब लेखक को पता चलता है, तो वह सामान्य रूप से–हर सम्भव जानकारी के माध्यम से–उसे अद्यतन बनाने की कोशिश करता है।

(5) अनुवादक का प्रयास होना चाहिए कि वह स्रोत भाषा की सामग्री से तादात्म्यीकरण स्थापित करने का हर सम्भव प्रयास करे। तदुपरान्त उसे लक्ष्य भाषा

में निर्वैयक्तिकता के साथ पुर्नसृजित करने में भरसक शक्ति लगा देनी चाहिए। लक्ष्य भाषा सदैव उसकी अपनी ही भाषा नहीं होती। अनेक बार वह अपनी भाषा से विदेशी भाषा में अनुवाद करता है और ऐसा करते समय उसे विचार के एकदम भिन्न क्षेत्र में प्रवेश करना पड़ता है। यह विचार-क्षेत्र उसकी अपनी जीवन-शैली, रहन-सहन, आचार-विचार-व्यवहार आदि सभी से अपरिचित एवं विलक्षण होता है। ऐसा करते समय उसे कभी-कभार बहुत सूक्ष्म विचारों और धारणाओं को अत्यधिक सावधानी से अन्तरित करना होता है। इसीलिए तादात्मीकरण की प्रक्रिया की अनुवाद में बड़ी भूमिका होती है।

(6) जिस भाषा की सामग्री का अनुवाद करना है तथा जिस भाषा में अनुवाद करना है, उसकी परिस्थितिजन्य स्थितियों का संज्ञान अनुवादक को प्राप्त करना चाहिए, क्योंकि भाषा का स्वरूप परिवेशबद्ध होता है।

(7) भाषागत सांस्कृतिक सन्दर्भों की जानकारी प्रत्येक अनुवादक को अनिवार्य रूप से होनी चाहिए। साहित्यिक और मानविकी से सम्बन्धित विषयों के अनुवाद में तो यह एकदम अनिवार्य है क्योंकि सांस्कृतिक संघर्ष और द्विविधाएं भाषा पर विशेप छाप डालती है। यह एक ऐसी दुर्निवार स्थिति हैं जिसे बचाया नहीं जा सकता।

अनुवाद के प्रकार

स्थूल रूप से अनुवाद के बहुत से प्रकार या भेद किए जा सकते हैं। किन्तु इसके प्रमुख तीन आधार हैं—(1) सीमा, (2) स्तर, (3) श्रेणी या पदक्रम।

1. सीमा के आधार पर अनुवाद के दो भेद किए जा सकते हैं :

(क) पूर्ण अनुवाद (Full translation)

(ख) आंशिक अनुवाद (Partial translation)

(क) पूर्ण अनुवाद—पूर्ण अनुवाद में सम्पूर्ण अनूद्य-सामग्री का अनुवाद किया जाता है। स्रोत भाषा के पाठ का प्रत्येक भाग लक्ष्य भाषा में लाया जाता है।

(ख) आंशिक अनुवाद—आंशिक अनुवाद में स्रोत भाषा की पाठ-सामग्री के कुछ अंशों का अनुवाद न करके उन्हें लक्ष्य भाषा के पाठ में सीधे अन्तरित कर दिया जाता है। साहित्यिक अनुवाद में ऐसा प्रायः किया जाता है। कभी-कभी जब स्रोत भाषा के किसी पद को अननुवाद्य समझा जाता है तव या फिर स्थानीय पृष्ठभूमि या स्थानिक विशेपता लाने के प्रयोजन से उन्हें लक्ष्य भाषा में ज्यों का त्यों ले लिया जाता है।

2. भाषिक स्तर के आधार पर अनुवाद के प्रकार :

भाषिक स्तर के आधार पर अनुवाद के दो भेद किए जा सकते हैं—

(क) समग्रता में अनुवाद (Total translation)

(ख) निर्बद्ध अनुवाद (Restricted translation)

(क) समग्रता में अनुवाद–इस प्रकार के अनुवाद में स्रोत भाषा पाठ को सभी स्तरों पर प्रतिस्थापित किया जाता है। स्रोत भाषा के व्याकरण और शब्दावली को भी लक्ष्य भाषा के व्याकरण और शब्दावली के समकक्षों द्वारा सम्पूर्णता में प्रतिस्थापित कर दिया जाता है।

(ख) निर्बद्ध अनुवाद–इस प्रकार के अनुवाद में स्रोत भाषा के पाठ को लक्ष्य भाषा के पाठ के समानार्थक पाठ द्वारा केवल एक स्तर पर प्रतिस्थापित किया जाता है। इसमें अनुवाद स्वर-विज्ञान या लिपि-वैज्ञानिक या व्याकरण या शब्दविज्ञान के आधार पर किया जाता है। लिपि-वैज्ञानिक अनुवाद को लिप्यन्तरण नहीं समझा जाना चाहिए, क्योंकि लिप्यन्तरण एक जटिल प्रक्रिया है जिसमें स्वरविज्ञानपरक अनुवाद तथा स्रोत और लक्ष्य भाषा में स्वर-विज्ञान और लिपि-विज्ञान का परस्पर सम्बन्ध शामिल होता है। लिप्यन्तरण में स्रोत भाषा की लिपि-विज्ञानपरक इकाइयों को तदनुरूप स्वर-विज्ञानपरक इकाइयों द्वारा प्रतिस्थापित किया जाता है और फिर इन स्रोत भाषा की स्वर-विज्ञानपरक इकाइयों को उनके समकक्ष लक्ष्य भाषा की स्वर-विज्ञानपरक इकाइयों में अन्तरित कर दिया जाता है और अन्त में यह लक्ष्य भाषा की स्वर-विज्ञानपरक इकाइयां तदनुरूप लिपि-विज्ञानपरक इकाइयों में प्रतिस्थापित की जाती हैं।

3. श्रेणी या पद-क्रम के आधार पर अनुवाद के प्रकार

इस प्रकार का अनुवाद व्याकरणिक या स्वर-वैज्ञानिक पदक्रम के क्रम के आधार पर स्थापित किए गए अनुवाद समानार्थकों से सम्बन्धित है, प्रायः इसे क्रमवद्ध अनुवाद भी कहा जाता है। मुक्त अनुवाद (Free translation), शब्दानुवाद (Literal translation), शब्दशः अनुवाद (Word for word translation) भी आंशिक रूप से इसी से सम्बन्धित हैं।

(क) मुक्तानुवाद–यह अनुवाद सदैव अबद्ध होता है। प्रायः यह अनुवाद शब्द के स्तर पर क्रमबद्धता की बंदिश नहीं मानता।

(ख) शब्दानुवाद–मुक्तानुवाद और शब्दशः अनुवाद के बीच की श्रेणी को शब्दानुवाद कहते हैं। यह शब्दशः अनुवाद से प्रारम्भ होता है। किन्तु लक्ष्य भाषा के व्याकरण के अनुरूप इसमें परिवर्तन कर लिये जाते हैं अर्थात् अतिरिक्त शब्द जोड़ दिए जाते हैं संरचना किसी भी क्रम से बदल सकती है।

(ग) शब्दशः अनुवाद–यह शब्दानुवाद से आंशिक रूप से संवद्ध होता है। यह स्रोत भाषा पाठ में लक्ष्य भाषा के अनुरूप किसी परिवर्तन को स्वीकार नहीं करता। वस्तुतः यह शब्द के स्तर पर क्रमवद्ध अनुवाद होता है।

उपर्युक्त भाषा-वैज्ञानिक आधार के अतिरिक्त अन्य आधारों पर भी अनुवाद के भेद या प्रकार कर सकते हैं। इनमें से प्रमुख आधार इस प्रकार हैं :

(1) वाङ्मय, (2) गद्य-पद्य, (3) विधा, (4) विषय, (5) अनुवाद-प्रकृति।

1. वाङ्मय के आधार पर दो भेद हैं

(क) ज्ञान के साहित्य का अनुवाद।

(ख) शक्ति के साहित्य का अनुवाद।

(क) **ज्ञान के साहित्य** (Literature of knowledge) के अन्तर्गत भौतिकी, वनस्पति विज्ञान, जीवविज्ञान, रसायनशास्त्र, विधि, सामाजिक विज्ञान आदि जैसी ज्ञान की विभिन्न धाराओं को अनूदित करने का कार्य किया जाता है। वैज्ञानिक अनुवाद के अन्तर्गत इसी प्रकार का कार्य विश्व भर में तेजी से हो रहा है।

(ख) **शक्ति के साहित्य** (Literature of power) के अन्तर्गत तमाम भावाश्रित साहित्य आता है। मानव का समस्त लालित्य-बोधीय कार्य, जिसमें ललित कलाओं की स्थिति प्रमुख है–इसी क्षेत्र के अन्तर्गत आता है। कविता-कहानी-नाटक का अनुवाद इसी ललित साहित्य के अनुवाद का एक प्रमुख अंग है।

2. गद्य-पद्य के आधार पर

(क) पद्यानुवाद–प्रायः इसमें मूल पद्य का अनुवाद पद्य में ही किया जाता है। जैसे कालिदास के 'मेघदूत' के अनेक अनुवाद होते रहे हैं। शेक्सपियर के 'हेमलेट' या 'मैकबेथ' के तमाम काव्यानुवाद इसी श्रेणी में आते हैं। कभी-कभार तो पद्य का पद्य में अनुवाद करते समय छन्द को ही आधार बना लिया जाता है। यद्यपि यह अनिवार्य नहीं है तथापि छन्द का थोड़ा-सा ध्यान रखना भी पड़ता है। पद्य से पद्य के अनुवाद को ही पद्यानुवाद कहते हैं। शब्द-लय तथा अर्थ-लय के अनुकरण पर इस प्रकार का अनुवाद आधारित होता है।

(ख) गद्यानुवाद–प्रायः पद्य का अनुवाद पद्य में और गद्य का अनुवाद गद्य में ही किया जाता है। प्रेमचन्द के प्रख्यात उपन्यास 'गोदान' के अंग्रेजी आदि कई भाषाओं में गद्यानुवाद हुए हैं। किन्तु गद्य से गद्य में और पद्य का पद्य में ही अनुवाद करने का रूढ़ नियम नहीं है परन्तु स्थिति और अवसर को देखते हुए पद्य का अनुवाद गद्य में किया जा सकता है, किया जाना चाहिए, जैसे कवि नागार्जुन द्वारा कालिदास के 'मेघदूत' का गद्यानुवाद। अनुवादक चाहे तो गद्य का पद्य में भी अनुवाद कर सकता है। हालांकि ऐसे उदाहरण विरले ही मिलते हैं कि गद्य का पद्य में अनुवाद हुआ है।

(ग) छन्दबद्ध अनुवाद–जैसा कि इसके नाम से ही स्पष्ट है, यह अनुवाद मूल पाठ के छन्द में ही किया जाता है, जैसे अंग्रेजी के Sonnet का अनुवाद करते समय उसके 11 वर्णों और 14 पंक्तियों में उसकी स्वतः पूर्ण विषय-विचार शृंखला को ढोने का प्रयास किया जाए। अंग्रेजी के अधिकांश 'सॉनेट' Petrarh की भांति दो चतुष्पदियों और दो त्रिपदियों या स्पेंसर और शेक्सपियर की भांति तीन चतुष्पदियों

और एक युग्मक में रचित हैं। अनुवादक को उनकी इस छन्द-कला का ध्यान रखना होगा। इस प्रकार के अनुवाद को छन्दबद्ध अनुवाद कहते है।

(घ) **छन्दमुक्त अनुवाद**—इसमें अनुवादक स्रोत भाषा के पाठ के छन्द-बन्धन में न बंधकर लक्ष्य भाषा में प्रचलित किसी भी छन्द को अपना लेता है। जैसे कालिदास का 'मेघदूत' संस्कृत के मन्दाक्रान्ता छन्द में है। किन्तु डॉ. भगवतशरण उपाध्याय ने इसका अनुवाद मुक्त छन्द में किया है। कवि पोप के प्रसिद्ध काव्य 'Essay on Criticism' का अनुवाद कविवर पं. जगन्नाथदास रत्नाकर ने हिन्दी के रोला छन्द में 'समालोचनादर्श' नाम से किया है।

3. विधा के आधार पर

(क) **काव्यानुवाद**—इस प्रकार का अनुवाद गद्य या पद्य में से किसी का भी हो सकता है। यों तो प्रायः काव्य का अनुवाद काव्य में ही किया जाता है। हिन्दी में संस्कृत काव्यों को काव्य में अनूदित करने की एक समृद्ध परम्परा रही है। भारतेन्दु-युग में लाला सीताराम ने कालिदास के 'रघुवंश' का अनुवाद दोहा चौपाइयों में किया। श्रीधर पाठक ने कालिदास के 'ऋतुसंहार' का अनुवाद ब्रजभाषा के सवैया छन्द में किया। यह लगातार कहा जाता रहा है कि काव्यानुवाद हो ही नहीं सकता, किन्तु ऐसा लगता है कि अनुवादकों ने इस कथन की कभी परवाह नहीं की। प्राचीन परम्परा से इस बात के पर्याप्त प्रमाण दिए जा सकते है कि काव्यानुवाद बड़ी लगन से किए जाते रहे हैं। यह काव्यानुवाद निबद्ध तथा अनिबद्ध काव्य के दोनों रूपों का हुआ हैं यूनानी कवि होमर के विकसनशील महाकाव्य 'इलियड' के विश्वभर में तमाम काव्यानुवाद हुए हैं।

(ख) **नाट्यानुवाद**—विश्व-भर में नाट्यानुवाद की एक समृद्ध परम्परा दृष्टिगत होती है। हिंदी में आधुनिक काल के आरंभ से ही नाटकों का अनुवाद शुरु हो गया था। गोपीनाथ एम. ए. ने शेक्सपियर के तीन नाटकों के हिन्दी में अनुवाद किए। उन्होंने 'Romeo and Juliet' 'As You Like It' तथा 'Merchant of Venice' का अनुवाद किया। मथुरा प्रसाद चौधरी ने 'मैकबेथ' का साहसेन्द्र साहस' नाम से अनुवाद किया। रांगेय राघव ने शेक्सपियर के बहुत से नाटकों के अनुवाद किए। कवि बच्चन ने शेक्सपियर की चारों त्रासदियों के अनुवाद किए। अमृतराय ने 'हेमलेट' तथा 'मैकबेथ' का अनुवाद किया। कवि रघुवीर सहाय ने 'मैकबेथ' का पुनः 'बरनम वन' नाम से अनुवाद किया है।

स्वयं भारतेन्दु ने संस्कृत के 'मुद्राराक्षस' का तथा राजा लक्ष्मणसिंह ने 'अभिज्ञान शाकुन्तलम्' का हिन्दी में अनुवाद किया। हबीब तनवीर ने 'मृच्छकटिकम्' का 'मिट्टी की गाड़ी' के नाम से अनुवाद किया है। इसके अतिरिक्त नाट्य रूपान्तर (कहानी-उपन्यासादि के) इस दौर में अत्यधिक लोकप्रिय हुए हैं जैसे विष्णु प्रभाकर द्वारा 'गोदान' का 'होरी' नाम से नाट्य-रूपान्तर। मुक्तिबोध की लम्बी कविताओं के

नाट्य-रूपान्तर।

नाटक का सम्बन्ध रंगमंच से होने के कारण इस तरह के अनुवादों में अनेक प्रकार की व्यावहारिक कठिनाइयां सामने आती हैं। यदि रंगमंच की बुनियादी मांगों को पूरा करने में कोई नाट्य-रूपान्तर असफल हो जाता है तो यह नाट्यरूपान्तर की भारी असफलता है। इसलिए नाटक के अनुवादक तथा नाट्यरूपान्तरकार का रंगमंच से जुड़ा होना निहायत जरूरी है। रंगमंच के व्यावहारिक ज्ञान के बिना नाट्यानुवाद सफलता से किया ही नहीं जा सकता।

(ग) कथानुवाद–कथा-साहित्य के अन्तर्गत उपन्यास-कहानी आदि को स्थान दिया जाता है। कहानियों तथा उपन्यासों का अनुवाद काव्यानुवाद की तुलना में कुछ हद तक सरल होता है साथ ही ज्यादा लोकप्रिय भी। टालस्टाय के उपन्यास 'War and Peace' के अनेक भाषाओं में हुए अनुवाद काफी लोकप्रिय हैं। अज्ञेय ने जैनेन्द्र के प्रख्यात उपन्यास 'त्यागपत्र' का अंग्रेजी में 'The Resignation' नाम से सफल अनुवाद किया है। हिन्दी में भारतीय भाषाओं के हजारों उपन्यास सफलता से अनूदित हुए हैं। जिनमें सर्वाधिक संख्या बंगला से हिन्दी अनुवादों की है। संस्कृत की कहानियों–'पंचतन्त्र' या 'कथासरित्सागर' के विदेशी भाषाओं में सैकड़ों अनुवाद हुए हैं। इस प्रकार कथानुवाद के क्षेत्र में अनुवादक का योगदान उल्लेखनीय रहा है।

(घ) अन्य साहित्यिक विधाओं के अनुवाद–निबन्ध, आत्मकथा, रेखाचित्र, संस्मरण आदि के अनुवाद बहुत समय से प्रचलित हैं। स्वयं आचार्य महावीर प्रसाद द्विवेदी ने बेकन के निबन्धों का अनुवाद 'बेकन विचार-रत्नावली' के नाम से हिन्दी में किया। गांधीजी की 'आत्मकथा' के अनेक भारतीय भाषाओं में अच्छे अनुवाद किए गए हैं।

4. विषय के आधार पर

विषय के आधार पर अनुवाद के अनेक भेद किए जा सकते हैं–

(क) ललित साहित्य का अनुवाद
(ख) धार्मिक-पौराणिक साहित्य का अनुवाद
(ग) वैज्ञानिक साहित्य का अनुवाद
(घ) गणित का अनुवाद
(च) प्रशासनिक साहित्य का अनुवाद
(छ) अभिलेखों, गजेटियरों आदि का अनुवाद
(ज) पत्रकारिता से सम्बन्धित विषयों का अनुवाद
(झ) सामाजिक विज्ञान के विषयों का अनुवाद
(ट) काव्यशास्त्र तथा भाषा-वैज्ञानिक विषयों से सम्बन्धित अनुवाद

5. अनुवाद-प्रकृति के आधार पर

अनुवाद-प्रकृति के आधार पर भी अनेक भेद-प्रभेद किए जा सकते हैं–

(क) **शब्दानुवाद**–शब्दानुवाद शब्द का प्रयोग यहां Verbal और Literal translation के मिले-जुले अर्थ में किया जाता रहा है। प्रायः शब्दानुवाद और शब्दशः अनुवाद को एक मानने की भूल हो जाती है। स्थूल रूप से कहा जा सकता है कि शब्दानुवाद में स्रोत भाषा के प्रत्येक शब्द पर अनुवादक को ध्यान रखना पड़ता है और शब्दशः अनुवाद में शब्द के स्तर पर क्रमबद्ध अनुवाद की ओर ध्यान दिया जाता है। शब्दानुवाद का तात्पर्य यह नहीं है कि स्रोत भाषा की वाक्यव्यंजना के ढंग से लक्ष्य भाषा की वाक्य-व्यंजना की जाए। 'will he go' का अनुवाद 'करेगा वह जाना' वस्तुतः कोई अनुवाद नहीं हुआ क्योंकि अंग्रेजी की वाक्य संरचना को हिन्दी वाक्य संरचना के सांचे में नहीं ढाला गया। बल्कि शब्दानुवाद से तात्पर्य यह लिया जाना चाहिए कि मूलपाठ में कही गई प्रत्येक बात को लक्ष्यभाषा में ढंग से अन्तरित किया जाए। गणित, विधि जैसे विषयों में ऐसा अनुवाद आवश्यक होता है, क्योंकि वहां कुछ भी छूट जाने या कुछ भी जोड़ दिए जाने से, भयंकर भूलें हो जाने की सम्भावना रहती है। शब्दानुवाद करते समय सर्वाधिक सावधानी इस बात की रखनी पड़ती है कि भाषा में बोधगम्यता, सम्प्रेषणीयता और प्रवाह रहे। पत्र-पत्रिकाओं आदि में अंग्रेजी से हिन्दी अनुवाद करते समय कई बार इस प्रकार की गलतियां रह जाती हैं और भाषा हास्यास्पद भी लगने लगती है।

शब्दानुवाद घातक इस अर्थ में होता है कि स्रोत भाषा की सूक्ष्मातिसूक्ष्म अर्थध्वनियों और भाव की विशिष्ट भंगिमाओं को पकड़ने में अनुवादक प्रायः असमर्थ रह जाता है। इसलिए स्रोत भाषा का मूलार्थ अपनी अनुगूंज में लक्ष्य भाषा में गड़बड़ा जाता है। ऐसी स्थिति में यदि कोई व्यंजना-प्रधान सामग्री का अनुवाद करना चाहता है तो शब्दानुवाद से काम नहीं चलता। शब्दानुवाद करते समय अनुवादक लक्ष्यार्थ और व्यंग्यार्थ के स्तरों को नहीं पकड़ पाता। ऐसा अनुवाद अर्थ विहीन हो जाता है। जैसे He prefers dying to living का अनुवाद 'वह जिन्दगी से मृत्यु को वरीयता देता है' बड़ा ही अटपटा और बेढंगा लगता है, क्योंकि कहना चाहिए : 'वह जीने के बजाय मरना बेहतर समझता है।'

(ख) **भावानुवाद**–भावानुवाद में अनुवादक का ध्यान भाव, विचार और अर्थ पर अधिक रहता है और वह पूरी शक्ति से उसी को लक्ष्य भाषा में अन्तरित करने का प्रयास करता है। भाषा के पदों और वाक्यों पर अधिक ध्यान न देने के कारण यह अर्थ-विज्ञान के अधिक निकट है। अनुवादक स्रोत भाषा पाठ-सामग्री के सम्पूर्ण अर्थ को लाने का प्रयास करता है, इसलिए इसमें स्रोत भाषा की आत्मा प्रायः सुरक्षित रहती है। सूक्ष्म अर्थच्छायाओं वाली स्रोत भाषा की सामग्री का लक्ष्यभाषा में अनुवाद इस अर्थ में हितकारी सिद्ध होता है कि अनुवादक अर्थ की एक सूक्ष्म पकड़ को बिखराव में नष्ट नहीं होने देता। भावानुवाद कई प्रकार का होता है। कभी-कभार ऐसा भी होता है कि स्रोत भाषा की पाठ-सामग्री के शब्दानुवाद से शब्दों के बेहद जटिल जंजाल में फंस जाने

की संभावना होती है तो ऐसी स्थिति में भावानुवाद ही करना बेहतर होता है। भावानुवाद में स्रोत भाषा की बाह्य शारीरिक योजना के समाप्त हो जाने से अनुवाद मुक्त दिखाई देता है। साथ ही शाब्दिक यान्त्रिकता से मुक्त हो जाने के कारण अनुवादक अपनी सहज सृजनात्मक शक्ति से काम लेता है। इस प्रकार भावानुवाद एक सीमा तक सृजनात्मकता के अधिक निकट है। मूल के शब्दशः अनुवाद पर आधारित न होने के कारण यह अनुवादक की मौलिकता का क्षेत्र भी है और इस मौलिकता से मौलिक सृजन की तरह का रचनात्मक आनन्द पाठक को प्राप्त होता है। कई बार तो अनुवादक भावानुवाद में इतना क्षमता सम्पन्न होता है कि पाठक यह भूल जाता है कि वह अनुवाद को पढ़ रहा है या मूल को। हिन्दी में बाबू श्यामसुन्दरदास ने साहित्यालोचन' में हडसन की पुस्तक An Introduction to the Study of Literature का इतना सफल भावानुवाद किया है कि उसमें बाबूजी की मौलिकता दर्शनीय है। एक उदाहरण लीजिए। हडसन ने लिखा है–'Thus in our study of literature on the historical side we shall have to consider two things : the continuous life or national spirit in it, and the varying phases of that continuous life or, the way in which it embodies and expresses the changing spirit of successive ages. First, what do we mean when we speak of the history of Greek or French or English literautre?' (page 31)

बाबूजी ने 'साहित्यालोचन' में उसका भावानुवाद इस प्रकार किया है–"अतएव किसी साहित्य के अध्ययन में ऐतिहासिक दृष्टि से हमें दो बातों पर विचार करना पड़ता है–एक तो उसके परम्परागत जीवन पर अर्थात् उसके जातीय भाव पर और दूसरे, उस जीवन के परिवर्तनशील रूप पर अर्थात् इस बात पर कि वह जातीय जीवन किस प्रकार भिन्न-भिन्न समयों के भावों को अपने में अन्तर्निहित करके उन्हें व्यंजित करता है। अतएव किसी जाति के काव्य-समूह या साहित्य के अध्ययन से हम यह जान सकते हैं कि इस जाति या देश का मानसिक जीवन कैसा था और वह क्रमशः किस प्रकार विकसित हुआ।" (साहित्यालोचन, पृ. 44) इस अनुवाद में हडसन से ज्यादा बाबूजी के व्यक्तित्व और शैली की छाप है।

विद्वान लोग भावानुवाद का यह दोष मानते हैं कि उसमें मूल लेखक का व्यक्तित्व पीछे रह जाता है और अनुवादक अपनी भाव-सम्पदा, विचार-सम्पदा तथा शैली से पाठक को आक्रान्त कर लेती है। इस कथन पर गहराई से विचार करते ही यह बात निकलती है कि यह अत्यंत असंगत तर्क है क्योंकि भावानुवाद में अनेक प्रकार की उलझनों से मुक्ति मिलती है और वह दूसरी भाषा के महत्त्वपूर्ण विचारों और अभिव्यंजनाओं को अपनी भाषा में लाता है। इस दृष्टि से यही साहित्य के अनुवाद की सर्वाधिक उपयोगी पद्धति है।

(ग) छायानुवाद–छायानुवाद में अनुवादक मूल पाठ की छाया–अर्थच्छाया को

अनुवाद में ढालता है। 'छाया' संस्कृत का बहुत पुराना शब्द है और इसका प्रयोग नाटकों में यत्र-तत्र दृष्टिगत होता है। संस्कृत पाठ की छाया जब हिन्दी पाठ पर दृष्टिगत होती है तो उसे छायानुवाद कहा जाता है, जैसे अवन्ति वर्मा का यह श्लोक देखिए :

दुःसहतापभयादिक सम्प्रति मध्यस्थिते दिवसानके।
छायामिव वाछन्ती छायापि गता तरुलतानि ।। शार्ङ्ग 3855

इसका छायानुवाद बिहारी के दोहे में इस प्रकार मिलता है :

'बैठि रही अति सघन वन पैठि सदन तन मांह।
निरखि दुपहरी जेठ की छाहो चाहति छांह।।

विदेशी कृतियों की प्रविधि और छाया को लेकर जो रचनाएं की जाती हैं उनमें भी एक प्रकार का छायानुवाद रहता है। जैसे अज्ञेय जी के उपन्यास 'नदी के द्वीप' पर डी. एच. लारेन्स के Lady Chatterly's Lover की धुंधली छाया दृष्टिगत होती है। रांगेय राघव के उपन्यास पर 'Uncle Tom's Cabin' की छाया, भगवतीचरण वर्मा के उपन्यास 'चित्रलेखा' पर 'ताइस' की छाया या प्रेमचन्द के 'रंगभूमि' पर थैकरे के 'Vanity Fair' की छाया। कभी-कभार लेखक विशेष की कुछ पंक्तियों पर देशी-विदेशी लेखक की छाया दृष्टिगत होती हैं। पन्तजी की पंक्ति है–'सिखा दो ना हे मधुपकुमारि, मुझे भी अपने मीठे गान' यह अंग्रेजी कवि शैली की इस पंक्ति का छायानुवाद प्रतीत होती है–Teach me half of the gladness that thy brains must know)

(घ) रूपान्तरण (Adaptation)–जैसा कि नाम से ही स्पष्ट है, अनुवादक इसमें कृति का रूप बदलता है। इसीलिए रूपान्तरकार स्रोत भाषा के पाठ को अपनी आवश्यकतानुसार बदलते हुए लक्ष्य भाषा में प्रस्तुत करता है। मूल सामग्री की विधा का परिवर्तन प्रायः इसमें होता है जैसे उपन्यास या कहानी का नाटक में रूपान्तरण। सुविधा के अनुसार पात्र और काल-योजना में भी हेर-फेर हो सकता है। शेक्सपियर के प्रसिद्ध नाटक Othello का हिन्दी में उपन्यासपरक रूपान्तर शत्रुघ्नलाल शुक्ल ने किया है। यह रूपान्तर एक ही भाषा में विधागत परिवर्तन के रूप में हो सकता है। शेक्सपियर के नाटकों को चार्ल्स लैम्ब ने 'Tales from Shakespeare' में कहानियों के रूप में रूपान्तरित किया है। इसी प्रकार विभिन्न कविताओं-उपन्यासों आदि के नाट्य रूपान्तर होते हैं जैसे विष्णु प्रभाकर द्वारा प्रेमचन्द के 'गोदान' उपन्यास का 'होरी' रूप में नाट्य-रूपान्तर या मुक्तिबोध की लम्बी कविता 'अंधेरे में' का नाट्य रूपान्तर है। रूपान्तर बहुत लोकप्रिय इसलिए भी हुए हैं कि उनमें शब्द-विधान को दृश्य-रूप में, दृश्य को शब्द या पाठ्यविधा-रूप में प्रस्तुत किया जाता है। आजकल टेलीविजन धारावाहिकों में उपन्यासों तथा कहानियों को दृश्य रूपांतरित करके प्रस्तुत किया जाता है। राष्ट्रीय नाट्य विद्यालय के प्रोफेसर देवेन्द्र राज अंकुर ने कहानियों के नाट्य रूपांतर की परंपरा शुरू की है।

(ङ) **सारानुवाद** (Summary translation)—लम्बे भाषणों, राजनीतिक वार्ताओं आदि में दुभाषिये इस प्रकार की अनुवाद-पद्धति का ही सहारा लेते हैं। इसमें स्रोत भाषा की सामग्री का लक्ष्य भाषा में सारांश प्रस्तुत किया जाता है। इसमें आवश्यकता इस बात के चयन की होती है कि जो बातें स्रोत भाषा में कही गई हैं उनका मुख्यार्थ प्रस्तुत किया जाए। भाषणों, संसद में दिए गए वक्तव्यों तथा बहसों का अनुवाद इसी कोटि में आता है।

(च) **भाषा या टीकापरक अनुवाद**—अनुवाद की यह आचार्य पद्धति कही जानी चाहिए। क्योंकि इसमें स्रोत भाषा के मूल पाठ की व्याख्या के साथ अनुवाद भी किया जाता है। विषय विशेष के विद्वान् का जैसा वैदुष्य होता है यह भाष्य या टीका उसी कोटि की होती है क्योंकि इसमें कथ्य के स्पष्टीकरण के लिए भाष्यकार अपनी ओर से उद्धरण, उदाहरण और प्रमाण जोड़ सकता है। भाष्यकार कोरा अनुवादक नहीं होता, वह अपने व्यक्तित्व की महत्ता को अर्जित ज्ञान के माध्यम से कथ्य पर स्थापित करता है जैसे आचार्य विश्वेश्वर की 'हिन्दी अभिनव भारती', 'हिन्दी ध्वन्यालोकलोचन' आदि की वैदुष्यपूर्ण व्याख्याएं या संस्कृत की काव्यशास्त्रीय रचना, 'साहित्य-दर्पण' पर डॉ. सत्यव्रत सिंह की व्याख्या अथवा गीता पर बाल गंगाधर तिलक का 'गीता-भाष्य'।

भारतीय साहित्य में इस प्रकार के भाष्य और टीकाओं की व्यापक परम्परा रही है। वेदों और उपनिषदों के अनेकानेक भाष्य इसी मनीषी परम्परा ने किए हैं। आज भी गीता, उपनिषद् रामायण, वेद आदि के नये से नये भाष्य किए जा रहे हैं और परम्परा समाप्त नहीं हुई है।

(छ) **आशु अनुवाद** (Interpretetion)—आज विश्व-भर में आशु अनुवाद सांस्कृतिक आदान-प्रदान की दृष्टि से अत्यधिक महत्त्वपूर्ण बन गया है। क्योंकि जब अलग-अलग देशों के दो वी. आई. पी. व्यक्ति भिन्न-भिन्न भाषाओं में बातचीत करते हैं तो उन दोनों की बातचीत को सम्प्रेषित करने के लिए अनुवादक दुभाषिये (Interpreter) का काम करता है। आशु अनुवादक का भाषा-ज्ञान गहन एवं अत्यन्त प्रामाणिक होना चाहिए। तमाम महत्त्वपूर्ण भाषणों, वार्ताओं, अनुबन्धों आदि का अनुवाद उसे कोश या सन्दर्भ ग्रन्थों की सहायता के बिना आमने-सामने करना पड़ता है। इस दृष्टि से भाषा ही नहीं, उसे दोनों देशों के इतिहास और संस्कृति तथा समाज से गहरा परिचय होना चाहिए ताकि वह ऐसी भूल न करे, जिसके परिणाम भयंकर हों। इस प्रकार के अनुवाद का एक विशिष्ट सांस्कृतिक सन्दर्भ है। आज की प्रतियोगितापरक दुनिया में आशु अनुवादकों की दिनप्रतिदिन जरूरत भी बढ़ रही है। युद्ध हो या संधि, व्यापार हो अथवा सांस्कृतिक आदान-प्रदान आशु अनुवादक के बिना काम नहीं चलता। दूसरे देशों के प्रधान मन्त्री या विदेश मन्त्री या अन्य विशिष्ट व्यक्तियों के कथ्य को सम्प्रेषित करने का आज यही महत्त्वपूर्ण साधन है।

अनुवाद विज्ञान है अथवा कला?

आधुनिक संसार में अनुवादकों ने मध्य युग के अनुवादकों की तुलना में चाहे बहुत अच्छे अनुवाद प्रस्तुत किए हों अथवा नहीं किन्तु यह निर्विवाद रूप से कहा जा सकता है कि उन्होंने अपने कार्य की जटिलता और निहितार्थ को खूब भीतर से समझ लिया है। आधुनिक अनुवादकों के अनुवाद इस तथ्य की पुष्टि का बेहतर उदाहरण प्रस्तुत करते हैं। अनुवाद कार्य की आवश्यकता को समझते हुए एक आत्म-सजग अनुवाद-शैली उत्पन्न हुई है, जिसमें कला और विज्ञान दोनों के तत्त्व समाविष्ट है। अनुवाद की नयी-नयी तकनीकों को अपनाने के कारण भी अनुवाद नयी विशिष्टताएं ग्रहण कर रहा है।

मूलतः अनुवादक एक विशिष्ट प्रकार का व्याख्याता होता है। यह व्याख्याता शब्द और शब्द के सन्दर्भ को विश्लेषित करते हुए अपनी दृष्टि निर्मित करता है। निरीक्षण-परीक्षण तथा शब्द की अनुसन्धानात्मक कला में प्रवृत्त होता हुआ यह निर्णय लेता है कि उसे किस दिशा विशेष में प्रवृत्त होना है 'अनु' का अर्थ है—'पीछे' और 'वाद' का अर्थ है 'कथन', अर्थात् पश्चाद्गमन या किसी तथ्य की प्राप्ति के लिए परिपृच्छा या परीक्षण करना। इस दृष्टि से तीन तथ्य हमारे सामने उपस्थित होते हैं—

(1) स्रोत-भाषा में उपलब्ध सामग्री में प्रस्तुत कथ्य का सन्दर्भ-विश्लेषण तथा वाक्य-विश्लेषण।

(2) सम्प्रेष्य कथ्य का लक्ष्य भाषा में पुनर्गठन।

(3) पुनर्गठित रूप का शैलीकरण।

इस प्रकार अनुवाद का स्रोत भाषा के पाठ के सम्प्रेष्य कथ्य का लक्ष्य भाषा के पाठ में पुनर्गठन एवं शैलीकरण करते हुए अन्तरण है। अर्थ को लक्ष्य भाषा में अंतरित करते समय विज्ञान, कला और शिल्प तीनों की अपेक्षा रहती है। इसीलिए अनुवाद,

कला, शिल्प और विज्ञान तीनों मिली-जुली प्रक्रिया है।

सामान्य ज्ञान और विशिष्ट ज्ञान में गहरा पार्थक्य है। ज्ञान साधारण जानकारी है और उस साधारण जानकारी का विशेष ज्ञान होने पर ज्ञान का यह विकास विज्ञान हो जाता है। परंतु जब यह विशेष ज्ञान पुनः सामान्य ज्ञान की वस्तु बन जाता है तो उसे विज्ञान नहीं कहा जा सकता। विज्ञान वह पुनः उसी स्थिति में बनता है जब उस विधा का सामान्य ज्ञान नवीन कार्य-कारण सम्बन्ध से पुनः विशिष्ट ज्ञान में बदल जाता है। इस प्रकार सामान्य ज्ञान से विशिष्ट ज्ञान बनने की यह प्रक्रिया लगातार चलती रहती है। इसी अर्थ में विज्ञान किसी भी विषय का तर्काश्रित कार्य-कारणमय व्यवस्थित और विशिष्ट ज्ञान होता है। विशुद्ध विज्ञान में नियमों के अपवाद नहीं मिलते। क्योंकि उसमें विकल्प के लिए कोई स्थान नहीं होता। एक प्रकार से विज्ञान के नियम सार्वकालिक तथा सार्वभौमिक होते है। किन्तु इस प्रकार के नियम अनुवाद पर लागू नहीं हो सकते। वे देशकाल और स्थिति के अनुसार अपवादों को जगह देते हैं। इससे यह सिद्ध होता है कि अनुवाद केवल विज्ञान नहीं है और कुछ भी है।

इस प्रसंग में एक महत्त्वपूर्ण प्रश्न यह भी उठता है कि अनुवाद को विज्ञान कहना कहां तक उचित है? वस्तुतः अनुवाद उस अर्थ में विज्ञान नहीं है जिस अर्थ में भौतिकी, जैविकी या गणित को विज्ञान कहा जाता है। यह भी सत्य है कि आज विज्ञान शब्द के प्रयोग में ढील या शिथिलता के लक्षण पाए जाते हैं। उसके ज्ञान का उन शाखाओं के लिए भी प्रयोग किया जा रहा है जो वास्तविक अर्थ में विज्ञान नहीं है। ऐसा कहने का प्रमुख कारण यही है कि विज्ञान का सबसे बड़ा आधार है—कार्य-कारण भाव की नित्यता। इस दृष्टि से ज्ञान की अनेक शाखाएं ऐसी हैं जिनमें कार्य-कारण भाव की नित्यता नहीं पाई जाती और फिर भी उन्हें चलते अर्थों में विज्ञान कह दिया जाता है जैसे सामाजिक विज्ञान, राजनीतिक विज्ञान आदि।

आधुनिक विद्वान ज्ञान के क्षेत्रों को तीन वर्गों में विभाजित करते हैं—

(1) भौतिक विज्ञान (2) सामाजिक विज्ञान (3) मानविकी।

भौतिक विज्ञान का सम्वन्ध उन वस्तुओं से है जो मानवकृत नहीं है? सामाजिक विज्ञान मानव के सामाजिक क्रिया-कलाप का कार्य-कारण सम्बन्ध से तार्किक अध्ययन है। मानविकी में वैयक्तिक और सृजनात्मक ज्ञान का अध्ययन-विश्लेषण होता है। यह भी मानना होगा कि ज्ञान के यह तीनों वर्ग परस्पर निरपेक्ष नहीं है। एक विज्ञान दूसरे विज्ञान की सीमा में अनुप्रवेश करता है। ऐसी स्थिति में अनुवाद-कार्य इन तीनों सीमाओं के भीतर आता है। एक ओर उसका सम्बन्ध भाषाविज्ञान, ध्वनिविज्ञान, अर्थविज्ञान आदि से है, दूसरी ओर वैयक्तिक और सृजनात्मक साहित्य रूपों से सम्बद्ध होने के कारण आज वह मानविकी का प्रमुख अंग है। अतः अनुवाद उस अर्थ में विज्ञान नहीं है जिस अर्थ में हम विशुद्ध विज्ञानों (Pure sciences) और सामाजिक विज्ञानों को विज्ञान कहते हैं। वह तो विज्ञान केवल इसलिए है कि उसके नियम कार्य-कारण

सम्बन्धों पर आश्रित है। चूंकि इन नियमों में प्रायः अपवाद भी हैं, इसलिए अनुवाद विशुद्ध विज्ञान की सीमा में नहीं आता। परन्तु अनुवाद में कोई सिद्धान्त या नियम है ही नहीं, यह भी नहीं कहा जा सकता। नियम और अनुभव दोनों का योग होने के कारण वह अपनी प्रवृत्ति से विज्ञान की ओर झुकता है। अनुवाद के नियम अनुवादक के लिए साधना भी हैं और साध्य भी। अर्थात् अनुवादक स्रोत भाषा के ज्ञान को लक्ष्य भाषा में अन्तरित करते समय अपने व्यक्तिगत विवेक और ज्ञान की वैज्ञानिकता का पूरा उपयोग करता है।

अनुवाद के अध्ययन की प्रक्रिया विज्ञान के अध्ययन की प्रक्रिया से निकटता रखती है। जिस प्रकार विज्ञान सम्बन्धी अनुशीलन में तथ्य-संकलन, तुलना, निरीक्षण, वर्गीकरण, विश्लेषण, नियम-निर्धारण आदि कार्य करते हैं उसी प्रकार की स्थितियां अनुवाद कार्य में भी आती रहती है। वैज्ञानिक के समान अनुवादक को भी तटस्थ रहना पड़ता है एवं अनुवाद के माध्यम से एक भाषा के कथ्य को दूसरी भाषा के कथ्य में सही ढंग से लाना पड़ता है। इस प्रकार वह सांस्कृतिक भाषा का ऐसा सम्पर्क-सूत्र खड़ा करता है जिसकी उपयोगिता सामाजिक जीवन में अत्यधिक है। वैज्ञानिक अनुसंधानशाला में बैठकर मानव-कल्याण की ओर प्रवृत्त होता है और अनुवादक स्रोत भाषा की सामग्री से जूझकर समानार्थक शब्दों या नये शब्दों को खोजकर मानव-कल्याण की ओर या विचार के आदान-प्रदान की सुविधा की ओर आगे बढ़ता है, दो देशों के भाषा-साहित्य और संस्कृतिपरक ज्ञान को सरलता, सुबोधगम्यता और दृष्टि की वैज्ञानिकता के साथ प्रस्तुत करता है। इस प्रकार अनुवादक कुछ अपवादों को छोड़कर निश्चित नियमों का अनुसरण करता है। यह प्रक्रिया पूरी तरह से वैज्ञानिक है। यदि इसमें वैज्ञानिक नियम न होते तो मशीनी अनुवाद सम्भव ही नहीं हो सकता था। दो भाषाओं के वैज्ञानिक अध्ययन विश्लेषण के आधार पर सुनिश्चित वैज्ञानिक नियमों ने ही इस प्रक्रिया को संभव बनाया है। इस प्रकार अनुवाद की सम्पूर्ण मानसिकता वैज्ञानिक प्रक्रिया की मानसिकता से जुड़ी है और अनुवादक की पूरी पृष्ठभूमि कार्य-कारण सम्बन्ध से रहित नहीं है। इसी अर्थ में अनुवाद को विज्ञान कहा जा सकता है।

किन्तु अनुवाद मात्र विज्ञान ही नहीं है, वह कला और शिल्प भी है। कौशल का अंग्रेजी रूपान्तर है—क्राफ्ट (Craft) और कला का आर्ट (Art)। एक प्रकार से कला शब्द सभी प्रकार की लालित्य-बोधीय अनुभूतियों, अनुभवों और अभिव्यक्तियों के लिए आता है। कला को लेकर यह प्रश्न बराबर उठाये जाते रहते हैं कि कला में सौन्दर्य की प्रकृति क्या है? कलाकृतियों में रूप और विषयवस्तु के अन्तर्सम्बन्ध कैसे हैं? कला और सामाजिक जीवन के अभिव्यंजक रूप क्या-क्या हैं? समाज तथा समाज के विभिन वर्गों के बीच कला एवं सौन्दर्य के विषय में कौन सी धारणाएं हैं? वैयक्तिक और सामूहिक जीवन में कला का क्या स्थान है? इतिहास के विशेष बिन्दु पर सामान्य जन के लिए कला का अर्थ और सार्थकता क्या है? इस बात का उत्तर यह हो सकता है

कि समाज-दर्शन और सौन्दर्यबोध-शास्त्र का जो आमना-सामना है वही कला और जीवन का तादात्म्य है। इस प्रकार जीवनयुक्त कला एक क्रान्तिकारी प्रत्यय है। इसमें अनुभव-संसार और अभिव्यक्ति-प्रणालियों तथा हमारी सौन्दर्याभिरुचियों का रूपान्तरण होता है। कला बिम्बों, प्रतीकों, अभिप्रायों और अभिव्यंजनाओं के आयामों में उथलपुथल मचाने की प्रक्रिया है। अभिव्यंजना की जटिल अभिव्यक्तियों, अनुभूतियों, प्रतीकों के आदिम रूपों, फन्तासियों (Fantacies) सुख-दुखात्मक भाव-प्रत्ययों को विलक्षण ढंग से प्रस्तुतीकरण देने में कला सबसे आगे है।

अनुवादक कला के इस स्वभाव में घुल-मिल जाता है। साहित्यिक अनुवादक कलाकार की भांति कृति के रेशे-रेशे, संरचना (Structure) रूप तथा विषय-वस्तु (Texture) में गहरे से गहरे अवगाहन करता है। ऐसी दशा में उसे सौन्दर्य-तत्त्व ग्राह्य होता है अर्थात वह सौन्दर्यानुभव करता है। कृति के साथ उसका यह अन्तरंग साक्षात्कार उसे निर्वैयक्तिक अनुभूति में बांधता है और कलाकार की भांति अनुवादक अपने वैयक्तिक आलोचनात्मक निर्णय को स्थगित कर देता है। कहना न होगा कि वह अनिवार्यतः कला के सौन्दर्य वास्तविक पथों से सम्बद्ध हो जाता है। कृति के सम्पूर्ण सांस्कृतिक सन्दर्भ में वह धंसता है और अमूर्त्त सौन्दर्य-बिन्दुओं को व्यवस्थित करने में शक्ति लगाता है। इस प्रकार अनुवादक कला से सम्बन्धित दूसरा व्यक्ति नहीं है। वह मात्र उल्थाकार या तर्जुमाकार या भाषान्तरकार नहीं है, वह समर्थ शक्तियों से पूर्ण आख्याता और कलाकृति के स्वभाव के अनुकूल शैलियों को बारीकी से खोजने वाला पुनःसर्जक है, चूंकि वह कृति का रिश्ता सम्पूर्ण सांस्कृतिक सन्दर्भ से जोड़कर देखता है और ऐसा करने में ही उसकी प्रतिभा सन्तुष्ट होती है। वह लाक्षणिक, आलंकारिक, संलक्षी वक्रोक्तिपूर्ण अर्थच्छायाओं से तादात्म्यीकृत होता है और रूपकों तथा सादृश्यों की भाषा में अन्तर करता हुआ सन्दर्भ के सही आशयों को हृदयंगम करके अनुवाद करता है। इस प्रकार से वह एक प्रकार की रचनात्मक प्रक्रिया से जुड़ता है और इस रचनात्मक प्रक्रिया से सम्बद्ध होने के कारण ही अनुवाद एक कला है। हां, इस कला का शिल्प विषय एवं क्षेत्र के अनुसार बदलता है।

लेकिन सभी क्षेत्र अनुवादक के विस्तृत ज्ञान और सूझ-बूझ की अपेक्षा करते हैं। अंतर केवल इतना है कि ज्ञान के साहित्य के अनुवादक को विधि, विज्ञान आदि के पाठ का अभिप्रेत अर्थ समझना पर्याप्त है, क्योंकि यह अनुवाद सूचनार्थ होता है और इसके अनुवाद में केवल विषय की जानकारी ही पर्याप्त है। पुनर्प्रस्तुति में व्याकरणिक शुद्धता, कला-सौष्ठव वाक्य-विन्यास पर पूर्ण ध्यान अपेक्षित होता है। भाषा के कलात्मक, गठन, सौन्दर्यपरक अंतर्योजना और अंतर्ग्रन्थन, बारीक अर्थच्छाया आदि पर दृष्टि केन्द्रित करने की अपेक्षा यहां नहीं होती है। लेकिन साहित्यिक रचना के अनुवादक में कृति के मूल सौन्दर्य निर्वाह की अपेक्षा रहती है। वहां लक्ष्यभाषा में सृजन की क्षमता अत्यधिक आवश्यक है। अनुवाद को कला मानने का कारण मात्र साहित्यिकता नहीं

है। कलाकार के बिम्बों-प्रतीकों और अभिप्रायों को कलापूर्ण ढंग से लाने में ही अनुवादक की मौलिकता है।

कला और शिल्प को अलग नहीं किया जा सकता। अलग-अलग दिखाई देने पर भी वस्तुतः यह एक-दूसरे से भिन्न नहीं होते। इस तरह शिल्प, कला की ही एक अवधारणा है। कला नैसर्गिक प्रतिभा का सहज विस्फोट है, इसलिए तमाम ललित कलाएं अर्जन और शिक्षण को महत्त्व देने पर भी यही नारा लगाती हैं कि कलाकार उत्पन्न होते हैं, बनाए नहीं जाते। अनुवादक कलाकार की भांति सृजनकर्त्ता नहीं है क्योंकि सृजन आत्म-साक्षात्कार के क्षणों की अनिवार्य प्रक्रिया है जिसका परिणाम है–आत्माभिव्यक्ति। परन्तु अनुवादक इस अर्थ में कलाकार है कि वह कलाकार की आत्माभिव्यक्ति को अपने में उतारता है, उससे पुनः आत्म-साक्षात्कार करता है और तटस्थ भाव से उसको पुनः अभिव्यक्त कर देता है। इस अर्थ में अनुवादक का व्यक्तित्व पुनरुत्पादक कलाकार का व्यक्तित्व है। कला सृजन है और अनुवाद पुनर्सृजन। यह एक प्रकार का प्रविधि और प्रक्रियागत पार्थक्य है।

अनुवाद में कला और विज्ञान दोनों के तत्त्व निहित होते हैं। शिल्प भी कला के अन्तर्गत समाया हुआ है। ऐसी स्थिति में यह कहना सही होगा कि अनुवाद न तो मात्र विज्ञान है, न कला है, न शिल्प है। सच्चे अर्थों में वह कला का विज्ञान है। उसमें पुनराख्यान, मौलिकता, प्रातिभ शक्ति और प्रतिपादन सौष्ठव का योग होने के कारण ऐसा कहना सर्वथा उचित है।

अनुवाद और भाषाविज्ञान

हम चर्चा कर चुके हैं कि स्रोत भाषा की पाठ-सामग्री को लक्ष्य भाषा की पाठ सामग्री में अन्तरित करने की प्रक्रिया अनुवाद है। इस प्रकार अनुवाद एक भाषा से दूसरी भाषा में भाषांतरण है। भाषागत प्रतीकों के प्रति सजगता अनुवादक का दायित्व है क्योंकि इन्हें ठीक से ग्रहण और पुनर्प्रस्तुत न कर पाने पर ही अनुवाद में घपला हो जाने की सम्भावना रहती है। अनुवाद का सम्बन्ध भाषा से है और भाषा का वैज्ञानिक अध्ययन तथा अनुसंधान भाषा विज्ञान का विषय है। यही कारण है कि अच्छा अनुवादक भाषा के मर्म को समझने के लिए प्रयत्नशील रहता है। वह भाषागत संरचना पर विशेष रूप से ध्यान केन्द्रित करता है। भाषागत संरचना के मुख्य आधार हैं–संज्ञा, क्रिया, विशेषण तथा अव्यय।

भाषा के अध्येता म।नते हैं कि भाषा जीवन की ठोस वास्तविकता है। इसीलिए भाषा की परिभाषा और व्याख्या समय-समय पर विविध संदर्भों को ध्यान में रखकर भिन्न-भिन्न दृष्टिकोणों से की गई है। प्रमुख बात तो यह है कि भाषा सम्प्रेषण व्यापार का सर्वाधिक सशक्त माध्यम है और यह माध्यम सांकेतिक और यादृच्छिक प्रतीकों पर आधृत है। 'भाषा' एक व्यापक शब्द है जिससे सभी विशिष्ट भाषाओं का बोध होता है। अपनी प्रकृति के अनुसार भाषा एक मौखिक प्रतीकात्मक पद्धति है। प्रतीकार्थ विज्ञान की यह मान्यता सही है कि भाषा यादृच्छिक वाक्प्रतीकों की पद्धति है। इस पद्धति के चार महत्त्वपूर्ण रूप है–

(1) भाषा एक पद्धति है।

(2) भाषा प्रतीकों की पद्धति है।

(3) भाषा की रचना वाचिक प्रतीकों से होती है।

(4) भाषिक प्रतीक यादृच्छिक होते हैं।

इसी प्रकार भाषा प्रतीक पद्धति से विचारों और भावों की सीधी अभिव्यक्ति है। सीधी दृष्टिगत होने पर भाषा एक जटिल मानसिक क्रिया है जिसमें अनेक अनुभव-प्रेरक प्रतीक अन्तर्निहित होते हैं। ब्लूमफील्ड ने कहा है—"भाषा यादृच्छिक ध्वनि-प्रतीकों की संरचनात्मक व्यवस्था है जिसके माध्यम से किसी भाषा-भाषी समुदाय के लोग अपने भाव या विचारों को एक-दूसरे तक सम्प्रेषित करते हैं।"

इसी प्रकार हाल तथा ट्रेगर की मान्यता है, "अन्ततोगत्वा भाषा यादृच्छिक प्रतीकों की एक व्यवस्था ही होती है जिसके माध्यम से किसी भाषा-भाषी समुदाय के लोग एक-दूसरे से बातचीत करते हैं। इस विधान की सार्थकता यह होती है कि यह ऐसी वस्तुओं, विचारों, संकल्पनाओं तथा गतिविधियों की ओर निर्देश करती है जिनका अस्तित्व उस समुदाय विशेष में पाया जाता है।"

भाषा के इस सामाजिक-सांस्कृतिक महत्त्व को रेखांकित करते हुए भाषाविद् सस्यूर ने लिखा है, "भाषा एक तरह का ऐसा सामाजिक विधान या संविदा है जो व्यक्ति वक्ता के माध्यम से किन्हीं भी तरीकों से न तो अस्तित्व में लाया जा सकता है, न संशोधित अथवा विकृत किया जा सकता है। उसमें एक ऐसा वाक्पथ अन्तर्निहित होता है जिसके अन्तर्गत ध्वनि-बिम्ब अथवा श्रवण किसी अर्थ से जुड़ जाता है।"

इस प्रकार भाषा एक समाजबद्ध स्वतन्त्र पद्धति है, जिसे वास्तवपन की अनुकृति नहीं कहा जा सकता। प्रतीकात्मक होने के कारण वह सदैव सार्थक ध्वनियों से निर्मित होती है। ध्वनियां और संकेत पशु-पक्षी भी करते हैं किन्तु मनुष्य सार्थक ध्वनियों में अपने को बांधकर विशिष्ट बनाता है। इसीलिए भाषा होने के लिए प्रथम अनिवार्य स्थिति है भाषा का पद्धतिबद्ध होना। वह तो भाषा हो ही नहीं सकती, जिसकी कोई पद्धति नहीं है। चूंकि भाषा मानव की यादृच्छिक प्रवृत्ति है, अतः उसमें किसी आधिभौतिक और दैविक शक्ति का हाथ नहीं है। वह स्वाभाविक प्रवृत्ति की भांति समाज में अभिव्यक्ति की एक स्वाभाविक शक्ति है।

सामान्य प्रयोग या व्यवहार में भाषा शब्द दो रूपों का वाची है—

(1) सामान्य भाषा—जैसे जापानी, जर्मन, अंग्रेजी आदि।

(2) विशिष्ट भाषा—जैसे राष्ट्रभाभा, राजभाषा, साहित्यिक भाषा, मानक भाषा, आंचलिक भाषा, अन्तर्राष्ट्रीय भाषा आदि जो किसी विशिष्ट रूप का बोध कराती है।

भाषा के अनेक रूपों में मनुष्य वाक्शक्ति द्वारा विचारों को सम्प्रेषित करता है। किन्तु सामान्य ढंग से रूपगत भिन्नता होने के कारण एक भाषा दूसरी भाषा से ध्वनि-, प्रतीक, समूह-संघटना, संरचना और शैली में अलग होती है। इस भिन्नता का कारण ऐतिहासिक-सांस्कृतिक है। भौगोलिक परिवेश और परम्परागत संस्कार भी अलगाव को जन्म देते हैं। इसलिए भाषा और संस्कृति का सम्बन्ध बहुत गहरा है। समाजशास्त्रीय पृष्ठभूमि, रहन-सहन, खान-पान, रीति-रिवाज, कार्य-प्रणाली, भौगोलिक स्थितियां,

ऐतिहासिक और धार्मिक पृष्ठभूमि और आर्थिक आधार उसमें प्रमुख भूमिका अदा करते हैं। इसीलिए संस्कृति में मानव के भाषिक और भाषिकेतर व्यवहार और सिद्धान्त समाहित हैं। प्रोफेसर जॉर्ज ग्युसदोर्फ इसी निष्कर्ष पर पहुंचे थे–"भाषा और संस्कृति को न तो अलग-अलग किया जा सकता है और न किया जाना चाहिए, वैसे ही जिस प्रकार भाषा और विचार को कभी अलग-अलग नहीं किया जा सकता। इस दृष्टि से भाषा और संस्कृति की पारस्परिकता एक अनिवार्य सम्बन्ध में बंधी है।"

इस प्रकार भाषा दो तरह के अध्ययन और ज्ञान पर निर्भर है–वस्तु का ज्ञान और वस्तु विषयक ज्ञान। संस्कृति की सम्पूर्ण आत्मा भाषा में अभिव्यक्ति पाती है। स्वयं ब्लूमफील्ड इसी निष्कर्ष पर पहुंचे थे कि किसी भी भाषा के स्वरूप और उसकी संस्कृति के ठीक ज्ञान के बिना भाषा पढ़ाने का मतलब बच्चे के कई साल नष्ट करना भर है और उसका परिणाम नगण्य होता है।"

इस कोण से भाषा की समझ सांस्कृतिक संदर्भों में भाषागत प्रतीकों और उनके अर्थों से निर्धारित होती है।

प्रायः भाषा-विज्ञान में भाषा का तात्पर्य साहित्यिक भाषा से लिया जाता है। जिस भाषा में लिखित साहित्य नहीं होता उसे भाषा न कहकर बोली कहा जाता है। जाहिर है कि यहां साहित्य से तात्पर्य विविध क्षेत्रों के ज्ञानपरक साहित्य से भी है केवल सृजनात्मक साहित्य मात्र से नहीं। सामान्य मान्यता है कि भाषा हमें साहित्य से सीखने को मिलती है और बोली जनसमाज तथा माता-पिता से। यह निरीक्षण का विषय है कि हमारे बोलने और लिखने में सदैव दूरी या अन्तर रहता है। लिखने में हम संयमन और नियंत्रण से सुसंस्कृत भाषा का प्रयोग करते हैं। इसीलिए भाषा के हिमायती बोली को गंवारू, असभ्य या असंस्कृत लोगों की भाषा कहते है। संस्कृत-सुशिक्षित लोगोंकी भाषा की तुलना में यह अपभ्रंश, अपभ्रष्ट (Corrupt) शब्दों से भरी हुई भाषा समझी जाती रही है। बोली सम्बन्धी इस भ्रम को आज खण्डित भी किया जा रहा है क्योंकि एक शताब्दी पूर्व ब्रजभाषा 'भाषा' थी और खड़ी बोली 'बोली' किन्तु धीरे-धीरे खड़ी बोली न केवल भाषा बनी अपितु राजभाषा और राष्ट्रभाषा के पद पर समासीन हो गई। इस प्रकार बोलियां मानक अथवा आदर्श का अतिक्रमण करती रहती हैं क्योंकि वे लोक-जीवन या लोक-संस्कृति से अपनी खुराक लेती हैं। असल में जिन वाक् रूपों की कोई लिखित पद्धति नहीं है या अपढ़ लोग अनगढ़पन से जिनका प्रयोग करते हैं वह भाषा के विपरीत पड़ते हैं और उन्हें बोली कह दिया जाता है। इसलिए बोली (Dialect) और भाषा (Language) के अन्तर को भाषा विज्ञान सर्वेक्षणात्मक धरातल पर समझाना चाहता है।

भाषा विज्ञान अनुवादक के लिए तो यह निर्देश देता है कि जहां तक सम्भव हो सके मानक भाषा (Standard language) ही प्रयुक्त होनी चाहिए। किन्तु यदि विदेशी भाषा के किसी शब्द के लिए लोक-प्रचलित बोली का कोई शब्द बहुत अधिक उपयुक्त

हो उसकी संदर्भगत अर्थवत्ता पर कोई संशय न हो तो उसे ग्रहण कर लेना चाहिए।

अनुवादक एक भाषा के प्रतीकों को दूसरी भाषा में भाषांतरित करता है और इन दोनों भाषाओं में प्रायः प्रकृतिगत भिन्नता होती है और यदि समानता भी होती है तो अक्सर ऊपरी समानता होती है। अतः दोनों में ही विशिष्ट सांस्कृतिक-ऐतिहासिक परिवेश के कारण भावों, विचारों और क्रियाओं, स्थितियों और वस्तुओं को व्यक्त करने वाले प्रतीक इनके अपने होते हैं जैसे–अंग्रेजी में 'Chair' और हिन्दी में 'कुर्सी'। शब्दों के अतिरिक्त प्रत्येक भाषा में लिंग, वचन, काल, पुरुष, कारक आदि को अभिव्यक्त करने की निजी व्यवस्था होती है जैसे संस्कृत में तीन लिंग होते हैं और हिन्दी में दो। हिन्दी में कर्त्ता के लिंग के अनुसार क्रिया का लिंग होता है किन्तु अंग्रेजी में ऐसा नहीं होता। हिन्दी के वाक्य 'आप जाएंगे' और 'आप जाएंगी' दोनों के लिए अंग्रेजी में 'You will go' ही होगा। इसी प्रकार हिन्दी में निर्जीव वस्तुओं को भी स्त्रीलिंग और पुल्लिग के अन्तर्गत रखा जाता है, जैसे 'कमरा बड़ा है,' 'कोठरी बड़ी है'। किन्तु अंग्रेजी में निर्जीव वस्तुओं के लिए Neuter gender है। इसी भांति हिन्दी में एक वचन 'लड़का' के बहु वचन रूप दो होते हैं–लड़के, लड़कों; किन्तु अंग्रेजी में Boy का बहुवचन केवल 'Boys' ही होता है।

अनुवाद कार्य में स्रोत-भाषा की व्यवस्था के स्थान पर लक्ष्य भाषा की व्यवस्था रखी जाती है। इस कार्य में अत्यन्त सावधानी अपेक्षित होती है। इस बात को हम इस उदाहरण से समझ सकते हैं–

"Mohan reads."–''मोहन पढ़ता है।''

"Shila reads."–''शीला पढ़ती है।''

अंग्रेजी में Mohan तथा Shila दोनों के लिए "reads" क्रियारूप प्रयुक्त हुआ है। इस प्रकार कर्त्ता के लिंग का कोई प्रभाव क्रिया पर नहीं पड़ा है। किन्तु हिन्दी में क्रिया कर्त्ता के लिंग के अनुसार ही चलेगी और कहा जाएगा : ''मोहन पढ़ता है।'', ''शीला पढ़ती है।'' इसी प्रकार हिन्दी के ''आप जाते है।'', ''तू जाता है'', ''तुम जाते हो'' के लिए अंग्रेजी में केवल "You go" ही रहेगा।

इस प्रकार यह बात स्पष्ट होती है कि अनुवाद का सीधा सम्बन्ध तुलनात्मक भाषा-विज्ञान (Comparative linguistics) व्यतिरेकी भाषा-विज्ञान (Contrastive linguistics) से है। अनुवाद-समानार्थक शब्द (Translation equivalents) खोजने की प्रक्रिया ही अपने आप में एक तुलनात्मक प्रक्रिया है। अब इस तुलना के दौरान अनुवादक दोनों भाषाओं में संरचनागत असमानता के तत्त्व खोजता है तथा संप्रेष्य कथ्य को लक्ष्य भाषा की संरचना एवं शैली के अन्तर्गत प्रस्तुत करता है। तुलनात्मक प्रक्रिया में हम स्रोत भाषा के किसी शब्द के लिए लक्ष्य भाषा में ऐसे समानार्थी खोजने का प्रयास करते हैं जो स्रोत भाषा के शब्द के समकक्ष अर्थ को प्रस्तुत करने में अधिकाधिक समर्थ हों जैसे–अंग्रेजी के "Strongest" शब्द के लिए हिन्दी में हम

लिखेंगे "प्रबलतम" यह तुलना 'शब्द-समूह' तथा 'भाषा-व्यवस्था' दोनों की ही होती है। भाषा की व्यवस्था के अन्तर्गत वाक्य-रचना, रूप-रचना और ध्वनि आते हैं। इस प्रकार भाषा विज्ञान के अंतर्गत आने वाले भाषा के छः तत्त्व—ध्वनि, शब्द, वाक्य, अर्थ, रूप और लिपि सभी का स्रोत भाषा और लक्ष्य भाषा की दृष्टि से तुलनात्मक अध्ययन आवश्यक होता है। इस तुलना को अधिकाधिक व्यापक और प्रामाणिक बनाने के लिए भाषा के वैज्ञानिक अध्ययन में ध्वनिविज्ञान, अर्थविज्ञान, रूपविज्ञान, वाक्यविज्ञान, शब्द-विज्ञान और लिपि-विज्ञान आदि सभी विधियों का सहारा लेना पढ़ता है।

द्वितीय विश्वयुद्ध के बाद अमरीका के अनेक भाषाशास्त्रियों ने, जिसमें शापियर तथा ब्लूमफील्ड प्रमुख है, भाषा के अध्ययन को नयी दिशा दी। इन विद्वानों ने जीवित भाषा तथा बोली पर अधिक बल दिया। इसीलिए भाषाविज्ञान (Linguistics) तथा भाषा-शास्त्र (Philology) दो अलग-अलग विषय बन गए। ये दोनों ही शब्द भिन्न-भिन्न रूप और अर्थ में प्रयुक्त होते हैं। Philology शब्द का व्यवहार प्राचीन भाषा के अध्ययन के संदर्भ में होता है। अर्थात् इसका क्षेत्र प्राचीन भाषा-सामग्री के विश्लेषण तक सीमित है। किन्तु भाषाविज्ञान (Linguistics) के अन्तर्गत आधुनिक जीवित भाषाओं और बोलियों का अध्ययन प्रस्तुत किया जा सकता है कथ्य भाषा की ही व्याख्या की जाती है। आज के अनुवादक को भाषाविज्ञान और भाषाशास्त्र दोनों की ही सूक्ष्म और गहन पकड़ होनी चाहिए। प्राचीन और नवीन भाषा और साहित्य के ज्ञान के बिना अनुवाद सम्भव ही नहीं है क्योंकि अनुवाद में देश और काल दोनों ही अत्यधिक महत्त्वपूर्ण होते हैं। भाषा में होने वाले रूपगत और अर्थगत परिवर्तनों को पहचानते हुए ही पुरानी कृतियों और पाठों को सही ढंग से अनूदित करना संभव है।

भाषा-शास्त्र के अन्तर्गत सामान्य भाषा आती है और आधुनिक भाषाशास्त्र के अन्तर्गत भाषा का वैज्ञानिक विश्लेषण कई रूपों में किया जा सकता है—

(1) वर्णनात्मक, (2) समकालिक, (3) ऐतिहासिक, (4) तुलनात्मक, (5) गठनात्मक। इनमें से समकालिक भाषाशास्त्र अनुवाद की दृष्टि से सर्वाधिक महत्त्वपूर्ण है क्योंकि इसमें जीवित बोलियों का ऐतिहासिक और तुलनात्मक अध्ययन सम्भव होता है। जीवित भाषा और बोली के लिए समकालीन साहित्य की जानकारी भाषाशास्त्री की तरह अनुवादक को भी होनी चाहिए।

अनुवाद कार्य के साथ भाषा का ऐतिहासिक-सांस्कृतिक 'काल-बोध' भी जुड़ा रहता है। प्राचीन कृतियों या शिलालेखों के पाठ का अनुवाद करते समय 'खोए हुए काल की खोज' भाषा से करनी पड़ती है।

अनुवाद और अर्थविज्ञान

अनुवाद में शब्दों के माध्यम से अर्थगत अभिव्यंजना को अधिकाधिक स्पष्ट किया जाता है। अनुवादक को यह सावधानी अनिवार्य रूप से रखनी पड़ती है कि जिन शब्दों को स्थानांतरित किया जाता है उनके साथ भाषांतर अर्थव्यंजना ज्यों की त्यों अन्तरित हो रही है या नहीं। अर्थात् स्रोत भाषा में व्यक्त किया गया अर्थ लक्ष्य भाषा में ठीक वैसा का वैसा अभिव्यक्त हो रहा है अथवा नहीं। इस प्रकार भाषा का अर्थ तत्त्व अर्थ विज्ञान से सम्बन्धित हो जाता है। अनुवाद की समस्त सम्प्रेषण क्रियाएं जितनी भाषा और उसके अभिव्यंजना-पक्ष से सम्बद्ध होती हैं उतनी ही या उनसे अधिक मूल पाठ-सामग्री के विचार या लक्ष्य से भी। मूल कथ्य सामग्री जिस या जिन विषयों की है उन विषयों के सैद्धान्तिक, व्यावहारिक और प्रायोगिक अर्थ तत्त्व का ज्ञान अनुवादक के लिए अपेक्षित है।

अर्थ विज्ञान का मुख्य अभिप्रेत शब्द के वास्तविक अर्थ-व्यापार पर विचार करना है। एक ओर यह भाषा के मनोवैज्ञानिक पक्ष का अध्ययन है, दूसरी ओर अर्थमूलक परिवर्तनों की परीक्षा का वैज्ञानिक कार्य। फ्रांसीसी विद्वानों ने ऐतिहासिक अर्थ विज्ञान की अध्ययन-पद्धति का विकास किया और इसी से रचनात्मक अर्थ विज्ञान की उद्भावना हुई। शब्द मनुष्य की धारणाओं से सम्बद्ध होते हैं और इन्हीं धारणाओं से अर्थ-विधान का सम्बन्ध होता है। यदि कालान्तर में धारणाएं बदलती हैं तो शब्दों के अर्थों में अन्तर आ जाता है। इसलिए अनुवादक और अर्थ विज्ञान के अध्येता दोनों को ही भाषा की संरचनात्मक प्रवृत्ति पर अपना ध्यान केन्द्रित करना पड़ता है। भाषा विज्ञान में यांत्रिक अनुवाद पर भी बहस हुई है और यह प्रश्न उठाया गया है कि कोशगत और व्याकरणिक अर्थों में परस्पर क्या सम्बन्ध है। उदाहरणार्थ, संस्कृत का 'वान्' प्रत्यय हिन्दी में इसी अर्थ में ग्रहीत हुआ। एक ओर यह हिन्दी में अधिकारी के

अर्थ में चलता है जैसे धनवान, विद्यावान, बुद्धिवान और दूसरी ओर यह प्रत्यय 'चालक' के अर्थ में प्रयुक्त होता है, यथा—पीलवान, गाड़ीवान, कोचवान आदि। अतः अनुवादक को इन प्रयोगों में अर्थ निश्चयन हेतु प्रसंग के महत्त्व की ओर जाना पड़ता है। भाषागत प्रयोगों में प्रसंग का वही स्थान है जो समाजशास्त्र, इतिहास और भूगोल में परिवेश और परिस्थिति का होता है। प्रसंगों की विधिवत् समीक्षा से ही अनुवादक अनेकार्थता, समानता, सादृश्यमूलक समस्याओं का समाधान कर सकता है।

अनुवादक को संरचनात्मक अर्थ विज्ञान से बहुत सहायता मिल सकती है। भाषा के वाह्य पक्ष में ध्वनि, रूप और वाक्य को स्थान मिलता है किन्तु भाषा के आन्तरिक अर्थमूलक अध्ययन में संरचनात्मक अर्थ विज्ञान अपनी व्यावहारिकता सिद्ध करता है। प्रत्येक भाषा की अपनी आर्थी संरचना होती है जिसे अध्ययन प्रक्रिया के तीन स्तरों से संकेतित किया जा सकता है—

(1) कोशीय शब्द
(2) व्याकरणिक रूप
(3) आर्थी अभिव्यंजना

उदाहरण के लिए 'विद्यार्थी शब्द का कोशगत अर्थ है विद्या ग्रहण में संलग्न, व्याकरणिक रूप है कर्त्ता-कर्ममूलक, आर्थी व्यंजना है अन्वेषी, जिज्ञासु, होनहार आदि। आर्थी विशेषताओं के कारण अनुवादक को भाषा की वाक्पद्धति (Idiom) को विशेष महत्त्व देना पड़ता है।

अनुवादक की प्रथम समस्या तो है अर्थ-प्रेषण के लिए दूसरी भाषा में प्रसंग, संदर्भ और प्रसंगानुकूल अर्थ-निर्धारण। दूसरी है अर्थ-निर्धारण में ध्वनि प्रतीकों का विशिष्टतावाची बोध। तीसरी है स्रोत भाषा की पाठ-सामग्री को लक्ष्य भाषा में लाते समय उसके अर्थ-निर्धारण की समस्या।

इस अर्थ-निर्धारण की समस्या से निपटने के लिए अनुवादक को अनेक बातों का ध्यान रखना पड़ता है क्योंकि एक ही कृति अपने अनेक सहृदयों को अलग-अलग समय में अलग-अलग अर्थबोध कराती है अर्थात् कृति में अनेक अर्थ स्तर-निहित होते हैं, जिन्हें हर एक कोटि का सामाजिक अपनी-अपनी समझ के अनुसार ग्रहण करता है, जैसे 'रामचरितमानस' सामान्य पाठक के लिए मात्र भक्ति भाव तथा कथा का अभिधार्थ है किन्तु विशिष्ट बौद्धिक स्तर वाले पाठकों के लिए उसके अनेक स्तर हैं जो प्रबुद्ध से प्रबुद्ध व्यक्ति के लिए आज भी चुनौती हैं। ऐसी स्थिति में इस कृति का अनुवाद अर्थ के स्तर पर बहुत जटिल प्रक्रिया है क्योंकि यह 'भावभेद रसभेद अपारा' वाली कृति है। इसी प्रकार अन्य कृतियों के अर्थ-निर्धारण में अनुवादक किन-किन बातों का ध्यान रखे, यह प्रश्न आज हल तो नहीं हो पाया है किन्तु अर्थ-निर्धारण के लिए कुछ तथ्य प्रकाश में आए हैं :

(1) **अर्थ की सांकेतिक प्रक्रिया**—अनुवादक को अर्थ की सांकेतिक प्रक्रिया

पर विशेष ध्यान देना पड़ता है। हर शब्द अर्थ का कोई चित्रात्मक या बिम्बात्मक रूप छिपाए होता है। शब्द से चित्र मानसपटल पर आता है और वस्तु का अभिज्ञान होता है। बोलने और समझने में समर्थ पाठक की भाषा इसी बिन्दु पर संकेतात्मक और प्रतीकात्मक हो जाती है, जैसे एक वाक्य है—'आनन्द भवन देश का पवित्र स्थान है' अब अनुवादक को इस वाक्य को पं॰ मोतीलाल नेहरू और जवाहरलाल नेहरू के इलाहाबाद स्थित भवन से जोड़ना होगा। ऐसा न करने से, अर्थ भ्रष्ट हो जाने की सम्भावना है।

(2) **शब्द-शक्तियां और अर्थ-तत्त्व**—अर्थ-निर्धारण की दृष्टि से शब्द-शक्तियां तीन हैं—अभिधा, लक्षणा और व्यंजना। इसी दृष्टि से शब्द के तीन प्रकार हैं—वाचक, लक्षक और व्यंजक। स्फोटगत ध्वनियों से शब्द-सृष्टि होती है और शब्द के उच्चारण से अर्थ का बोध होता है।

(क) **अभिधा**—शब्द की अभिधामूलक भंगिमा परम्परानुमोदित एवं रूढ़ अर्थ से सम्बन्धित होती है। शास्त्र में अभिधा को समझने के आठ साधन बताए गए हैं—व्याकरण, उपमान, कोश, आप्त-वाक्य, व्यवहार, वाक्य शेष, विवरण और सिद्ध पथ का सानिन्ध्य। किन्तु इन सब में व्यवहार ही मुख्य साधन कहा गया है। उदाहरणार्थ 'वह प्रवीण व्यक्ति है।' इसके अनुवाद में शब्द के कोशार्थ का संरचनागत अर्थ ही चल जाता है। इसी प्रकार एक और वाक्य है—'वह बुद्धिमान व्यक्ति है', इसका अंग्रेजी में अनुवाद होगा—'He is a wise person' अनुवाद करने पर भी दोनों भाषाओं में इसका सामान्य अर्थ एक ही रहता है।

(ख) **लक्षणा**—अभिधेय अर्थ का योग होने पर भी लक्षणा से अर्थ बदलता है। अभिधा शब्दार्थ का वाच्यार्थ सम्बन्ध है किन्तु लक्षणा का लक्षण है मुख्यार्थ का बाधित होना। अर्थात् जिस अर्थ के समझने में मुख्य अर्थ बीच में पड़ता है उसे लक्षणा कहते हैं। उदाहरणार्थ—

'गंगायां घोषः' अर्थात् 'गंगा में कुटी है।' गंगा में कुटी कैसे हो सकती है? अतः अर्थ के निर्धारणार्थ 'गंगा' शब्द का लक्षणा के द्वारा अर्थ लिया गया—गंगा तट पर कुटी है। 'घोष' शब्द में लक्षणा के द्वारा यह अर्थ भी ठीक हो सकता है—'गंगा में मगर है।' किन्तु उससे वक्ता के तात्पर्य की सिद्धि न होगी। अनुवादक को यह भी ध्यान रखना होगा कि लक्षणा रूढ़ि के आधार पर है या प्रयोजन के आधार पर।

(ग) **व्यंजना**—प्रसिद्धार्थ को अभिधा और लक्षणा परम्परा सम्बन्ध से स्पष्ट करती हैं किन्तु वे अप्रसिद्ध अर्थ का बोध कराने में समर्थ नहीं होतीं। इस स्थिति में व्यंजना का कार्य दोहरा होता है। यह दोनों प्रकार के अर्थों का बोध कराती है। इसलिए व्यंजना के द्वारा शब्द अर्थ-व्यंजक बनते हैं। व्यंजक ही ध्वनि है। व्यंजना का अनुभव शब्द, शब्दार्थ, पद, पद के एक भाग, वर्ण, रचना-स्वभाव आदि में सर्वत्र व्याप्त होता है। इसलिए बड़े से बड़े अनुवादक को उसे पकड़ने में चूकने का खतरा रहता है।

उदाहरणार्थ 'प्रसाद' की कविता की प्रसिद्ध पंक्तियां हैं—

'बीती विभावरी जाग री!

अम्बर पनघट में डुबो रही तारा घट उषा नागरी।'

यहां कवि का वाच्यार्थ है कि एक स्त्री दूसरी स्त्री से कह रही है कि तारों-भरी रात्रि समाप्त हो गई है, तू जाग जा। किन्तु प्रतीयमान अर्थ इससे भिन्न है—'युगीन निराशा समाप्त होकर आशा का नवजागरण हो रहा है।' यह अर्थ यहां व्यंजित अर्थ है।

(3) **प्रसंगार्थ**—वाक्य में संरचनागत अर्थ से भिन्न एक अर्थ और होता है जिसे प्रसंगार्थ कहा जा सकता है। इस अर्थ में भौतिक योजक शब्द (Physical component words) गौण होते हैं। वक्ता की मानसिकता पर देश-काल का प्रभाव छाया रहता है। उदाहरणार्थ—'मैंने धीरेन्द्र वर्मा को बोलते हुए सुना है।' इस वाक्य में 'बोलते हुए' पद का विशिष्ट अर्थ-बोध है क्योंकि यह अर्थ न तो कोशगत है और न ही व्याकरणिक। इसमें वक्ता धीरेन्द्र वर्मा का प्रभावशाली भाषणकर्त्ता व्यक्तित्व ध्वनित होता है। इस वाक्य का आशय यह है कि धीरेन्द्र वर्मा बड़े ही सफल वक्ता थे। इस वाक्य का अनुवाद करते समय प्रसंगार्थ का तिरस्कार नहीं किया जा सकता। इस वाक्य का अंग्रेजी अनुवाद यदि किया जाए—'I have heard Dhirendra Verma speaking' तो अर्थ का अनर्थ हो जाएगा। अंग्रेजी में इसका अनुवाद किया जाना चाहिए—'I have listened Dhirendra Verma's lecture'।

(4) **समरूपतामूलक प्रतिक्रिया का सिद्धान्त**—भाषा में शब्दों की अपेक्षा उनकी अर्थगत प्रतिक्रियाओं (Semantic reactions) पर ध्यान दिया जाता है। शब्द या ध्वनि-प्रतीक अर्थ-बोधक चिह्न मात्र होते हैं जैसे एक राजनीतिज्ञ कहता है—'समस्याओं के समाधान के लिए बूढ़ों को राजनीति से हटा दिया जाना चाहिए।' इस कथन पर अनुकूल या प्रतिकूल प्रतिक्रिया होगी। लेकिन इसका मूल अर्थ यह है कि असामाजिक स्थितियां उत्पन्न करने वाले बूढ़ों को अलग कर दिया जाना चाहिए। अतः अनुवाद करते समय समरूपतामूलक प्रतिक्रिया वाले सिद्धान्त के द्वारा अधिकांश अर्थ-विकृतियों (Semantic malfunctionings) की व्याख्या की जा सकती है।

(5) **स्थान-भेद**—स्थान-भेद से कभी-कभी अर्थ-भेद हो जाता है। अलग-अलग स्थानों पर एक ही शब्द को अलग-अलग अर्थों में प्रयोग किया जाता है। उदाहरणार्थ 'भोग' शब्द ब्रज प्रदेश में भगवान के प्रसाद के लिए प्रयुक्त होता है। 'बाल-भोग' और 'चरणामृत' का नाम सभी ने सुना होगा। किन्तु दिल्ली में 'भोग' शब्द 'श्राद्ध भोग' के संदर्भ में भी प्रयुक्त होता है। इसी प्रकार 'सड़ना' शब्द हिन्दी तथा पंजावी में भिन्न-भिन्न अर्थों में प्रयुक्त होता है। हिन्दी के अर्थ के अनुसार ज्यादा पक जाने के बाद फल सड़ जाता है किन्तु आग पर ज्यादा सेंक दी जाने के बाद जो चीज जल जाती है उसे पंजावी में 'सड़ना' कहा जाता है। ऐसे स्थानिक प्रयोगों का ध्यान रखना

अनुवादक के लिए आवश्यक है।

इसी प्रकार ब्रज क्षेत्र में 'लला' या 'लल्लू' शब्द दुलार का सूचक है। छोटे बालकों को प्रायः इस नाम से बुलाया जाता है। इसी अर्थ में यह नाम–सूचक भी होता है। हिन्दी के गद्य प्रवर्त्तकों में 'लल्लू जी लाल' के नाम से हम लोग भली-भांति परिचित हैं लेकिन आजकल खड़ी बोली में 'लल्लू' शब्द 'बुद्धू' के अर्थ में प्रयुक्त हो रहा है।

(6) **पर्यायवाची शब्द**–पर्यायवाची शब्दों के अनुवाद में अत्यधिक सावधानी अपेक्षित होती है; क्योंकि प्रत्येक प्रयोग के साथ अभिसूचक सदस्यों (Index members) का योग होता है। उदाहरणार्थ कमल, पंकज, जलज, नीरज, सरोज आदि शब्द स्थूल अर्थ में एक ही वस्तु का बोध कराते हैं। किन्तु ये सभी शब्द सर्वथा समान अर्थ सूचित नहीं करते। इसी प्रकार अंग्रेजी के beautiful, handsome, pretty शब्द स्थूल अर्थ में तो एक-से हैं किन्तु इनमें सूक्ष्म अर्थ-भेद है जिनकी पकड़ अनुवादक को होना बहुत ही जरूरी है। अतः अनुवादक को समरूपतामूलक प्रतिक्रिया के सिद्धान्त के द्वारा पर्यायवाचिता से बचना चाहिए क्योंकि एक शब्द दूसरे का शत-प्रतिशत पर्यायवाची नहीं हो सकता।

(7) **मिथ अथवा मिथक**–कवि और विद्वानों ने 'मिथ' में निहित संभावनाओं का प्रयोग अपने-अपने ढंग से किया है। यूरोपीय वाङ्मय के शब्द 'Myth' को अभिव्यक्त करने वाला कोई शब्द हिन्दी में नहीं है। कभी-कभार इसके लिए 'पुरावृत्त' 'पुराण कथा', 'देवकथा' आदि अर्थ-संकुचित अनुवादों से काम चलाया जाता है। प्रत्येक देश का साहित्य अनगिनत मिथों से पूर्ण होता है। मिथ संस्कृति विशेष की विशेष देन होते हैं और उनमें किसी भी जाति का अवचेतन मन सुरक्षित रहता है। अतः मिथ एक प्रकार से आदिम युगीन भाषा और साहित्य है। मिथ में कथा का अंश रहता है। बिना कथा के उसकी कल्पना असम्भव है और उस कथा को सांस्कृतिक संदर्भों में जाने बिना उसका अनुवाद सम्भव नहीं है। इसलिए साहित्य के अनुवादक को मिथकों का विशेष ज्ञान होना जरूरी है। फ्रेजन और टी॰ एस॰ इलियट ने यह बात बार-बार दोहराई है। कोई भी व्यक्ति भले ही वह भाषा का कितना ही बड़ा जानकार क्यों न हो। कॉलरिज की कविता 'Rhyme of the ancient Mariner' का अनुवाद तभी कर सकता है जब वह मिथ को भलीभांति समझता हो। इसी प्रकार मीरा की कविता है–'मेरे तो गिरधर गोपाल दूसरा न कोई।' यहां 'गिरधर' कृष्ण का पर्याय मात्र नहीं है वह ब्रजवासियों का कष्ट-निवारक गिरधर है जिसके साथ इन्द्र-कृष्ण की कथा जुड़ी है। ऐसी स्थिति विशेष में मिथिकल शब्दों का अनुवाद न करके लिप्यंतरण (Transliteration) करना ही बेहतर होगा।

(8) **सांस्कृतिक स्रोत**–भाषा और संस्कृति का सम्बन्ध अन्योन्याश्रित है। इसलिए भाषा का शब्दार्थ संस्कृति-सापेक्ष होता है। इस कारण विभिन्न भाषाओं के स्वरूप और संरचना स्वयमेव अलग-अलग होते हैं। अतः किन्हीं दो भाषाओं में

मिलते-जुलते शब्द तो मिल जाते हैं किन्तु बिल्कुल समान अर्थों को व्यंजित करने वाले शब्दों का मिलना बड़ा ही कठिन होता है। उनकी अर्थच्छायाओं में भेद होता है। उदाहरणार्थ हमारी वाग्देवी सरस्वती है। काव्य-सृजन के आरम्भ में सरस्वती का आह्वान करने की परम्परा है। यूनान की काव्य-प्रेरणा-दायिनी देवी 'Muse' है। कवि होमर ने उसकी वन्दना की है। सरस्वती तथा Muse दोनों ही काव्य-प्रेरणा की देवियां हैं किन्तु दोनों अलग-अलग संस्कृतियों की प्रतीक हैं। अनुवाद में 'Muse' के स्थान पर 'सरस्वती' और 'सरस्वती' के स्थान पर 'म्यूज' लिखना तब तक अनुचित नहीं होगा जब तक कि ऐसा करने से दोनों की जातीय विशिष्टता नष्ट न हो।

इसके अतिरिक्त हर एक संस्कृति में रहन-सहन, रीति-रिवाज, खान-पान, आचार-विचार, जाति-कुल, धर्मोपासना के विधि-विधान एवं भौगोलिक स्थितियां विशिष्ट एवं निजी होने के कारण उसकी भाषा-प्रयोग विधि भी विशिष्ट होती है। ऐसे प्रयोगों को भाषांतरित करना बड़ा ही कठिन हो जाता है। उदाहरणार्थ, त्रिमूर्ति की धारणा हिंदू संस्कृति की धुरी है। मिथकों, निजंधरी कथाओं (Legends), लोक-विश्वासों के सांस्कृतिक प्रतीकों में इसकी जड़ें बहुत गहरी हैं। संस्कृति के ऐसे आदि बीज-बिम्बों का अनुवाद बड़ा ही कठिन होता है। इनका लिप्यंतरण ही बेहतर होता है।

(9) **देशकाल**—अनुवादक को इस बात की सतर्कता रखनी चाहिए कि स्रोत-भाषा की सामग्री किस देश अथवा काल की है। कुछ शब्द ऐतिहासिक घटनाओं के साथ जन्मते हैं और कालान्तर में उनका अर्थ बदलने लगता है जैसे हिन्दी में भक्ति के संदर्भ में 'विभक्त' शब्द का अर्थ होता था विशेष प्रकार का भक्त, किन्तु आज इस शब्द का अर्थ है 'पृथक-पृथक'।

(10) **संदर्भ**—संदर्भ अर्थ-निर्धारण का सर्वाधिक महत्त्वपूर्ण पहलू है क्योंकि संदर्भच्युत हो जाने पर बात अपने लक्ष्य से ही भटक जाती है और शब्द के स्तर पर संदर्भ को समझकर ही अर्थ-ग्रहण किया जाता है, जैसे यह संदर्भ के अनुसार ही समझा जा सकेगा कि 'हरि' शब्द भगवान के लिए या बन्दर के लिए या व्यक्ति विशेष के लिए प्रयुक्त हुआ है। अतः अनुवाद करते समय सही संदर्भ पकड़ पाना और लक्ष्य-भाषा में उसके अनुसार समानार्थक शब्द खोज पाना अत्यन्त आवश्यक होता है। उदाहरणार्थ अंग्रेजी का शब्द है 'Receipt'। अब हिन्दी में इसका अर्थ हम संदर्भ के अनुसार ही निर्धारित करेंगे और तदनुसार इसका अर्थ 'प्राप्ति' या 'आपती' या 'रसीद' या 'आय' लिखेंगे।

(11) **लिंग**—अर्थ-निर्धारण में लिंग, वचन तथा समास की भी महत्त्वपूर्ण भूमिका होती है जैसे संस्कृत में 'गो' शब्द है। स्त्रीलिंग में इसका अर्थ 'गाय' होता है तथा पुलिंग में 'बैल'। वृक्षवाची शब्द पुलिंग होने पर वृक्ष के वाचक होते हैं और नपुंसक लिंग होने पर फल के, जैसे 'पीलुफलम्'।

(12) **वचन**—कुछ शब्दों का एकवचन रूप में प्रयुक्त होने पर कुछ अर्थ होता

है तथा बहुवचन हो जाने पर कुछ और जैसे Wood—लकड़ी तथा Woods.... जंगल। इस बात के सम्बन्ध में बड़ी ही सावधानी अनुवादक को रखनी चाहिए।

(13) **समास**—वाक्य में पद पृथक्-पृथक् रहने पर सामान्य अर्थ का बोध कराते हैं किन्तु समास होने पर विशेष अर्थ का बोध कराते हैं। समास में समुदाय का अर्थ प्रधान होता है पद का अर्थ नहीं। उदाहरणार्थ 'ओदन' और 'पाकी' से शब्द बनाया गया 'ओदनपाकी'। इसका अर्थ औषधि के लिए रूढ़ है। समस्त पदों को अलग करते ही अर्थ बदल जाता है। इसका अनुवाद समस्त पदों के रूप में ही होना चाहिए। अलग-अलग पदों के रूप में नहीं। संस्कृत में प्रायः ऐसे समास भी होते हैं जिनमें एक शब्द ही समास के कारण एक से अधिक का अर्थबोध कराता है। जैसे 'पितरौ' का अर्थ है माता-पिता, 'भ्रातरौ' का अर्थ है भाई-बहन। अंग्रेजी में 'पितरौ' के समकक्ष 'Parents' है।

(14) **वाच्य-भेद**—वाच्य-भेद से धातुओं के अर्थों में भेद हो जाता है। जैसे 'मिद्' धातु का टूटना' और 'तोड़ना', 'पच' धातु का 'पकना' और 'पकाना' अर्थ होता है। 'भिन्नति काष्ठम्', 'भिद्यते काष्ठम्' धातु में इस प्रकार के अर्थ-भेद का ज्ञान क्रिया के समस्त पद से होता है। यदि अनुवादक का ध्यान इस सम्बन्ध में चूक जाता है तो अर्थ में गड़बड़ी हो जाती है।

(15) **स्वर-भेद**—स्वर या वर्ण के भेद से शब्द के अर्थ में भेद ही नहीं होता अपितु अर्थ कभी-कभी बिल्कुल विपरीत भी हो जाता है। स्वर-भेद से वह शब्द उस अर्थ का बोधक नहीं रहता जिसका मूलतः था। इसलिए उदात्त, अनुदात्त आदि स्वरों का ज्ञान आवश्यक है। संस्कृत में इसे इतना अधिक महत्त्व दिया गया कि मंत्रोच्चार में थोड़ी-सी त्रुटि रह जाने पर पाप लगने की कल्पना की गई। 'अमित्र' शब्द बहुव्रीहि समास से अन्तोदात्त है और इसका अर्थ है मित्र रहित। तत्पुरुष समास में 'मि' उदात्त होने पर इसका अर्थ है शत्रु।

(16) **उपसर्ग संयोग**—उपसर्ग के संयोग से अर्थ-भेद होता है क्योंकि उपसर्गों के संयोग से शब्दों और धातुओं के अर्थों में भारी अंतर आ जाता है। कभी-कभी शब्द अपने अर्थ से विपरीत अर्थ का भी बोध कराने लगता है। उपसर्ग के द्वारा धातु का अर्थ बहुत दूर चला जाता है। उदाहरणार्थ 'स्था' धातु का अर्थ है रुकना किन्तु प्रस्थान में इसका अर्थ विपरीत है—चले जाना। इसी प्रकार 'संस्थान', 'अनुष्ठान', और 'निष्ठान' में इसका भिन्न अर्थ देखा जा सकता हैं।

(17) **प्रकरण-भेद**—वाक्य-प्रकरण, अर्थ-औचित्य और देश-काल से शब्दों के अर्थों में भेद हो जाता है। किन्तु एक ही शब्द का विभिन्न वाक्यों, विभिन्न प्रकरणों आदि में कुछ भिन्नता लिये अर्थ में प्रयोग किया जाता है। इसी प्रकार एक ही शब्द के अर्थों में भेद हो जाता है। प्रकरण-भेद से धातुओं के अर्थों में परिवर्तन हो जाते हैं, जैसे—

(i) 'आदित्यमुपतिष्ठते'—आदित्य की उपासना करता है।

(ii) 'रथिकानुपतिष्ठते'—रथिकों का साथ करता है।

(iii) 'गंगा यमुनामुपतिष्ठते'—गंगा यमुना से मिलती है।

देश-भेद से अर्थ-भेद हो जाता है। अनेक भाषाओं के शब्दों का संग्रह करने पर यह बात पता चलती है—संस्कृत में 'न' का अर्थ है 'नहीं', किन्तु चीनी में 'ना' का अर्थ है 'वह' और रूसी भाषा में इसका अर्थ है 'पर' या 'ऊपर'।

(18) **साहचर्य**—साहचर्य के कारण एक शब्द का अन्य अर्थ में प्रयोग होता है। 'सूर्य' को 'उषा' के साहचर्य से 'वत्स' (बछड़ा) नाम से निर्दिष्ट किया गया है। साहचर्य से अर्थ-विकास के अनेक उदाहरण मिलते हैं, जैसे—'कृष्णा' शब्द का मुख्यार्थ है 'कृष्ण वर्ण' किन्तु वेदों में 'कृष्णा' शब्द रात्रि के अर्थ में प्रयुक्त हुआ है। महाभारत में 'कृष्णा' शब्द का प्रयोग 'द्रौपदी' के लिए हुआ है। इस प्रकार 'कृष्णा' शब्द का अर्थ-संकोच हो गया।

(19) **सादृश्य**—नानार्थक शब्दों के अर्थ-विस्तार प्रदर्शित करते हुए सादृश्य को मुख्यता दी जाती है, यथा—'पाद' शब्द का मुख्य अर्थ था 'पैर'। उसी के सादृश्य के आधार पर पशु के एक पैर का चतुर्थांश देखकर चतुर्थांश के लिए 'पाद' शब्द का प्रयोग होने लगा। सादृश्य के आधार पर इसका इतना अधिक अर्थविस्तार हुआ कि 'खाट' आदि के पावे के लिए 'पाद' शब्द चल पड़ा। वृक्ष की जड़ के लिए 'पाद' शब्द प्रयुक्त होता है—'पादय'। अतः अनुवादक को इस सादृश्य का विशेष ध्यान रखना पड़ता है ताकि अर्थ-निर्धारण हो सके क्योंकि शब्द का अर्थ व्यावहारिकता पर आधृत रहता है—'शब्दालोक निबन्धना'।

(20) **मुहावरे तथा लोकोक्तियाँ**—इन दोनों की पहचान होना अनुवादक के लिए अत्यंत आवश्यक है। हर भाषा के मुहावरे तथा लोकोक्तियां नए तथा निजी भाव और उपमान छिपाए होते हैं। उन्हें ठीक से समझे बिना उनका साहित्यिक मूल्य नहीं समझा जा सकता। उदाहरणार्थ, हिन्दी की कहावत है—'टके की बुढ़िया, नौट के सिर मुंड़ाई। अंग्रेजी में उसका अनुवाद किया गया—'A quarter worth verry, and three quarters to carry' यहां verry और carry की तुकबंदी तो ठीक बैठी है लेकिन हिन्दी की कहावत में जो भारतीय मनोभाव और कुटुम्ब पद्धति निहित है वह अंग्रेजी में अनूदित होते ही लुप्तप्राय हो गई। एक और उदाहरण लें—हिन्दी का शब्द है 'सुहागन'। अंग्रेजी में इसका अनुवाद होगा 'married women। किन्तु 'सुहागन' कहने पर सौभाग्यसंपन्न स्त्री का जो चित्र हमारे समक्ष उपस्थित होता है वह married woman कहने पर नहीं उपस्थित होता। एक-दो बार तलाक देकर फिर से विवाह करने वाली स्त्री हिन्दी शब्द 'सुहागन' के अंतर्गत नहीं आएगी, वह केवल अंग्रेजी के 'married woman' के अंतर्गत रहेगी। 'हेमलेट' की पंक्ति—Frailty thy name is woman का शब्दानुवाद होगा 'चंचलता! तेरा ही नाम स्त्री है।' यहां शब्दार्थ की दृष्टि से तो अनुवाद

सही हो जाएगा। किन्तु वह अर्थ सम्प्रेषित नहीं हो पाएगा जो विशेष संदर्भ में कवि का अभिप्रेत है। मुहावरों और कहावतों के संदर्भ में एक और बात ध्यान देने की है। सामाजिक संदर्भ में बदलाव के साथ भाषा की अर्थ-प्रक्रिया में जो बदलाव आता है। उसका सबसे रोचक उदाहरण मुहावरों और कहावतों में ही देखने को मिलता है। स्थितियों के बदलाव के साथ उनमें अर्थ की शक्ति बदलती रहती है।

(21) **अर्थ-परिवर्तन**—यह नितांत आवश्यक है कि लक्ष्य भाषा की सामग्री स्रोत भाषा की पाठ-सामग्री से अर्थ की दृष्टि से भिन्नत्व न प्राप्त कर ले और ऐसा न लगे कि अनुवाद होने के बाद दोनों भाषाओं ने अपने-अपने अर्थ-बोध का अलग-अलग वितान तान लिया है। यदि ऐसा प्रतीत हुआ तो अनुवाद की संगति ही खण्डित हो जायेगी। एक-सी अर्थवाली अभिव्यक्ति स्रोत और लक्ष्य भाषा दोनों में सदैव मिल पाना संभव नहीं होता। इसलिए अनुवादक को निकटता या समीपता की तलाश रहती है और वह भाषा की सम्पूर्ण अर्थ-ध्वनियों को शब्दानुवाद में न ढालकर भावानुवाद की ओर प्रवृत्त कर देता है। इस प्रकार अर्थानुवाद एक प्रकार का ठीक-ठीक भावानुवाद है।

अर्थ-विकास के साथ-साथ अर्थ-संदर्भ घटते-बढ़ते रहते हैं। इसलिए भाषा में शब्दों के अर्थों का परिवर्तन स्वाभाविक गति से होता रहता है। शब्द का एक ही अर्थ नियमित नहीं रह सकता। सामाजिक, आर्थिक, ऐतिहासिक, सांस्कृतिक कारण और उनके संदर्भ जैसे-जैसे बदलते रहते हैं, शब्दों के अर्थ-संदर्भ भी बिना बदले नहीं रह सकते। एक समय में एक समाज जिन शब्दों को जो अर्थ देता है, कालांतर में वही समाज उन शब्दों से उस अर्थ को छीनकर या तो उनमें नया अर्थ भरता है या पुराने अर्थ को नष्ट कर देता है। अर्थ-परिवर्तन की इस प्रक्रिया पर अनुवादक का ध्यान हर स्थिति में रहना चाहिए क्योंकि अर्थ-परिवर्तन के पीछे काम करने वाली शक्ति है मानव-मस्तिष्क, और यही कारण है कि शब्दों की अपेक्षा अर्थ में परिवर्तन अधिक जल्दी होता है। शब्दों का काम तो संकेतों और भंगिमाओं के माध्यम से भी चल जाता है किन्तु अर्थ का नहीं चलता। शब्द स्थूल होते हैं और अर्थ सूक्ष्म व्यंजनाओं से गर्भित तथा मनोमय और बौद्धिक भी होता है। यही कारण है कि शब्द के अर्थ-परिवर्तन की दिशाएं निश्चित नहीं की जा सकतीं। किन्तु इस प्रकार के अर्थ-परिवर्तन की प्रक्रिया को अनुवादक भाषा-विज्ञान की अर्थ-प्रक्रिया से समझ सकता है। पाश्चात्य विद्वान ब्रील ने अर्थ-निर्धारण की तीन दिशाएं स्वीकार की हैं।

(1) अर्थ-विस्तार (Expansion of meaning) (2) अर्थसंकोच (Contraction of meaning) (3) अर्थादेश (Transfer of meaning)।

(क) **अर्थ-विस्तार**—सामान्य शब्द जब विशेष अर्थ में और विशिष्ट शब्द जब सामान्य अर्थ में प्रयुक्त होने लगता है तो अर्थ-विस्तार हो जाता है अर्थात् शब्द अपने शाब्दिक अर्थ में अधिक विस्तार ग्रहण कर लेता है। उदाहरणार्थ, प्राचीन काल में संस्कृत में 'तैल' शब्द का अर्थ था तिल का सार। बाद में महुआ, अलसी, मूंगफली,

सरसों, नारियल आदि सभी के सार को तेल कहा जाने लगा। सामान्य कथन की प्रवृत्ति बराबर बनी रही। बाद में यह प्रवृत्ति इतनी बढ़ी कि आजकल तेल शब्द का प्रयोग डीज़ल-पेट्रोल आदि के अर्थ में भी किया जाता है। संस्कृत में गाय खोज लाने को 'गवेषणा' कहते थे। किन्तु आज गवेषणा सभी अनुसंधान कार्य या Research का पर्याय हो गया है।

अर्थ-विस्तार का प्रमुख कारण तो यही है कि जब शब्द सामान्य से विशिष्ट हो जाता है तब उसका प्रयोग अतिशयता से किया जाता है। ऐसी स्थिति में भावों के सादृश्य या रूपात्मक सम्बन्ध के कारण उसमें अर्थ-वैविध्य पैदा हो जाता है क्योंकि शब्द के अर्थ का कोई आकार नहीं होता। अस्पष्टता से भी अर्थ में विकास होता है जैसे 'कादम्बरी' और 'सुरा' आदि शब्द। वस्तु-सादृश्य और लक्षणा से भी अर्थ विस्तार होता है—जैसे आरम्भ में 'गो' शब्द का अर्थ पृथ्वी था किन्तु आज इसके अनेक अर्थ हो गए हैं। आलंकारिक प्रयोगों द्वारा भी अर्थ-विकास होता है—जैसे 'गाय' का प्रयोग सीधे-सादे व्यक्ति के अर्थ में—'लड़की तो बिल्कुल गाय है।' अनुवादक को शब्दार्थ और व्यंजनार्थ दोनों ही पकड़ने होंगे। हिन्दी में 'लोमड़ी' चालाकी का प्रतीक है। 'वह लड़की लोमड़ी है' जैसे प्रयोगों के प्रतीकार्थ पर ध्यान देना होगा।

(ख) अर्थ-संकोच— मानवीय ज्ञानात्मक संवेदना में सूक्ष्मता तथा बौद्धिकता के विस्तार के साथ वस्तु, क्रिया और कर्म की शक्तियों को अभिव्यक्ति देने की सूक्ष्म क्षमता का भी विकास होता है। ऐसी स्थिति सामान्य अर्थ वाले शब्द को विशेष स्थिति में सीमित कर देती है—यही अर्थ-संकोच की स्थिति है। इस स्थिति के भीतर सांस्कृतिक कारणों की महत्त्वपूर्ण भूमिका होती है। ब्रील की मान्यता है कि जो राष्ट्र या जाति जितनी विकसित होगी उसमें अर्थ-संकोच उतना ही ज्यादा होगा। उदाहरणार्थ, प्राचीन काल में श्रद्धापूर्वक किया जाने वाला कोई भी कार्य 'श्राद्ध' कहलाता था किन्तु धार्मिक कार्य से जुड़कर 'श्राद्ध' शब्द मरणोपरांत धार्मिक कर्मकांड का वाची रह गया। हिन्दी में सामान्य बोलचाल और साहित्य में प्रचलित 'वेदना' शब्द—'वेदने तू भी भली बनी'—'विद्' धातु से बना जिसका अर्थ है सुख-दुःखात्मक अनुभव। किन्तु सामान्य भाषा में इसका अर्थ है पीड़ा। इस प्रकार संस्कृत के अनेक शब्दों का हिन्दी में आते-आते अर्थसंकोच हो गया—जैसे 'धेनु' का अर्थ होता था दूध देने वाला प्रत्येक पशु; किन्तु हिन्दी में इसका अर्थ केवल गाय है। अर्थ-संकोच कई प्रकार से होता है। समास, उपसर्ग, प्रत्यय और विशेषण के संयोग से भी प्रायः अर्थ-संकोच होता है।

(ग) अर्थादेश—शब्द का अपने मूल अर्थ से हट जाना अर्थादेश है और जब कभी ऐसा हो जाता है तो अनुवादक को भयंकर कठिनाई का सामना करना पड़ता है। कभी-कभी ऐसा भी होता है कि कालांतर में शब्द का मूल अर्थ ही खो जाता है और सामान्य व्यक्ति को यह पता नहीं होता कि जिस अर्थ को हम भूल चुके हैं वह कभी लोक-व्यवहार का अंग भी था। यह बात निम्नलिखित ठोस उदाहरणों से समझी जा

सकती है—

(1) 'गंवार' शब्द का मूल अर्थ था ग्रामीण। किन्तु आज यह शब्द एक गाली बन गया है जिसका अर्थ मूर्ख, असभ्य या जंगली आदि माना जाता है।

(2) आर्य-ईरानी काल में 'असुर' शब्द देवता का वाचक था। वैदिक काल में भी 'असुर' देवता विशेष के लिए प्रयुक्त होता रहा। किन्तु कालांतर में इसका अर्थ हो गया 'राक्षस'।

कई बार सामाजिक और राजनीतिक कारणों से भी अर्थादेश जरूरी हो जाता है, जैसे—'देवानांप्रिय' सम्राट अशोक की पदवी थी और इस शब्द का एक विशेष ऐतिहासिक संदर्भ था तथा इसकी स्थिति सामाजिक थी। किन्तु कालांतर में यह शब्द अपने मूल अर्थ से एकदम दूर जा पड़ा और संस्कृत जैसी संस्कारवान भाषा में अर्थ हो गया 'मूर्ख'।

अलग-अलग परिवारों की भाषाएं अपनी संरचना में भिन्न होती हैं। इसलिए अर्थ की दृष्टि से समानार्थक शब्द मिल पाना अपने आप में ही एक समस्या होती है। यही कारण है कि अनुवाद करते ही एक भाषा के संकेतार्थ दूसरी भाषा के संकेतार्थों से दूर पड़ जाते हैं। इसलिए सदैव इस बात पर गौर किया जाना चाहिए कि पाठ-सामग्री को लक्ष्य-भाषा पाठ में लाते वक्त उसकी अर्थपरक मूल आत्मा सुरक्षित रह सके।

अनुवाद और ध्वनिविज्ञान

स्रोत भाषा से लक्ष्य भाषा में पाठ-सामग्री को पुनर्प्रस्तुत करते समय ध्वनियों की विशेष भूमिका रहती है। अर्थ को व्यंजित करने के लिए ध्वनियों का आधार है 'शब्द'। अनुवाद करते समय शब्दों के इस आधार को तीन प्रकार से समझ सकते हैं –

(1) वे शब्द जिनके अनुवाद समानार्थक मिल जाते हैं।

(2) वे शब्द जिनके अनुवाद समानार्थक मिलने में कठिनाई होती है।

(3) वे शब्द जिनका अनुवाद नहीं किया जा सकता।

जिन शब्दों के अनुवाद समानार्थक नहीं मिलते, उन्हें भाव के अनुसार लक्ष्य भाषा में ग्रहण कर लिया जाता है। जिन शब्दों का सहजता से अनुवाद नहीं किया जा सकता (जैसे पारिभाषिक शब्द, मिथ विशेष से जुड़े शब्द, सांस्कृतिक शब्द), उन्हें और व्यक्तिवाचक संज्ञाओं को ज्यों का त्यों थोड़े-वहुत परिवर्तन के साथ स्रोत भाषा से लिया जाता है। इसीलिए स्रोत भाषा की सामग्री को लक्ष्य भाषा में लाते समय ध्वनि विज्ञान हमारी सहायता करता है। पारिभाषिक शब्द अपने साथ अनेक विधाओं के अनुशासन लिये होते हैं। ऐसी स्थिति में प्रायः उनके समानार्थक नहीं मिलते। इस बिन्दु पर ध्वनि विज्ञान के एक भेद तुलनात्मक ध्वनि विज्ञान से अनुवादक को थोड़ी दृष्टि मिलती है। पर यहाँ वर्णनात्मक ध्वनि विज्ञान बहुत दूर तक हमारा साथ नहीं देता क्योंकि यह स्रोत भाषा और लक्ष्य भाषा की ध्वनियों के आधार को समझाता है। यह आधार किन स्थितियों, संदर्भों और मानव मनोविज्ञान के प्रसंगों से उपजे हैं, यह स्पष्ट करने की क्षमता वर्णनात्मक ध्वनि विज्ञान में न होकर तुलनात्मक ध्वनि विज्ञान में होती है। इसलिए अनुवाद में तुलनात्मक ध्वनि विज्ञान दिशा और दृष्टि इस अर्थ में देता है कि यह इस साम्य और वैषम्य को स्पष्ट करता चलता है कि स्रोत भाषा की ध्वनि के लिए लक्ष्य भाषा की किस ध्वनि को प्रातिनिधिकता दी जाए।

अनुवादक के सामने लगातार यह समस्या आती है कि स्रोत भाषा की किस ध्वनि के लिए लक्ष्य भाषा की किस ध्वनि को आदर्श मानकर ग्रहण करे। ऐसी स्थिति में उसे तुलनात्मक ध्वनि विज्ञान से स्रोत-भाषा की तुलना अनिवार्य रूप से करनी होगी। इस प्रकार की तुलना करने पर ध्वनि-सम्बन्धी कुछ निष्कर्ष निकाले जा सकते हैं–

(1) भाषा की प्रकृति अलग होने पर भी कुछ ध्वनियां दोनों भाषाओं में समान दृष्टिगत होंगी।

(2) कुछ ध्वनियां लगभग समान दृष्टिगत होंगी।

(3) दोनों भाषाओं की कुछ ध्वनियां एकदम भिन्न होंगी जो स्रोत भाषा में तो हैं किन्तु लक्ष्य भाषा में नहीं हैं।

इस प्रकार अनुवाद के सन्दर्भ को ध्यान में रखते हुए इन तथ्यों पर विचार किया जा सकता है।

(1) **समान ध्वनियां**—पूर्णतः समान ध्वनियां भाषाओं में प्रायः कम मिलती हैं। संस्कृत में क् ख् ग् घ् श् य् त् द् प् ब् म्—हिन्दी में भी क् ख् ग् घ् श् य् त् द् प् ब् म्—इसी प्रकार हिन्दी और अंग्रेजी में स (S) ब (B) न (N) म (M) व (V) श (Sc) और फ़ (F) व्यंजन समान है। समान होने के कारण ऐसी ध्वनियों को स्रोत भाषा से लक्ष्य भाषा में लाते समय किसी प्रकार की समस्या का सामना नहीं करना पड़ता।

(2) **लगभग समान ध्वनियां**—यहाँ पर लगभग समान ध्वनियों से हमारा तात्पर्य ऐसी ध्वनियों से है जो कुछ दृष्टियों से तो समान हैं किन्तु कुछ दृष्टियों से असमानता रखती है जैसे संस्कृत 'न' दंत्य है किन्तु हिन्दी 'न' वर्त्स्य है। उसी प्रकार पंजाबी की घ् भ् ध्वनियां हिन्दी घ् भ् ध्वनियों के लगभग समान होती हैं पर हिन्दी के 'भाई' और 'घर' का उच्चारण पंजाबी में अलग ढंग से होता है। अनुवाद करते समय स्रोत भाषा की ऐसी ध्वनियों के लिए लक्ष्य भाषा में प्राप्त लगभग समान ध्वनियों का प्रयोग ही उचित है। इनके लिए यदि अनुवादक अन्य कोई मार्ग खोजना चाहेगा तो गलती होने की सम्भावना है, क्योंकि ये ध्वनियां कहीं-न-कहीं प्रयोग-विधि पर भी टिकी हैं।

(3) **भिन्न ध्वनियां**—सुनने और बोलने के स्तर पर जो ध्वनियां भिन्नत्व रखती हैं, उन्हें भिन्न ध्वनियां कहते हैं। यहाँ यह ध्यान रखना है कि ध्वनि विज्ञान का सम्बन्ध मनुष्य के मुंह से निःसृत ध्वनियों के विवेचन-विश्लेषण एवं वर्गीकरण से है, लिखित भाषा-रूप से इसका कोई प्रत्यक्ष सम्बन्ध नहीं है। लिखित रूप का सम्बन्ध वर्णों से है और वर्ण एवं ध्वनि में अन्तर है, इस तत्त्व को भली-भांति समझना चाहिए। क्योंकि अनेक भाषाओं में एक ध्वनि के कई प्रतीक होते हैं—जैसे 'क' की ध्वनि के लिए अंग्रेजी में 'k', 'c' और 'q' तीन प्रतीक हैं। फ़ारसी अथवा उर्दू की लिखावट में 'स' ध्वनि के लिए 'से', 'स्वाद' और 'सीन' तीन प्रतीक हैं। लेकिन इस समस्या का समाधान ध्वनि-लिपि द्वारा किया जाता है जिसमें एक ध्वनि को एक संकेत द्वारा व्यक्त किया जाता है अरबी की 'जोय', 'ज्याद', 'जाल' आदि ध्वनियां हिन्दी के सामान्य 'ज' से भिन्न हैं, किन्तु हिन्दी में उनके लिए 'ज' का ही प्रयोग किया जाता है। क्योंकि 'ज' ध्वनि उनसे मिलती-जुलती है। अनुवादक को चाहिए कि ऐसी स्थिति में लक्ष्य भाषा में प्रचलित ध्वनि का ही प्रयोग करे। ऐसे ही अंग्रेजी के 'k', 'c', 'q' के लिए हिन्दी में 'क' ही प्रयुक्त किया जाता है।

स्रोत भाषा की ध्वनि या उससे मिलती-जुलती ध्वनि का लक्ष्य भाषा में अभाव भाषाओं की ध्वनिपरक भिन्नता के कारण होता है। कुछ ध्वनियां ऐसी होती हैं जो स्रोत भाषा में तो होती हैं किन्तु लक्ष्य भाषा में नहीं। ऐसे ध्वनिपरक शब्दों को लक्ष्य भाषा में लाते समय अनुवादक को बड़ी चुनौती का सामना करना पड़ता है, जैसे तमिल और मलयालम की विशेष प्रकार की ध्वनि 'ळ'–जिसका उच्चारण 'ढ़' के निकट होता है–हिन्दी में नहीं है। 'ळ' मराठी में तो प्रचलित है किन्तु हिन्दी में नहीं। ऐसे ही हिन्दी की ड, ठ ध्वनियां रूसी या फ्रांसीसी में नहीं हैं। ध्वनि की दृष्टि से यह एक ऐसी स्थिति है, जिसका समाधान कठिन होता है। यह समस्या उच्चारण सम्बन्धी समस्या है। इस समस्या को सुलझाने के अनेक समाधान सुझाए जाते हैं। एक समाधान जो प्रायः सुझाया जाता है वह यह है कि यदि श्रोता को समझाने में कोई कठिनाई न हो तो मौखिक अनुवाद में ऐसे शब्दों का मूल ध्वनियों के उच्चारण के समान ही उच्चारण किया जा सकता है। यदि मूल ध्वनियों में उच्चारण-सम्बन्धी कठिनाई हो तथा प्रतीत हो कि लिखित रूप में मूल उच्चारण देने की कोई संगति नहीं है तो इस प्रकार की ध्वनि को लक्ष्य भाषा की निकटवर्ती ध्वनियों में ढाल दिया जाता है या सरलीकृत कर दिया जाता है। अनुवाद में इस प्रकार का लचीलापन तो अपनाया ही जाना चाहिए जैसे तमिल के विशेष 'ऌ' का उच्चारण हिन्दी में 'ल' के रूप में होता है। हालांकि परिवर्धित देवनागरी वर्णमाला में इसके लिए–'ल' वर्ण शामिल कर लिया गया है।

अन्य भाषाओं से लिये जाने वाले शब्द–अनुवाद करते समय जो शब्द मूल भाषा से ज्यों के त्यों या किंचित ध्वन्यात्मक परिवर्तन के साथ लिये गए हैं, उनके उदाहरण सभी आधुनिक भारतीय भाषाओं में मिलते हैं। उनके अन्तर्गत व्यक्तियों, स्थानों, पुस्तकों, संस्थानों आदि के नाम तथा पारिभाषिक शब्द आदि आते हैं। हिन्दी में आए इस प्रकार के शब्द निम्नलिखित उदाहरणों में देखे जा सकते हैं–अरस्तू (Aristotle), प्लातोन या प्लेटो (Plato), एचिलीस, एचिलस, (Achilles), अगाथां, अगाथान (Agathan), टालस्टाय, तोलस्तोय (Tolostoy), आरगोस (Argos), कुरान (कुरआन), इयोन (Ion), इलियड (Iliad), फ्रांसीसी (French), जर्मन (German), अमरीका (America), लन्दन (London), मास्को (Mascow), रेस्तरां (Restaurant), आदि। इसी तरह लिये गए पारिभाषिक शब्द हैं–इन्जीनियरी (Engineering), वोल्ताज (Voltage), बैक्टीरिया (Bacteria), ब्यूरो (Bureau), वाउचर (Voucher), बजट (Budget), स्टिबनाइट (Stibnite), जूरी (Jury), एटलस (Atlas), आदि।

इसी प्रकार अंग्रेजी में अन्य भाषाओं से आए तमाम शब्द हैं–Agenda, Souvenir, Cafe, Ayls, Iris (g) Stigma (Greek) Radius (Latin), Focus (Latin) Thorax (Greek)।

लिप्यन्तरण करने की यह विधि आज इसलिए भी अत्यधिक महत्त्वपूर्ण हो गई है कि सभी भाषाओं में अन्तर्राष्ट्रीय वैज्ञानिक शब्दावली को ज्यों-का-त्यों लिप्यन्तरित कर

लिया गया है। लिप्यन्तरण करते समय निम्नलिखित बातें ध्यान में रखनी चाहिए।

(1) ध्वनि की दृष्टि से शब्द के उच्चारण पर ही हमें ध्यान केन्द्रित करना चाहिए—वर्तनी पर नहीं क्योंकि बहुत से शब्दों की वर्तनी तथा उच्चारण-रूप में भिन्नता होती है; वे लिखे और तरह से जाते हैं और बोले और तरह से जाते हैं। वर्तनी के अनुसरण में उनके लिप्यन्तरण को पहचानना कठिन हो जाएगा—जैसे एक शब्द है Pneumonia—इसे 'निमोनिया' उच्चरित किया जाता है। इस दृष्टि से अनुवादक को इसका 'निमोनिया' उच्चारण ही ग्रहण करना चाहिए, वर्तनी पर नहीं जाना चाहिए। फ्रांसीसी राज्यक्रान्ति के नेता Rousseau का उच्चारण 'रूसो' है। इस उच्चारण को इसी रूप में रखना चाहिए, क्योंकि हिन्दी में इस रूप में इसका प्रचलन काफी हो चुका है।

(2) यदि स्रोत भाषा के किसी शब्द का वास्तविक उच्चारण से अलग तरह का उच्चारण लक्ष्य भाषा में बेहद प्रचलित हो तो ऐसी स्थिति में भी लोक-प्रचलित उच्चारण ही अनुवादक को ग्रहण करना चाहिए, क्योंकि लोक-प्रचलित उच्चारण को हटाकर अपना उच्चारण ऊपर से थोपना मानव मनोविज्ञान के विपरीत कदम रखना होगा। तब कोई भी समझदार अनुवादक ऐसा क्यों करेगा? वह स्रोत भाषा में प्रचलित उच्चारण को ही प्रयोग में लायेगा—जैसे अरस्तू का शुद्ध नाम 'अरिस्टोटल' है। किन्तु हिन्दी में 'अरस्तू' ही प्रचलित हो गया है। यूनानी राजा 'अलेक्जेण्डर' के लिए 'सिकन्दर' हिन्दी में प्रचलित है, और वही चलना चाहिए। प्रसाद जी ने 'अलेक्जेन्डर' की ध्वनि पर 'अलक्षेन्द्र' चलाया था, जिसे 'सिकन्दर' के लोक-प्रचलन ने चलने नहीं दिया। अतः लोक-प्रचलन से अनुवादक को नहीं टकराना चाहिए।

(3) एक कठिन समस्या यह भी है कि स्रोत भाषा के एक शब्द के लक्ष्य भाषा में अनेक उच्चारण प्रचलित हो जाते हैं, तब अनुवादक किसे ग्रहण करे, किसे छोड़ दे। जैसे अंग्रेजी के 'College' के लिए—कालेज, कॉलेज, कॉलिज, कोलेज, कौलिज आदि शब्द या अंग्रेजी के 'Croce' के लिए 'क्रोचे' तथा 'क्रोसे' शब्दों का प्रचलन। ऐसी स्थिति में स्रोत भाषा के उच्चारण के समीपवर्ती बहुप्रचलित उच्चारण का चलना ही संगत होगा।

भाषा के आन्तरिक ज्ञान के लिए उच्चारण ध्वनियों पर अनुवादक को हर स्थिति में ध्यान देना चाहिए। भाषा के स्वर-व्यंजन, उनका क्रम, बलाघात, स्वर, लहजे आदि की पकड़ यदि अनुवादक को होती है तो अनुवाद में चार चांद लग जाते हैं। लेकिन यह भी ध्यान रखना आवश्यक है कि स्रोत भाषा की ध्वनि-व्यवस्था, लक्ष्य भाषा की ध्वनि-व्यवस्था पर 'हावी' न होने पाए। भाषा वैज्ञानिकों ने ध्वनि विज्ञान की जिन नवीन पद्धतियों की ओर संकेत किया है, उनसे भी यदि अनुवादक का थोड़ा परिचय हो तो वह काफी गहराई से ध्वनि सम्बन्धी तमाम सन्दर्भों को ठीक से पकड़ सकता है। ध्वनिग्राम-शास्त्री उन असंख्य प्रकार की ध्वनियों में ऐसी अर्थ-भेदक ध्वनियों को

चुनता है जिनसे भाषा गठित होती है। भाषा को व्यावहारिक रूप प्रदान करने वाली अल्पतम इकाई किसी भाषा की ध्वनि न होकर उसके ध्वनिग्राम ही होते हैं। ब्लूमफील्ड का यह संकेत ध्यान देने योग्य है कि ध्वनिग्राम व्यवच्छेदक (प्रभेदक) ध्वनि-स्वरूप की लघुतम इकाई (A minimum unit distinctive sound feature) है। जब दो ध्वनियां समान परिवेश में आती हैं तो वे दो पृथक् ध्वनिग्रामों का निर्माण करती हैं। ध्वनिग्राम के निर्धारण के लिए दो न्यूनतम युग्मों को लेना पड़ता है, यथा–'कला' और 'कल'। इस प्रकार अच्छा अनुवादक सतर्कता रखने पर ध्वनि विज्ञान से लाभान्वित हो सकता है और होता भी है।

अनुवाद और वाक्यविज्ञान

अनुवाद करते समय स्रोत भाषा और लक्ष्य भाषा के बीच की व्यवस्था की तुलना करते हुए वाक्य-योजना पर ध्यान अधिक केन्द्रित किया जाना चाहिए, क्योंकि वाक्य-योजना के त्रुटिपूर्ण विश्लेषण से विशेष विवरणों की रूपान्तर-प्रक्रिया लड़खड़ा जाती है और चयन-प्रक्रिया से उत्पन्न पाठ की क्रमबद्धता सरल से जटिल बनकर व्याघातों में फंस जाती है। भाषा वैज्ञानिक सन्दर्भ में वाक्यविज्ञान अनुवादक को भाषागत व्याघात समझने में सहायक होता है। कविता, कहानी, उपन्यास, निबन्ध आदि की साहित्यिक भापा और दूसरी ओर सामाजिक विज्ञान के विषयों में प्रयुक्त भाषा या प्रशासनिक, विधिक, तकनीकी तथा वैज्ञानिक विषयों की भाषा में गहरा अंतर होता है। व्यावहारिक रूप से यह सब प्रस्तुतीकरण की प्रक्रिया से सम्बद्ध है जिसमें स्रोत भाषा के प्रयोग का सामाजिक पक्ष और उसकी सांस्कृतिक पृष्ठभूमि छिपी है। वाक्यों के अनुप्रयोग का वह परिस्थितिगत संदर्भ भी होता है जिससे ग्रहीता सांस्कृतिक-ऐतिहासिक संदर्भ में अर्थ को ग्रहण करता है। अतः वाक्य-योजना को केन्द्र में रखना सर्वाधिक आवश्यक है।

सामान्यतः पाठ कठिन से सरल की ओर न जाकर सरल से कठिन की ओर जाता है। वाक्य-योजना के इस पाठ्य संदर्भ को भाषा वैज्ञानिक आधारभूत संरचना से जोड़कर समझाने का प्रयास करता है और उसका संदर्भ सरल की ओर रहता है, जैसे दो वाक्य हैं–

(1) वह नटखट लड़का है।

(2) वह लड़का नटखट है।

इसमें प्रथम वाक्य को आधारभूत मानने के कारण भाषा वैज्ञानिक सरल और दूसरे वाक्य को व्युत्पन्न मानने के कारण जटिल मानता है। 'वाक्य भाषा की पूर्ण इकाई और लघुतम पूर्ण उक्ति है।' (The sentence is the chief unit of speech, it may be defined quite simply as a minimum complete utterance.) अनुवाद करते समय एक भाषा के वाक्यों को दूसरी भाषा की विशिष्ट वाक्य-रचना में रूपान्तरित करना पड़ता है। इस कार्य को करते हुए स्रोत भाषा की वाक्य-रचना को लक्ष्य भाषा की संरचनात्मक और व्यावहारिक प्रकृति के अनुकूल वाक्य-रचना में

बदलने की सावधानी बरतनी पड़ती है। जब एक भाषा के वाक्य का दूसरी भाषा के वाक्य में शब्दशः रूपांतरण सम्भव नहीं हो पाता तो अर्थ के स्तर पर अन्तर करना पड़ता है और अर्थ का यह स्तर निर्धारित करने में वाक्य की महत्त्वपूर्ण भूमिका होती है। स्वयं वैयाकरण भी पदवाद का खण्डन करके वाक्यवाद की स्थापना करते रहे हैं क्योंकि वाक्य की सत्ता पद से पृथक् है। वाक्य से ही अर्थ का ज्ञान और अर्थाभिव्यक्ति होती है, पद या पदों से नहीं। वाक्य में तात्त्विक दृष्टि से पद का अस्तित्व नहीं है। इस प्रकार वाक्य के अर्थ की स्वतन्त्र सत्ता है।

शास्त्र से अलग भाषा एक व्यावहारिक वस्तु है। जब बच्चा मुख से ध्वनियां उच्चरित करता है तब उनका अर्थ वाक्य के रूप में प्रकट होता है, जैसे बच्चा कहता है 'दूध' तो मां पूरा अर्थ ग्रहण करती है कि उसे दूध चाहिए। निश्चित है कि वाक्य भाषा की इकाई है और भाषा वाक्यों का समूह। मनुष्य अपने समस्त सम्बन्धों को भाषा के माध्यम से ही सोचता, समझता और समझाता है। इसलिए अनुवाद करते समय वाक्य को पूरे सामाजिक-सांस्कृतिक संदर्भ में समझा जाता है। यदि हम इससे काटकर उसे समझने की कोशिश करते हैं तो अर्थगत असंगतियां उत्पन्न होती है। उदाहरणार्थ, 'हेलमेट' का कथन 'To be or not to be that is the question...' यदि 'हेलमेट' की सम्पूर्ण द्वन्द्वात्मक परिस्थितियों को काटकर देखा जाएगा तो वाक्य-रचना में निहितार्थ की गहराई तक हम नहीं पहुंच पाएंगे। केवल सतही अर्थ ही ग्रहण कर पाएंगे। किन्तु अनुवाद में वाक्य-रचना में शाब्दिक स्तर से अधिक उनका अर्थ-अनुगूंजगत स्तर ही सार्थक प्रासंगिकता रखता है क्योंकि वह सामान्य वार्तालाप का वाक्य होता है। जब कभी अनुवादक इस तरह के वाक्य को अभिधेय बना देता है तो स्रोत भाषा की अर्थशक्ति का अनुमान पाठक को नहीं लग पाता और लक्ष्य भाषा की अर्थशक्ति को वह कुछ भी योग नहीं दे पाता। स्रोत-भाषा की वाक्य-योजना में यदि समृद्ध ध्वनि-व्यापार-प्रक्रिया है तो वह अनुवाद के माध्यम से लक्ष्य भाषा में भी समृद्ध रूप से प्रस्तुत हो सकती है।

विज्ञान या विधि ऐसे विषय होते हैं जिनका अर्थ सदैव वाक्य स्तर पर ही ग्रहण किया जाता है। इसलिए इनका अनुवाद करते समय वाक्य को ठीक वैसा का वैसा ही प्रस्तुत करना उपयुक्त होगा। इससे दूसरी बात, जो सामने आती है वह यह है कि अनुवादक को उस विषय की पूरी जानकारी होनी चाहिए, जिसका अनुवाद वह कर रहा है।

वाक्य भाषा का शरीर पक्ष है और वाक्यार्थ आत्म पक्ष। इस दृष्टि से वाक्य विज्ञान वाक्य के उच्चारण पक्ष का भी अध्ययन करता है। वाक्य विज्ञान में वाक्य अवयवों का परस्पर सम्बन्ध, रूपान्तर-क्रम और वाक्य बनाने की रीति का वर्णन किया जाता है। इस अध्ययन की ऐतिहासिक, वर्णनात्मक और तुलनात्मक पद्धतियां भाषा वैज्ञानिकों को मान्य है। वाक्य में रचना पक्ष को प्रश्रय देने वाले विद्वान रचना, रूप

और प्रक्रिया तीनों पर दृष्टि केन्द्रित करते हैं क्योंकि भाषा के सम्प्रेषण-पक्ष का सम्पूर्ण दायित्व वाक्य पर टिका होता है। चाहे वैयाकरण हो या अनुवादक पद और वाक्य के सम्बन्ध को सही ढंग से जानकारी के लिए उसे दो सिद्धान्तों पर ध्यान देना होगा—अभिहितान्वयवाद तथा अन्विताभिधानवाद। ये सिद्धान्त मीमांसकों ने पद और वाक्य के संबंध के संदर्भ में दिए हैं। अभिहितान्वयवादी पदों को महत्त्व देते हैं। अन्विताभिधानवादी वाक्यों को महत्त्व देते हैं। उनका कहना है कि वाक्यों को तोड़ने से पद बनते हैं। वाक्य की प्रथम सत्ता स्वीकार करने के कारण इन्हें वाक्यवादी भी कहा जाता है। आधुनिक भाषा विज्ञान वाक्य को भाषा की सार्थक इकाई के रूप में स्वीकृति देता है। इस दृष्टि से अन्विताभिधानवाद का महत्त्व और बढ़ जाता है।

विषय की स्पष्टता से समझने के लिए यहां निम्नलिखित तथ्यों पर विचार किया जा रहा है—

(1) श्लेषात्मक वाक्य—श्लेषात्मक वाक्य यदि स्वतंत्र रूप से बोले या लिखे जाएं तो श्रोता या पाठक को उनका अभीष्ट अर्थ-ग्रहण करने में कठिनाई होती है। अन्य वाक्यों के साथ प्रसंग के संदर्भ में ही श्लेषात्मक वाक्य का अर्थ जाना जा सकता है, जैसे—'सुमन के खेलों सुन्दर खेल' इसका अर्थ दो प्रकार से निकलता है एक फूल के संदर्भ में और दूसरा सुन्दर मन के संदर्भ में। व्याकरणिक श्लेषात्मक वाक्य में सही अर्थ-ग्रहण करने के लिए प्रसंग निर्देश इसलिए आवश्यक है कि उसके बिना अर्थावगति असम्भव है, जैसे—'मां ने लेटे हुए बच्चे को दवा पिलाई।'

अब इस वाक्य में निश्चित रूप से कुछ भी नहीं कहा जा सकता; क्योंकि मां भी लेटी हो सकती है और बच्चा भी लेटा हो सकता है। इसी प्रकार 'दोनों आदमी दौड़ते हुए बच्चों के पास आए।' इस वाक्य में यह स्पष्ट नहीं है कि दोनों आदमी दौड़ते हुए आए या बच्चे दौड़ रहे थे। इस प्रकार की वाक्य प्रवृत्ति संस्कृत में भी बहुत है। इससे अनुवाद में बड़ी ही कठिनाई होती है। उदाहरणार्थ 'अयोध्या अटवीः विदधि' इसके दो अर्थ हो सकते हैं—(1) जंगल को अयोध्या समझ, (2) अयोध्या को जंगल समझ। अतः श्लेषात्मक वाक्यों का अनुवाद करते समय संदर्भ को ध्यान में रखना चाहिए।

(2) आंतरिक और बाह्य संरचना—आंतरिक और बाह्य संरचना से भी वाक्यों के अर्थ सामान्यतः बदलते हैं, जैसे—'वह नाचने वाली है।' इस वाक्य के दो अर्थ होंगे—एक तो यह कि वह नाचना अभी शुरू करने वाली है और दूसरा यह कि नाचना उसका व्यवसाय है। इस प्रकार दो अर्थ निकलने का कारण यह है कि वाक्य-संरचना के भीतर दो वाक्य काम कर रहे हैं। एक वाक्य तो यह काम कर रहा है कि वह नाच प्रस्तुत करने वाली है और दूसरा यह कि नाच उसका व्यवसाय है। अनुवादक को इस प्रकार के अनेकार्थी वाक्यों के संबंध में लगातार सतर्कता रखनी पड़ती है और बाह्य अर्थ से अधिक आंतरिक अर्थ की ओर ध्यान देना पड़ता है, जैसे—'मुझे साड़ी पसन्द है।' इस वाक्य में कई आंतरिक वाक्य विद्यमान हैं—मुझे साड़ी पसन्द है, कोई साड़ी

विशेष मुझे पसन्द है, दूसरों को साड़ी पहने हुए देखना मुझे पसन्द है, समस्त वेशभूषाओं में मुझे केवल साड़ी ही पसंद हैं।

(3) **व्यंग्यपरक वाक्य**–व्यंग्यपरक वाक्य प्रायः सभी भाषाओं में जाने-अनजाने मौजूद रहते हैं। उनके अर्थ को समझने के लिए मूल पाठ के प्रसंग पर पुनः पुनः ध्यान दिया जाना चाहिए। जैसे 'प्रसाद' के नाटक 'चंद्रगुप्त' में चाणक्य सम्पूर्ण व्याकरण की अव्यावहारिकता पर व्यंग्य करता है और वह व्यंग्य सावधानी से पढ़ने पर ही पकड़ में आता है–

''भाषा ठीक करने से पहले मैं मनुष्यों को ठीक करना चाहता हूं।''

नाटकों में वार्तालाप के माध्यम से जीवन की लय को पकड़ने का प्रयास किया जाता है। इसलिए वहां ऐसे व्यंग्यपरक वाक्यों के बहुत से उदाहरण मौजूद होते हैं। उपन्यास में भी उदाहरण पर्याप्त मात्रा में मिल जाते हैं 'गोदान' में जमींदार के पूछने पर कि होरी तुम बहुत कमजोर हो गए हो, होरी का उत्तर ऐसा ही व्यंग्यात्मक है–

'मोटे वे होते हैं जो दूसरों का खाते हैं!'

इस वाक्य में वर्ग-संघर्ष की चेतना का पूरा अहसास है। प्रसंग को पकड़ने की थोड़ी-सी चूक से ही अनर्थ हो जाता है।

(4) **प्रतीकात्मक वाक्य-रचना**–संरचना किसी भी भाषा का मूलाधार ही नहीं होती, बल्कि प्रतीक क्रम व्यवस्था को चाहे वह प्राचीन हो या नवीन, दृष्टि में लाती है। जब वाक्य में कोई निश्चित प्रतीक चल पड़ता है तो उसका अनुवाद सीधे नहीं हो पाता। ऐसी स्थिति में उसे टिप्पणी देकर समझाना पड़ता है, जैसे–

सांप।
तुम सभ्य तो हुए नहीं;
नगर में बसना
भी तुम्हें नहीं आया।
एक बात पूछूं–'उत्तर दोगे?'
तब कैसे सीखा डसना–
विष कहां पाया?

सामान्य गद्य के वाक्य-विन्यास को कवि ने यहां तोड़ा है और कविता का विशिष्ट वाक्य-विन्यास अर्थ-योजना के अनुकूल चलाया है। 'तुम सभ्य तो हुए नहीं' पंक्ति यदि गद्य की पंक्ति होती तो कहा जाता 'तुम सभ्य नहीं हुए' किन्तु यहां कवि द्वारा शब्द-क्रम बदल दिए जाने से सम्पूर्ण अर्थ-विधान बदल गया है और वाक्य-योजना शब्दार्थ के लिए शब्द-क्रम पर आधृत हो गई है। यदि इस पंक्ति का अंग्रेजी में अनुवाद किया जाए–'You have not become civilized' तो अभिप्रेत अर्थ संकेतित नहीं होता, क्योंकि यहां पर 'तो' शब्द का जो ध्वन्यर्थ है वह अंग्रेजी के इस वाक्य में नहीं आ सकता। इसी तरह की स्थितियों में अनुवादक को अर्थ के स्पष्टीकरण के लिए अलग

से आवश्यकतानुसार टिप्पणी देनी चाहिए।

(5) **अर्थ-तत्त्व और सम्बन्ध-तत्त्व**—दो भाषाओं की रचना-प्रक्रिया को समान रूप से अर्थ-तत्त्व और सम्बन्ध-तत्त्व अभिव्यक्त करते हैं। यह ठीक है कि सम्बन्ध-तत्त्वों का कोई अर्थ नहीं होता। फिर भी वे अर्थ-तत्त्वों के साथ सम्पृक्त होकर संरचना को निखारने में बहुत सहायक सिद्ध होते हैं। इसलिए इन दोनों को संरचनाओं का मेरुदण्ड कहा जाता है। जैसे—'मैं घर में लिखता हूं।' इसमें सम्बन्ध-तत्त्व की दो स्थितियां हैं—'मैं और 'ता' और बाकी 'मैं' 'घर' 'लिख' 'हूं' सभी अर्थ-तत्त्व हैं। इसलिए भाषा के निकटस्थ अवयवों पर अनुवादक को ध्यान देना चाहिए।

(6) **वैज्ञानिक भाषा और भावात्मक भाषा**—अंतःकरण में जितनी प्रवृत्तियां होती हैं उन्हीं के अनुसार भाषा-प्रयोग होते हैं। अनेक बार ऐसा होता है कि अंतःकरण की सभी प्रवृत्तियों को भाषा अभिव्यक्त नहीं कर पाती। ऐसी स्थिति में वाक्य-रचना को बड़ा संघर्ष करना पड़ता है। महसूस होता है कि हमें पता तो है किन्तु अभिव्यक्त कैसे करें और अभिव्यक्त हो जाने पर भी वह पूर्णतया सम्प्रेषित कैसे हो। भावात्मक भाषा विन्यास में ऐसी कठिनाई बहुत होती है। वैज्ञानिक विषय के कथन प्रायः मूर्त धरातल पर चलते हैं। रिचड्र्स के मत से विज्ञान 'कथन' की रचना करता है और काव्य 'आभासी कथन' (Pseudo statement) की। विज्ञानपरक कथन में संदर्भ परक प्रतीकात्मक मूल्य (Referential value) नहीं के बराबर होता है। किन्तु कविता में जो प्रतीकात्मक मूल्य है, वह हमारे मनोभावों (Impulses) से जुड़ा होता है। भावात्मक भाषा के अर्थ-तत्त्व चार चीजें समटते हैं—(1) वाच्यार्थ (Sense), (2) भावना (Feeling), (3) सुर (Tone), (4) अभिप्राय (Intention)। इनमें से 'अभिप्राय' सर्वाधिक महत्त्वपूर्ण होता है। इसलिए शैली-विज्ञान मानता है कि काव्य भाषा का एक विशिष्ट रूप है।

अनुवादक को काव्य के अभिप्राय को पकड़ने के लिए रूप (Form) की बजाए वस्तु (Content) और अर्थ (Meaning) की ओर अधिक ध्यान देना चाहिए जैसे पीछे अज्ञेय की कविता का उदाहरण दिया गया था उसमें यदि अनुवादक 'रूप' पर ही उलझ जाएगा, तो वह सम्पूर्ण अर्थप्रक्रिया से दूर पड़ जाएगा।

(8) **वाक्य के अवयव**—जिन पदों और खण्डों से वाक्य बनते हैं उन्हें ही वाक्य का अवयव कहा जाता है। किसी भी वाक्य के अर्थ के सही निर्धारण या ज्ञान के लिए उस वाक्य-विशेष के निकटतम अवयव को जानना अपेक्षित होता है, क्योंकि अर्थ की इकाइयां निकटतम अवयवों पर ही आधृत होती हैं। वाक्य में उनका स्थान दूर रहने पर भी अर्थ की दृष्टि से निकट रहता है। अनुवादक के लिए यह जरूरी है कि वह इन निकटतम अवयवों को पकड़ने में कोई चूक न होने दे। उदाहरणार्थ—

'We visited Zoo, Museum, Children's Park and Red Fort of Delhi.'

इस वाक्य का अनुवाद यदि यह किया जाए कि 'हमने चिड़ियाघर, म्यूजियम,

चिल्ड्रन्स पार्क तथा दिल्ली का लालकिला देखा' तो वस्तुतः यह अनुवाद गलत होगा। होना चाहिए–'हम दिल्ली का चिड़ियाघर, म्यूजियम, चिल्ड्रन्स पार्क तथा लालकिला देखने गए।' क्योंकि 'दिल्ली का' सम्बन्ध इन चारों स्थानों से है न कि अकेले लालकिले से। इसी प्रकार एक वाक्य है–

'Well known experts and professers were invited.'

इस वाक्य का अनुवाद दो प्रकार से हो सकता है–

(1) सुप्रसिद्ध विशेषज्ञ तथा आचार्य आमंत्रित किए गए।

(2) सुप्रसिद्ध विशेषज्ञ तथा सुप्रसिद्ध आचार्य आमंत्रित किए गए।

यहाँ दूसरा वाक्य सहज नहीं हालाँकि इसमें निकटतम अवयवों को शामिल रखने का भरपूर प्रयास किया गया है। अतः वाक्य में अलग-अलग शब्दों की बजाए, निकटतम अवयवों पर ध्यान दिया जाना चाहिए। किंतु भाषा की सहज स्वाभाविकता की कीमत पर नहीं। यदि वाक्य में इन अवयवों की स्थिति को भलीभांति समझा नहीं जाएगा तो अर्थ समझने में भयंकर भूल होने और परिणामस्वरूप भ्रष्ट अनुवाद हो जाने की सम्भावना है। 'Is the work done' में 'Is' तथा 'done' दूर-दूर रहते हुए भी एक-दूसरे के निकटतम अवयव हैं।

(9) प्रयोग-रीति (Usage)–हर एक भाषा का अपना विशिष्ट मुहावरा होता है। इस विशिष्ट मुहावरे की पहचान उस भाषा विशेष को पढ़ने-लिखने और बोलने से आती है। इसलिए वाक्य-रचना के स्तर पर मुहावरे का विशेष महत्त्व है। वस्तुतः यह किसी भाषा में किसी बात को कहने का ढंग या रीति विशेष होती है। अनुवाद करते समय भाषा की इस प्रवृत्ति की ओर सदैव ध्यान रखा जाना चाहिए। स्रोत-भाषा में कही गई बात का लक्ष्य-भाषा में अर्थ-बोध करा देना ही पर्याप्त नहीं होता। वह बात इस ढंग से पुनर्प्रस्तुत की जानी चाहिए कि अटपटी न लगे अपितु ऐसा लगे कि वह बात हम मूलतया लक्ष्य भाषा में ही कह रहे हैं। तात्पर्य यह है कि अनुवाद करते समय कथ्य को लक्ष्य भाषा में अंतरित करते समय लक्ष्य भाषा का सहज स्वरूप नष्ट नहीं होना चाहिए। भाषा की अभिव्यक्ति का सहज ढंग, उसका वाक्य-विन्यास, संरचनात्मक गठन, उसकी रवानी का ध्यान अनुवाद करते समय सदैव रखा जाना चाहिए। स्रोत भाषा तथा लक्ष्य भाषा के भिन्न मुहावरे के बीच सामंजस्य बैठाने की यह प्रक्रिया भाषा की प्रयोग-विधि (Usage) को केन्द्र में रखे बिना असम्भव है। उदाहरणार्थ, अंग्रेजी में कहा जाता है : 'He has taken his examination.' किन्तु हिन्दी में इसके लिए कहा जाएगा : 'वह अपनी परीक्षा दे चुका है।' इसी प्रकार हिन्दी में हम कहते हैं : मेरी घड़ी में साढ़े चार बजे हैं।' किन्तु अंग्रेजी में यदि इसका अनुवाद कर दिया जाए : 'It is half past four in my watch.' तो यह सर्वथा गलत हो जाएगा, क्योंकि अंग्रेजी में कहना चाहिए : 'It is half past four by my watch.'

तात्पर्य यह है कि यदि भाषा की मूल प्रवृत्ति की अवहेलना करते हुए समानार्थी

शब्द प्रस्तुत कर दिए जाएंगे तो अनुवाद सर्वथा गलत, बेढंगा और हास्यास्पद बन जाएगा। हमारी यह बात नीचे दिए गए कुछ उदाहरणों से स्पष्ट हो जाएगी—

1. वह आराम करने के लिए घर गया।

He went home for resting. (गलत)

He went home to rest. (सही)

2. वह अभी-अभी कलकत्ता से वापस लौटा है।

He has just returned back from calcutta. (गलत)

He has just returned from calcutta. (सही)

3. कार में जगह नहीं है।

There is no place in the car. (गलत)

There is no room in the car. (सही)

इस प्रकार अंग्रेजी से हिन्दी में अनुवाद करते समय—

1. He met me on the way.

वह मुझे रास्ते पर मिला। (गलत)

वह मुझे रास्ते में मिला। (सही)

2. She is taking tea.

वह चाय ले रही है। (गलत)

वह चाय पी रही है। (सही)

3. He is playing on Guitar.

वह गिटार पर खेल रहा है। (गलत)

वह गिटार बजा रहा है। (सही)

4. Please sing a song for me.

कृपया मेरे लिए एक गाना गा दीजिए। (गलत)

कृपया मुझे एक गाना सुना दीजिए। (सही)

(10) लिंग—अनुवादक को स्रोत-भाषा तथा लक्ष्य-भाषा में प्रचलित व्याकरणिक लिंग के नियमों और प्रयोगों से सुपरिचित होना चाहिए। जिन भाषाओं में व्याकरणिक लिंग हैं, उनका अनुवाद करते समय विशेष सावधानी आवश्यक है अन्यथा बहुत बड़ी गलती हो जाने की सम्भावना रहती है। ऐसी भी भाषाएं हैं जिनमें लिंग हैं ही नहीं—जैसे तुर्की, फारसी आदि। ऐसी भाषाओं से उन भाषाओं में अनुवाद करते समय, जो लिंग प्रधान हैं, बड़ी ही सतर्कता से काम लेना चाहिए। लिंग सम्वन्धी नियम विभिन्न भाषाओं में अलग-अलग ही होते हैं। अंग्रेजी में निर्जीव वस्तुओं के लिए Neuter gender है। किन्तु हिन्दी में निर्जीव वस्तुएं स्त्रीलिंग और पुल्लिग के अन्तर्गत ही आती हैं—'फूल रखे हैं', 'किताबें रखी हैं' में फूल पुल्लिग है, किताव स्त्रीलिंग। अंग्रेजी से हिन्दी में अनुवाद करते समय इसका पूरा ध्यान रखना होगा।

इसी प्रकार कुछ शब्द ऐसे हैं जो हिन्दी में पुल्लिग हैं तथा अंग्रेजी में स्त्रीलिंग, जैसे–Spring, ship, moon अंग्रेजी में स्त्रीलिंग हैं किन्तु हिन्दी में पुल्लिग। अंग्रेजी के कवि कीट्स की पंक्ति है–'Happly the Queen Moon is on her throne.' इसका शब्दानुवाद होगा : 'सम्भवतया महारानी शशि अपने सिंहासन पर विराजमान है।' किन्तु हिन्दी के लिंग के अनुसार लिखा जाना चाहिए: 'सम्भवतया' महाराज शशि अपने सिंहासन पर विराजमान हैं।' लेकिन यह भी शाब्दिक अनुवाद होकर रह जाएगा क्योंकि हिन्दी का मुहावरा तो भिन्न है वहां तो 'पूर्णिमा का चांद' अथवा 'पूर्ण चंद' प्रयोग ही प्रचलित हैं। इसी प्रकार हिन्दी का वाक्य है–'जहाज तथा उसकी सभी नावें तूफान में नष्ट हो गईं।' अंग्रेजी में इसका अनुवाद 'The ship and all his boats were destroyed in the storm' सही नहीं होगा बल्कि 'The ship and all her boats were destroyed in the storm' सही होगा।

हिन्दी में लिंग बहुत अधिक महत्त्वपूर्ण इसलिए हैं कि ये क्रिया, आकारांत विशेषण और सम्बन्ध कारक के परसर्ग को प्रभावित करते हैं–

लड़का आया है–The boy has come.

लड़की आई है–The girl has come.

यहां अंग्रेजी के वाक्यों में कर्त्ता के लिंग के अनुसार क्रिया प्रभावित नहीं हुई किन्तु हिन्दी के वाक्यों में क्रिया कर्त्ता के लिंग से प्रभावित हुई। अंग्रेजी के वाक्यों में–

He is a good boy.

She is a good girl.

लड़का और लड़की दोनों के लिए good शब्द का इस्तेमाल किया गया है किन्तु हिन्दी में 'अच्छा लड़का' और 'अच्छी लड़की' होगा। इसी प्रकार Ram's mother, Ram's father के लिए हिन्दी में 'राम की माता' तथा 'गम के पिता' होगा।

हिन्दी में प्राणिवाचक लिंग सरलता से मालूम हो जाते हैं क्योंकि उनके जोड़े होते हैं। किन्तु छोटे आकार के प्राणियों में जैसे जोंक, जूं, मक्खी आदि में लिंग निर्णय की कठिनाई होती है। बंगला, उड़िया, असमिया में प्रमुखतया विशेषण तथा क्रिया में लिंग-परिवर्तन नहीं होता। इन भाषाओं से हिन्दी में अनुवाद करते समय लिंग सम्बन्धी कठिनाई सामने आती है।

प्राकृतिक और व्याकरणिक लिंगों की जानकारी से अनुवाबक लक्ष्य-भाषा के वाक्य-विन्यास को इस अर्थ में समृद्ध बनाता है कि वह जटिल वाक्य-विन्यास-प्रक्रिया को सरल वाक्य-विन्यास-प्रक्रिया की ओर मोड़ दे सकता है। व्याकरणिक लिंगों के शव्दों जैसे–ग्रन्थ, पुस्तक आदि में अर्थ की दृष्टि से अन्तर नहीं होता किन्तु फिर भी लिंग की दृष्टि से इनमें अन्तर है। 'ग्रन्थ' पुल्लिंग है तथा 'पुस्तक' स्त्रीलिंग।

विभिन्न भाषाओं में लिंगों भाषाओं में लिंगों की व्यवस्था अलग-अलग है। हिन्दी में दो लिंग हैं, संस्कृत, ग्रीक, जर्मन और रूसी में तीन। वस्तुतः लिंगभेद की इतनी ही

उपयोगिता है कि वह भाषा को व्याकरणिक अन्विति देता है।

(11) **वचन**—वचन सम्बन्धी नियम प्रत्येक भाषा के निजी होते हैं। हिन्दी, अंग्रेजी आदि में दो वचन हैं किन्तु संस्कृत में तीन वचन होते हैं, वहां दो के लिए द्विवचन रखा गया है। हिन्दी में बहुवचन की धारणा व्यक्ति एवं समूह के आधार पर है। अंग्रेजी में वचन सम्बन्धी नियम विशिष्ट होते हैं जैसे कुछ वस्तुओं में एकवचन और बहुवचन रूप समान होते हैं जैसे—Swine, sheep, deer, socks, cissors, trousers, spectacles, आदि। इसी प्रकार कुछ संज्ञाएं एकवचन होने पर भी बहुवचन के रूप में प्रयुक्त होती हैं जैसे—cattle, poultry आदि। हिन्दी में कुछ शब्द ऐसे हैं जो बहुवचन होने पर भी एकवचन के रूप में प्रयुक्त होते हैं जैसे 'वह सात वर्ष का है।' हिन्दी के आदर सूचक वाक्यों में एकवचन के स्थान पर भी बहुवचन का प्रयोग किया जाता है जैसे—'मेरे पिताजी आए हैं' पिताजी एक वचन पर भी 'आए हैं' बहुवचन का प्रयोग हुआ है। अंग्रेजी में ऐसा कोई नियम नहीं है। ऐसी स्थिति में अंग्रेजी से हिन्दी में अनुवाद करते समय अनुवादक बहुधा ध्यान नहीं रख पाता और जब वह 'Shakespeare was a great poet' के लिए 'शेक्सपियर महान कवि था' लिख देता है तो हिन्दी भाषा की दृष्टि से यह अशिष्ट-सा लगता है क्योंकि हिन्दी के अनुसार लिखा जाना चाहिए 'शेक्सपियर एक महान कवि थे।'

एकवचन 'मैं'। (I) के लिए भी कुछ हिन्दी भाषी क्षेत्रों में 'हम' का प्रयोग होता है और 'हम जाएंगे' का अर्थ वस्तुतः 'मैं जाऊंगा' ही होता है। ऐसी स्थिति में अनुवादक को प्रसंग का ध्यान रखना चाहिए, तभी वचन की दृष्टि से अर्थ का सही निर्धारण हो सकेगा।

(12) **पुरुष**—पुरुष की कल्पना वक्ता, श्रोता और उनसे भिन्न तीसरे व्यक्ति के आधार पर हुई है। अनुवाद करते समय लक्ष्य-भाषा की प्रवृत्ति के अनुसार पुरुष रखा जाना आवश्यक होता है, जैसे हिन्दी का वाक्य है—'राम ने कहा कि मुझे भूख नहीं है' अंग्रेजी में यदि ज्यों का त्यों अंतरित कर दिया जाए : 'Ram said that I am not hungry.' तो यह गलत होगा। अंग्रेजी भाषा में इसे कहा जाएगा : 'Ram said that he was not hungry.'

(13) **पदक्रम**—सभी भाषाओं का पदक्रम अलग-अलग होता है। हिन्दी, अंग्रेजी आदि में पदक्रम की निश्चित-व्यवस्था है किन्तु संस्कृत, रूसी आदि का पदक्रम स्वतंत्र है। पदक्रम में सभी पदों का ध्यान रखा जाता है किन्तु प्रधानता कर्म और क्रिया की ही होती है, जैसे हिन्दी का पदक्रम है—कर्त्ता + कर्म + क्रिया—'वह पत्र लिखता है', 'सीता पानी पीती है।' इन दोनों वाक्यों में क्रमशः कर्त्ता, कर्म और क्रिया का प्रयोग है। इसके प्रतिकूल अंग्रेजी में कर्त्ता के बाद क्रिया आती है और फिर कर्म अर्थात् कर्त्ता + क्रिया + कर्म, जैसे—'He Writes the letter. Sita drinks water.'

अनुवाद करते समय पदक्रम पर पूरा ध्यान दिया जाना चाहिए। He the letter writes हो जाने का पूरा वाक्य निरर्थक हो जाएगा। संस्कृत में क्रम का कोई कठोर बंधन नहीं है। 'वह पुस्तक पढ़ता है' का अनुवाद वहां–

'सः पुस्तकं पठति'

'पुस्तकं सः पठति'

'पठति सः पुस्तकं'

'पठति पुस्तकं सः'

–इन सभी ढंगों से हो सकता है।

इसी प्रकार हिन्दी में कहते हैं : 'हम, तुम और वह जाएंगे।' अंग्रेजी के पदक्रम में इसे कहेंगे : 'You, he and I shall go.' पदक्रम बदल जाने से कभी-कभी अर्थ बदल जाता है। 'He is reading the book' को 'Is he reading the book' के क्रम में रख देने में प्रश्नवाचक वाक्य बन गया। हिन्दी में वाक्य है–

'तुम नहीं चलोगे'

'तुम चलोगे नहीं'

यहां पदक्रम में यह परिवर्तन बल देने की इच्छा से किया गया है। इसी प्रकार–

'मैंने दूध पिया'

'दूध मैंने पिया'

इसी प्रकार अंग्रेजी में–

'She is beautiful, no doubt'.

'Beautiful she is, no doubt'.

कविता में छन्द के पदक्रम को बदल देने से नया अर्थ पैदा होता है–

'देखे मैंने वे शैल शृंग' को यदि लिखें 'मैंने वे शैल शृंग देखे हैं' तो स्पष्ट हो जाएगा कि पहली पंक्ति में जो विशेष अर्थ लक्ष्य किया गया है वह दूसरी पंक्ति में समाप्त हो गया।

(14) कारक चिन्ह्–अन्य व्याकरणिक कोटियों के समान कारक सम्बन्धी धारणा भी सभी भाषाओं में एकरूप नहीं है। अंग्रेजी में दो कारक हैं, लैटिन और जर्मन में पांच, संस्कृत में सात और हिन्दी में सात। अनुवाद करते समय कभी-कभी कारक चिन्हों में भी परिवर्तन किया जाता है, जैसे–

'मैं तुम से दोपहर को मिलूंगी।'

I shall meet you at noon.

इसी प्रकार–

Write in red ink.

लाल स्याही से लिखो।

(15) कर्त्ता तथा कर्म की व्यापकता–संस्कृत के कर्त्ता और कर्म जितने प्रबल कारक हैं उतने प्रबल कारक अन्य भाषाओं में शायद नहीं हैं। कुछ ऐसे प्रयोग हैं जिनमें

प्रेरणाहीन धातु का कर्त्ता प्रेरणावान बनाने पर कर्म होकर द्वितीया विभक्ति ग्रहण करता है। शेष स्थलों में अनुक्त रहने से तृतीया विभक्ति होती है जैसे 'वेद पठति' या 'वेद पाठयति' हिन्दी में हो जाएगा 'वेद पढ़ता है', 'वेद पढ़ाता है'। अंग्रेजी में जहां प्रेरणार्थकता बनने पर धातु बदलती है वहां तो यही प्रक्रिया है किन्तु अधिकांशतया प्रेरणार्थकता को दो क्रिया शब्दों द्वारा प्रस्तुत किया जाता है—'Shyam makes the boy drink milk' या 'Makes him sleep' हिन्दी में इसका अनुवाद होगा 'श्याम लड़के को दूध पिलाता है,' या 'उसे सुलाता है।' हिन्दी में यह कार्य जैसे 'पिलाता', 'सुलाता' एक शब्द में ही हो जाता है। अंग्रेजी में प्रेरणात्मक क्रिया होती ही नहीं। इसलिए अनुवादक हिंदी जैसी भाषा से अंग्रेजी में अनुवाद करते समय सर्वत्र 'make', 'give' आदि लगाकर प्रेरणा का बोध कराता है जैसे—He makes him speak, learn, know, win. अंग्रेजी ने प्रेरणा के लिए बहुत-सी स्वतंत्र क्रियाएं निर्मित की हैं जैसे गत्यर्थक 'send', बुद्ध्यर्थक 'teach', भोगतार्थक 'feed' और अमकर्मक 'seat'। पर इनमें 'feed' सदा एक ही कर्म रखता है जैसे—'Ram feeds him with sweets' परन्तु 'teach' दो कर्म लेता है—'He teaches Gita' तथा 'Ram teaches him Gita' इसलिए कर्त्ता और कर्म का यह सूक्ष्म अंतर अनुवादक के सामने सूक्ष्म अर्थभेद की समस्या पैदा करता है।

(16) **काल**—अनुवाद करते समय 'काल की अवधारणा' पर ध्यान देना होगा; क्योंकि सभी भाषाओं में काल-योजना समान नहीं है। काल एक प्रकार का ऐतिहासिक परिप्रेक्ष्य होता है—संस्कृत तथा रूसी में क्रिया के काल भेद का आधार उसका 'प्रकार' है। हिन्दी तथा अंग्रेजी के अभ्यस्त व्यक्तियों को रूसी की 'प्रकार धारणा' कठिनाई में डाल देती है क्योंकि वहां भूत या भविष्य दोनों कालों के दो ही भेद हैं—पूर्ण और अपूर्ण। पर काल की अवधारणा भाषा के विकासक्रम के साथ बदलती रहती है जैसे—'वह प्रत्येक सोमवार को वहां जाता है।' इस कार्य का सम्बन्ध भूतकाल से भी है, भविष्यकाल से भी और वर्तमान काल से भी। वह प्रत्येक सोमवार को पहले भी जाता था, आज भी जाता है और जाता रहेगा। वस्तुतः 'जाता है' क्रिया यहां काल-निरपेक्ष रूप में प्रयुक्त है। हिन्दी के 'चावल पकाता है' और 'चावल पका रहा है' दोनों का अनुवाद संस्कृत में 'ओदनं पचति' ही होगा। अंग्रेजी से हिन्दी में अनुवाद करते समय 'I stayed there' का अनुवाद 'मैं वहां रहता था' तथा 'मैं वहां रहा' दोनों ही हो सकते हैं। इसी तरह 'मैं अभी आया' का अनुवाद 'I am just coming' होगा और 'उसने कहा कि अच्छी तरह से हूं' का अनुवाद होगा : He said that he was quite well.' जाहिर है कि भूतकाल और वर्तमान काल यहां भाषा विशेष के प्रचलित प्रयोग के अनुसार प्रयुक्त है।

(17) **वाच्य**—स्रोत-भाषा से लक्ष्य भाषा में कथ्य को अंतरित करते समय वाक्यों के वाच्यगत अंतर को विस्मृत नहीं किया जाना चाहिए। कर्मवाच्य के कुछ प्रयोग

विलक्षण होते हैं और उन पर ध्यान देना आवश्यक है जैसे–'I did not take notice of the fact.' यहां वस्तुतः क्रिया है 'take' और उसका कर्म है 'notice'। यहां इसका कर्मवाच्य यदि किया जाए 'The fact was not taken notice of तो यह वाक्य गलत हो जाएगा। सही कर्मवाच्य वाक्य होना चाहिए–'The notice of the fact was not taken by me.'

इसी प्रकार Prepositional verb पर भी अनुवाद में ध्यान दिया जाना चाहिए। जैसे एक वाक्य है–'The boy was searched for.' हिन्दी में अनुवाद होगा 'लड़का खोजा गया', 'लड़के को खोजा गया'।

अंग्रेजी में भाववाच्य नहीं होता। कर्तृवाच्य और कर्मवाच्य प्रायः सभी भाषाओं में होते हैं और एक भाषा के वाच्य के अनुसार उसे दूसरी भाषा में प्रस्तुत किया जा सकता है, जैसे–

संस्कृत का 'रामेण रावणः हतः'

हिन्दी में होगा : 'राम द्वारा रावण मारा गया' या 'रावण राम द्वारा मारा गया।'

अंग्रेजी में होगा 'Ravana was killed by Ram.'

किन्तु यह सदैव आवश्यक नहीं होता कि कर्मवाच्य को कर्मवाच्य के रूप में ही या कर्तृवाच्य को कर्तृवाच्य के रूप में ही अनूदित किया जाए, क्योंकि सभी भाषाओं में वाच्य-प्रयोग की आदत समान नहीं होती। ऐसी स्थिति में अंग्रेजी से हिन्दी में अनुवाद करते समय यदि अंग्रेजी का कर्मवाच्य हिन्दी में कर्मवाच्य के रूप में प्रस्तुत होने पर उतना प्रभावपूर्ण नहीं बनता जितना कि कर्तृवाच्य के रूप में बन सकता है तो अनुवाद में वाच्य में अंतर कर दिया जाना चाहिए।

'He was laughed of by all his friends.' इसे हिन्दी में 'उसके सभी मित्रों द्वारा उस पर हंसा जाता था' के स्थान पर लिखा जाना चाहिए–'उसके सभी मित्र उस पर हंसते थे।'

इसी प्रकार एक और वाक्य है–

'By whom was the work done?' इसका अनुवाद 'काम किसके द्वारा किया गया?' करने की बजाए 'काम किसने किया?' करना बेहतर होगा। 'The bird was killed by the cruel boy.' 'निर्दयी लड़के ने चिड़िया मार डाली'। 'Gandhi ji was respected by all his Countrymen.' गांधी जी के सभी देशवासी उनका सम्मान करते थे।

(18) **जोड़ना और छोड़ना**–जिस भाषा से अनुवाद किया जा रहा है उसके वाक्यों को सदैव शब्द-प्रति-शब्द लक्ष्य-भाषा में अंतरित नहीं किया जाता। कभी-कभी उसके कथ्य को लक्ष्य-भाषा में प्रस्तुत करते समय एकाधिक शब्द अपनी ओर से जोड़ना या छोड़ना पड़ता है, क्योंकि भाषा प्रयोग-विधि या भाषा की प्रवृत्ति सदैव बड़ी ही महत्त्वपूर्ण होती है। हमारी बात नीचे दिए गए कुछ उदाहरणों से स्पष्ट हो जाएगी–

जोड़ना–

He travels third class.

वह तीसरे दर्जे में यात्रा करता है।

Better late than never.

कभी न पहुंचने की बजाए देर से पहुंचना बेहतर है।

He is my cousin.

वह मेरा चचेरा भाई है।

चलती गाड़ी से उतरने की कोशिश मत करो।

Do not try to get down (the) running train.

छोड़ना–

He has bought 'a' house 'over' there.

उसने वहां मकान खरीद लिया है।

वह मेरी चचेरी बहन है।

She is my cousin.

There are twenty rooms in the inn.

सराय में बीस कमरे हैं।

समग्रतः कहना चाहिए कि वाक्य-रचना का भाषा-प्रवृत्तिगत एवं सामाजिक-सांस्कृतिक संदर्भ सदैव ही बड़ा महत्त्वपूर्ण होता है। उसका अर्थ इन्हीं के परिप्रेक्ष्य में सार्थक बनता है। वाक्य में शब्दों से ज्यादा उनका अर्थ और अर्थ के भीतर से निकलने वाली ध्वनि तथा आशय महत्त्व रखते हैं। अतः अनुवाद-प्रक्रिया में सबसे ज्यादा जरूरी होता है सन्दर्भ। क्योंकि सन्दर्भ से कटकर शब्द निरर्थक ही होता है। वाक्य में शब्दों को विषय एवं प्रसंग के सन्दर्भ में ही देखा जाना चाहिए।

काव्यानुवाद

देश-विदेश में काव्यानुवाद के प्रश्न को लेकर बहसें होती रही हैं। संक्षेप में इन बहसों को तीन वर्गों के अन्तर्गत रखा जा सकता है।

(क) एक बड़ा समूह यह मानता रहा है कि काव्य का अनुवाद हो ही नहीं सकता। काव्यानुवाद असम्भव कला है। उनका कहना है कि काव्यानुवाद उस सुन्दर औरत की भांति है जो सुन्दर है तो वफादार नहीं है और वफादार है तो सुन्दर नहीं है। इस रूपक-कथन का संकेतार्थ इतना ही है कि काव्यानुवाद में सफलता प्राप्त कर पाना असम्भव होता है। इस वर्ग के समर्थक सिडनी, दांते, हम्बोल्टस, वर्जीनिया वूल्फ, क्रोचे आदि रहे हैं। इन सभी ने इस इतालवी कहावत का समर्थन किया है कि 'अनुवादक बड़े गद्दार होते हैं' (Traduttori traditori)। क्रोचे ने बहुत ऊंचे स्वर में घोषित किया—'अनुवाद असम्भव होता है।' (Translation is an impossibility)।

(ख) दूसरे वर्ग के विचारक यह मानते हैं कि कविता का अनुवाद असम्भव नहीं है—वह कठिन अवश्य होता है। काव्यानुवाद की कठिनता को देखते हुए उसे असम्भव घोषित कर देना मानवीय क्षमताओं के प्रति अविश्वास प्रकट करना है। इस वर्ग के विद्वानों ने 'असम्भव' शब्द को लेकर आश्चर्य प्रकट किया है कि असम्भव क्या होता है? प्रयत्न करने पर मानव के लिए असम्भव कुछ नहीं है। प्रतिभा, बहुज्ञता और अभ्यास से काव्यानुवाद की कठिनता को हल किया जा सकता है। उस वर्ग के समर्थकों में होरेस, क्विण्टीलियन, त्रिसनो, ड्राइडन, पोप और काडवेल आदि को रखा जा सकता है। काव्य को तत्त्व-तत्त्व अलग कर देखने वाले काडवेल ने कविता के सात लक्षण बताते हुए कहा है कि—(1) कविता लयात्मक होती है। (2) कविता का अनुवाद कठिन होता है। ध्यान देने की बात है कि मार्क्सवादी विचारक काडवेल ने काव्यानुवाद की चर्चा करते हुए यह नहीं कहा कि कविता का अनुवाद कठिन होता है, इसलिए वह असम्भव होता है। उनके मत का सारांश यही है कि काव्यानुवाद में बहुत अधिक सावधानी की आवश्यकता होती है। यही कारण है कि उपन्यास, कहानी आदि के अनुवाद की तुलना में काव्यानुवाद कठिन काम है।

(ग) तीसरे वर्ग के विद्वानों का विचार है कि काव्यानुवाद करने का अधिकार सभी

को नहीं होना चाहिए। काव्य की अच्छी समझ के बिना काव्यानुवाद नहीं किया जा सकता। अरसिक व्यक्ति कविता का कचूमर निकालकर रख देगा किन्तु सहृदय व्यक्ति या कवि-हृदय व्यक्ति कविता से अपने को तादात्मीकृत करते हुए उसका काफी सही या समीपवर्ती अनुवाद कर सकता है। इस वर्ग के समर्थकों में शिलर, टी.एस. इलियट, एफ.आर. लीविस आदि विद्वानों के नाम उल्लेखनीय हैं।

इनके अतिरिक्त एक ऐसा वर्ग भी है जो यह मानता है कि कविता का मूल का सा अनुवाद हो ही नहीं सकता। यह अन्तर सृजन की मनोभूमि और अनुवाद की मनोभूमि से उत्पन्न होता है। कविता के अनुवादक को काव्यानुभूति की बनावट के रेशे-रेशे को–उसकी आभ्यान्तरिकता में–रचना-प्रक्रिया के स्तर पर पकड़ने का प्रयास करना होगा एवं अनुवादक की मानसिकता को कवि की मानसिकता के काफी निकट लाना होगा। यदि अनुवादक काव्य के साथ साधारणीकृत नहीं होता, तो भी अर्थ का अनर्थ हो जाएगा। इस प्रकार के अनर्थकारी अनुवादों उदाहरण मौजूद हैं। काव्य के घटिया और भद्दे अनुवादों ने ही यह कहलवाया है कि काव्यानुवाद असम्भव होता है।

अच्छा काव्यानुवाद न हो पाने का एक मनोवैज्ञानिक कारण भी है कि मूल रचना तो सर्जक की ही रहती है, चाहे अनुवादक कुछ भी करे। बेचारा अनुवादक अपनी सम्पूर्ण शक्ति लगाने के उपरान्त भी रचना के लिए दूसरा व्यक्ति ही रहता है। इस दृष्टि से अनुवाद असल रचना की असल नकल का प्रयास भर है। अनुवादक इस असल की असल नकल कितनी कर सकता है, केवल यही बात उसके लिए रह जाती है और फिर कभी-कभी तो समाज उसे सृजनशील कलाकार की भांति आदर भी नहीं देता। ऐसी स्थिति में अनुवादक असन्तोष का शिकार हो जाता है एवं पुनर्सृजन से पूरा लगाव रखता हुआ उसे भी 'दूसरे की वस्तु मानने का भाव' रखता है। कभी-कभी ऐसी स्थिति भी होती है कि अनुवादक स्वेच्छया अनुवाद नहीं करता, उसे अनुवाद करना पड़ता है। यानी किसी संस्था की योजना के तहत अथवा आर्थिक जरूरत के कारण वह अनुवाद को व्यवसाय के तौर पर ग्रहण करता है। ऐसे में चूंकि उसे अनुवाद करना पड़ता है–ऐसी मनःस्थिति में उससे सृजनवत् अनुवाद की अपेक्षा करना बहुत औचित्यपूर्ण नहीं है।

हजारों वर्षों से काव्यानुवाद किए जाते रहे हैं। किन्तु अनुवादक मूल सृजन तक न पहुंचकर अनुकर्त्ता (Imitator) या अधिक से अधिक व्याख्याकार (Inerpreter) या बहुत ही सफल अनुवाद हुआ तो पुनर्सृजक (Re-creator) की स्थिति तक पहुंच सका है। इसका प्रमुख कारण तो यही है कि सैकड़ों अनुवादों में दो-चार अनुवाद ही उच्चकोटि के अनुवाद होते हैं। शेष अनुवादों को देखते ही स्पष्ट हो जाता है कि वे कितने दोषपूर्ण हैं और मूल रचना की मौलिक विशिष्टताओं को प्रस्तुत करने में कितने असमर्थ हैं। इसका कारण यह है कि कविता का अनुवाद अनुवादक से दोहरी अपेक्षा करता है एक तो मूल रचना और रचनाकार के प्रति तादात्म्य और निष्ठा की दूसरी ओर

पाठक के प्रति दायित्व और निष्ठा की। सृजनात्मक साहित्य का सफल अनुवाद अत्यन्त परिश्रम साध्य होता है। पर कविता के अनुवाद में शब्द, बिम्ब, प्रतीक, वाक्य-योजना, लय, लहजा, बलाघात, भाव-भंगिमा, पंक्ति-पंक्ति की अन्तर्योजना, अन्तर्गठन, अलंकार, छन्द या सम्पूर्ण काव्य-संरचना को लेकर कुछ अतिरिक्त मूलभूत कठिनाइयाँ हैं, क्योंकि हर कविता का स्वभाव ही उसमें लयमान होता है तथा अपने कथ्य के अनुकूल कविता स्वतः लय और रूप में आकार ग्रहण करती है। कर्ण के कवच-कुण्डल की भांति ये कविता में उसके साथ ही उत्पन्न होते हैं। इसी में काव्यानुभूति की अद्वितीयता का मर्म छिपा रहता है। लोक-हृदय की सच्ची पहचान कराने के कारण कविता अनुभूति-योग है, जिसे आचार्य शुक्ल 'भावयोग' का नाम देते हैं और ज्ञानयोग तथा कर्मयोग के समकक्ष मानते हैं।

काव्य-सृजन-प्रक्रिया को दैवी प्रेरणा मानने का कारण भी यही था कि उसमें लोकोत्तर और सृजन की उदात्त मनोभूमि के विधान होते हैं। इसी अर्थ में काव्य सहजानुभूति है जिसकी आत्माभिव्यक्ति कवि विशिष्ट क्षणों में करता है किन्तु काव्य-सृजन की आन्तरिक प्रक्रिया से अनुवादक सहजता से जुड़ नहीं पाता इसीलिए जब तक अनुवाद व्यवसाय से जुड़ी कला रहता है, अनुवादक की किसी आन्तरिक जरूरत का परिणाम नहीं होता, तब तक वह मूल काव्य-पाठ के साथ न्याय नहीं कर पाता।

एक ही रचना के दो-तीन अनुवाद, अनुवाद और अनुवादक की मानसिक प्रक्रिया को समझने में सहायक होते हैं क्योंकि एक रचना के विभिन्न अनुवाद एक-दूसरे से भिन्न होते हैं। ऐसा भी होता है कि एक ही रचना के अनेक अनुवाद अनुवाद-प्रक्रिया के दौरान मूल रचना से बहुत दूर निकल जाते हैं। मूल रचना के साथ-साथ अनुवादकों की मानसिक प्रक्रिया, रचनात्मक प्रतिभा, परिवेश, उसकी काव्यार्थ-बोध-शक्ति सभी कुछ काम कर रहे होते हैं। भिन्न-भिन्न भाषाओं की अभिव्यक्ति-शैलियों, प्रविधियों, पद्धतियों, ध्वनियों, शब्दों, वाक्यों, मुहावरों, अलंकारों, मिथकों और अर्थ-लयों को स्रोत भाषा से लक्ष्य-भाषा की प्रकृति में अन्तर होने के कारण ढालना कठिन हो जाता है। इस बात की पुष्टि में Fitzerald के 'Rubaiyat of Omar Khaiyyam' से अच्छा उदाहरण और क्या हो सकता है जिसके सभी अनुवादों पर अनुवादकों का व्यक्तित्व 'हावी' हो गया है। यह बात हिन्दी में केशवप्रसाद पाठक (रुबाइयात उमर खैयाम), मैथिलीशरण गुप्त (रुबाइयत उमर खैयाम), हरिवंशराय 'बच्चन' (खैयाम की मधुशाला), सुमित्रानन्दन पन्त (मधुज्वाल), रघुवंशलाल गुप्त (उमर खैयाम की रुबाइयां) आदि के अनुवादों को देखने से स्पष्ट हो जाती है। इन सभी अनुवादों में अनुवादक का व्यक्तित्व विशिष्टता लिये हुए मौजूद है। यहां दो प्रकार का विरोधाभास भी देखने को मिलता है—मैथिलीशरण गुप्त का अनुवाद मूल को ही चौपट कर देता है वहीं बच्चन जी का अनुवाद तो मूल से भी ज्यादा प्रभावशाली बन पड़ा है। बच्चन

जी अपने अनुवाद में पुनर्सर्जक हैं और गुप्तजी अनुकरणकर्ता मात्र। इस अनुवाद में बच्चनजी की कवि-प्रतिभा का प्रदर्शन हुआ है। उन्होंने अनुवाद के दौरान कुछ जोड़ते हुए या कुछ छोड़ते हुए अपनी सृजनात्मक सम्भावनाओं को उजागर किया है।

प्रायः यह देखने को मिलता है कि जब कभी भाषा कल्पनात्मक सत्यों के लिए प्रयुक्त की जाती है—चाहे वह पद्य हो या गद्य—तब कृति निश्चित रूप से अननुवाद्य हो जाती है। कारण, शब्दों में अनुस्यूत अर्थवत्ता को प्रतिस्थापित नहीं किया जा सकता। उनमें निहित अर्थ अत्यन्त सूक्ष्म होता है और उनमें एक अतिरिक्त अर्थ छिपा रहता है—यह छिपा रहने वाला अर्थ, स्वर-संगति, बलाघात, नाटकीय गति, ध्वनि-व्यवस्था आदि के माध्यम से निष्पन्न होता है। शब्द-विशेष से उत्पन्न लहजा (टोन) भी मूल भाषा-भाषी को सहज सम्प्रेषणीय होते हैं, अन्य भाषा-भाषी उसके शब्दार्थ को तो पकड़ता है, उसके लहजे से उत्पन्न सूक्ष्म अर्थ को इतनी आसानी से नहीं पकड़ पाता। इस प्रकार अनूदित काव्यकृति किसी तैल-चित्र की सफेद-काली छाया मात्र रह जाती है क्योंकि अनुवाद करते समय काव्यानुभूति की बुनावट और बनावट के साथ ही काव्य-भाषा की बनावट और बुनावट बदल जाती है। संरचनात्मक ढांचे के बदलाव के साथ उसकी मूल से सामंजस्य (Harmony) की बारीकी बहुत कम हो जाती है। सृजनात्मकता के क्षणों में जब सृजनात्मक कल्पना पूरी तरह सक्रिय होती है तब वह 'कथ्य' और 'कथ्यरूप' का गठन इतने प्रखर और व्यापक स्तर पर करती है कि कोई भी अनुवाद उसके समतुल्य हो ही नहीं सकता या हो ही नहीं पाता।

कृति के कथ्य में जीवनानुभवों से सृजित अनेक बिम्ब रचनात्मकता में रिले-मिले होते हैं जिन्हें अनुवाद के समय रक्षित रख पाना कठिन हो जाता है। अनुवादक अपनी मातृभाषा के दबाव से निर्वैयक्तिक होने पर भी बच नहीं पाता। प्रत्येक अनुवादक, चाहे मूल के साथ उसकी संवेदना कितनी ही पूर्ण एवं श्रेष्ठ क्यों न हो, जाने-अनजाने में और सूक्ष्म रूप में मूल से हट जाता है। यही वह बिंदु है जहां सृजन और अनुवाद का पार्थक्य दूर से पता चलता है।

अनुवादक को अपनी मातृभाषा की जितनी गहरी और सूक्ष्म पकड़ होगी उतनी ही गहराई से वह किसी भी अन्य भाषा के लेखक की अभिव्यक्ति के लालित्य को सराहने तथा अनूदित करने में सक्षम हो सकेगा। अर्थात् अनुवादक में रचना के भीतर गहरे पैठने की समझ होनी चाहिए, जो अपनी मातृभाषा के क्लासिक्स में धंसने से बनती है और जो अनुवाद के लिए निहायत जरूरी होती है। जो अनुवादक अपनी ही मातृभाषा की (या उस भाषा की जो उसके अध्ययन की प्रथम भाषा रही है) अर्थ-शक्तियों, अर्थच्छायाओं, शब्द-शक्तियों से उत्पन्न व्यंजनाओं से गहन परिचय नहीं रखता है, वह अन्य भाषाओं की गहन अर्थ-व्यंजनाओं को समझ के स्तर पर कैसे ग्रहण कर सकता है।

वर्णनात्मक साहित्य चाहे वह पद्य हो या गद्य उसका तो अच्छा अनुवाद किया जा

सकता है, क्योंकि उसके मूल संरचनात्मक ढांचे का अनुवाद में ह्रास बहुत कम होता है। इसलिए उसके अनिवार्य अर्थ का अनुवाद में पतन नहीं हो पाता। उसको रोचक शैली में प्रस्तुत करना भी अपेक्षाकृत सहज होता है। यद्यपि मूल को पूर्णतया संप्रेषित करने की सीमा वहां भी रहती है, उदाहरणार्थ 'वार एण्ड पीस', 'अन्नाकैरेनिना' आदि के अनुवाद विश्व-भर में बहुत ज्यादा लोग पढ़ते हैं और वे पसन्द भी किए जाते हैं। फिर भी रूसी भाषाविद् यह महसूस करते हैं कि अनुवाद में एक सीमा तक रूसी संस्कृति का एक विशेष भाग छूट गया है या अनुवादक उससे अलग हट गया है या कथ्य की सांकेतिकता खो गई है, पात्रों का स्वर पतला पड़ गया है या स्वर की मूलभूत विशिष्टताएं लुप्तप्राय हो गई हैं और लेखक की शब्दावली के बलाघात, प्रसंग-संकेत की विशेष्टताओं में व्याप्त ढंग में सन्निविष्ट समस्त विभेद उभर कर नहीं आ सके हैं।

काव्यानुवाद करते समय अनुवादक को स्रोत-भाषा के छन्द में परिवर्तन करने की स्वतन्त्रता होती है। अनुवादक को कई बार लगता है कि छन्द बदल देने से कविता का रूपात्मक ढांचा बदल जायेगा। किन्तु ऐसा सोचते समय वह यह नहीं समझता कि छन्द से चिपके रहने पर और भी गम्भीर गलती हो जाने की संभावना रहती है। प्रत्येक कविता में कवि का अनुभव, विचार और अनुभूति विशेष ढंग से अनुस्यूत होता है, जिसमें एक के बाद दूसरा भाव-चित्र गुंथा होता है, जिससे एक अनिवार्य लय उत्पन्न होती है और वह लय एक विशिष्ट छन्द में अभिव्यक्त होती है। किन्तु किसी दूसरी भाषा में वही छन्द-बन्ध प्रयुक्त होने पर हो सकता है कि वह लय कुंठित हो जाए। अतः अनुवादक को सर्वप्रथम कविता में निहित लय और उसके आभ्यन्तरिक अवधारकों को खोजना चाहिए और अनुवाद करते समय इनसे अलग नहीं हटना चाहिए। छन्द का अर्थ है छिपाकर रखी हुई वस्तु। अर्थात् छन्द कवि का निजी राज होता है। इसीलिए अनुवाद करते समय सबसे अधिक कठिनाई छन्द की होती है क्योंकि हर कविता के कान अलग होते हैं। उदाहरण के लिए जर्मन, अंग्रेजी, रूसी, चेक में बलाघात-युक्त अक्षर-विभाजन छन्द की रचना का निर्धारक है, जबकि पोलिश, स्पैनिश, फ्रैंच आदि भाषाओं में अक्षर बलाघात निरपेक्ष होकर निर्धारक बनता है। संस्कृत में अक्षरों का परिमापन अधिक ताकतवर है। लेकिन हिन्दी में वर्णिक छन्द बहुत अधिक सफल नहीं हो पाए हैं। वर्णिक छन्दों में तीन-तीन अक्षरों का पुंज गति रूप में लय उत्पन्न करता है, जबकि मात्रिक छन्द में दो यतियों के बीच में मात्राओं का योग लय का निर्धारक बनता है।

छन्द में नियमित से कम महत्त्व अनियमित या अप्रत्याशित का नहीं है, यदि इनका प्रयोग किसी उद्देश्य विशेष के लिए किया जाता है। यह बात हिन्दी की आधुनिक कविता की ओर ज्यादा ध्यान दिलाती है, जहां कविता की पूरी पंक्ति और लय में निश्चित सम्बन्ध नहीं है। प्रायः पूरी कविता के छन्द-विधान को अलग-अलग लय-संरचनाओं के उद्देश्यपरक क्रम-विन्यास के रूप में देखने पर अनियमित पंक्तियों

का काव्यार्थ पकड़ में आता है। जैसे कवि अज्ञेय की प्रख्यात कविता 'भोर-वेला' देखिए–

'हाक् ! हाक् ! हाक् !
मत संजो यह स्निग्ध सपनों का अलस सोना–
रहेगी बस एक मुट्ठी खाक!
थाक् ! थाक् ! थाक् !'

यहां काव्य भाषा में प्रयुक्त विरामों का विशेष महत्त्व है–इनमें लय-अनुशासन तथा शैलीगत स्पष्टता का प्रकार्य हुआ है। किसी सीमा तक इन्होंने संगीत तत्त्व और सम्प्रेषणीयता की भी रक्षा की है। इस प्रकार कविता में ये विराम अलंकरण न होकर अंग रूप हैं। इस छन्द में प्रयुक्त शब्द मनमाने आसन पर बैठे अवश्य हैं पर वे अभिप्राय विशेष में प्रसंग-निर्देश तथा सामंजस्य को लिये हुए हैं।

छन्द शब्दाभिव्यक्ति के चरण होते हैं। ऐसा कहने का प्रमुख कारण छन्द में निहित लय का आधार है जो गद्य में नहीं पद्य में होती है और कुछ दूर तक उसका साथ देती है। इस दृष्टि से गद्य भी लय विहीन नहीं होता है। अर्थात् सम्पूर्ण भाषिक अभिव्यक्ति में लय विद्यमान रहती है। कविता में छन्द स्रोत रूप में लय बिम्ब है। प्रत्येक भाषा की अपनी अलग शब्द-योजना होती है तो प्रत्येक भाषा का लय-प्रवाह भी अलग होता है। यही कारण है कि छन्द और लय का अनुवाद के समय लक्ष्य भाषा में प्रायः अंतरण नहीं हो पाता है। एक सीमा तक छन्द की लय उस भाषा से बंधी होती है, जिसमें उसका जन्म होता है। यह जन्म-स्थान बदलते ही ध्वनि, अर्थ लय आदि में भारी अन्तर पड़ जाता है। इसीलिए अज्ञेयजी ने छन्द को कविता की आंख कहा है, 'भाषा सुनकर काम चला लेती है, पर काव्य-भाषा अपने को देखती है, देख भी लेती है। बिम्बात्मक होने के कारण काव्य-भाषा अपने को देखती है।'

कविता शब्द-विधान है। काव्य में भाषा का सर्वाधिक सक्रिय उपयोग होता है। भाषा का प्रत्येक अवयव-वर्ण, शब्द, शब्द-विन्यास, वाक्य-विधान, अर्थ-विधान, मुहावरा, विराम चिन्ह् आदि सभी का पूरा-पूरा लाभ उठाने का प्रयत्न कवि करता है। सामान्य भापा में वर्ण का महत्त्व चाहे नगण्य हो, पर कविता में बहुत होता है। स्वयं आनन्दवर्धन ध्वनि की व्यापकता वर्ण से प्रबन्ध तक मानते रहे हैं। आचार्य कुन्तक ने वर्ण से ही वक्ता की चर्चा को आगे बढ़ाया है। 'कवितावली' में 'तुलसी मनरञ्जन रञ्जित अञ्जन नयन सुखञ्जन चातक से' इस पंक्ति में 'ञ' (च वर्ग के अंतिम वर्ण) से संयुक्त 'ज' का स्पर्श होने से नाद-सौन्दर्य में चमत्कार उत्पन्न हुआ है। वर्ण-विन्यास वक्रता का यह समस्त सौन्दर्य दूसरी भाषा में अनूदित करते ही समाप्त हो जाता है। शब्द-क्रम के बदलते ही पूरा स्वर-विधान टूट जाता है। वर्ण कविता के संगीत-तत्त्व का प्रधान गुण है। 'कविता क्या है' निबन्ध में आचार्य रामचन्द्र शुक्ल का ध्यान काव्य की वर्ण-विन्यास-वक्रता पर है। वर्णों में व्यंजनों से स्वरों का महत्त्व अधिक है–काव्य-संगीत

का प्राण तत्त्व स्वर है। अच्छी हिन्दी या अंग्रेजी लिखना स्वर-पहचान के बोध का प्रमाण है। लघु स्वर गति को काव्य में तीव्र करते हैं और दीर्घ स्वर मन्द। ऐसी स्थिति में स्रोत भाषा का स्वर-विधान लक्ष्य भाषा में ला पाना कठिन हो जाता है। यहां काव्यानुवाद की कसौटी इस बात में निहित होती है कि अनुवादक ने लक्ष्य भाषा के नाद-सौन्दर्य और वर्ण-विन्यास-वक्रता को किस हद तक परखा है और कहां तक उसका उपयोग अनुवाद में कर सका है।

सामान्य भाषा के शब्दों में कवि नया अर्थ भरता है या निरन्तर प्रयोग से भाषा के जो शब्द घिस जाते हैं उन्हें छोड़ते हुए नये शब्दों को लोक भाषा में से लाता है। इस अर्थ में काव्य-भाषा की अर्थवत्ता नाद-गुण से लेकर प्रतीक-विधान तक फैली होती है। कविता में शब्दों का घनत्व इतना बढ़ जाता है कि वे चिह्न न रहकर 'वस्तु के रूप' में दृष्टिगत होने लगते हैं। इसीलिए कविता को 'उत्तमोत्तम शब्दों का उत्तमोत्तम क्रम-विधान' कहा गया है। परन्तु लक्ष्य भाषा में लाते समय पूरी सावधानी रखने के बाद भी अनुवादक को शब्द-विधान-क्रम बदलना पड़ जाता है और तब होता यह है कि कविता के प्राणों में दरार पड़ जाती है। जैसे कालिदास के 'रघुवंश' में यह कथन—'रघोः सकाशादनवाप्य कामम्।' यहां 'रघु' व्यक्ति न होकर दानवीर के प्रतीक रूप में शब्द से व्यंजित है। अनुवादक सोच सकता है कि व्यक्ति-विशेष के अर्थ में निश्चित भाव होने के कारण व्यक्तिवाचक संज्ञा शब्द किसी प्रकार के विशेष भाव के अर्थ में प्रयुक्त नहीं हो सकता। पर अनुवादक को कुन्तक का यह कथन ध्यान रखना चाहिए कि व्यक्तिवाचक शब्द अपने में चमत्कार रखने के साथ सामान्यवाचक शब्दों का भी गुण रखते हैं और कवि उनका भी द्विविध उपयोग कर लेता है। इनमें संस्कृति का भाव-चित्र जुड़ा होता है।

काव्य में भाषा की विशेषण-वक्रता का गुण भरपूर समाया होता है। परन्तु यह काव्य-गुण अनुवादक को बहुत परेशान करता है। सूक्ष्म निरीक्षण-शक्ति की समर्थ गति वाले कवि ज्यादा-से-ज्यादा विशेषण-वक्रता के कवि होते हैं। एक प्रकार से उनकी पहचान ही विशेषणों से बनती है। इसका प्रधान कारण यह है कि संज्ञा की अर्थ-सीमा अनिश्चित होती है, उसे विशेषण ही निश्चित करता है। ये विशेषण ही अनुभूति, संवेग, कल्पना, भावना आदि को प्रकाश में लाते हैं। इन विशेषणों का लाक्षणिक अर्थ होता है। विशेषणों में क्रियावाचक विशेषण भाषा में विशेष चमत्कार की सृष्टि करते हैं। इनका प्रमुख कार्य विशेषणपरक की क्रिया को मूर्त करना होता है। तीन प्रकार के इन विशेषणों—रूढ़, मौलिक तथा विशेषण विपर्यय—में विशेषण विपर्यय का विशेष महत्त्व होता है। समर्थ कवि ऐसा भी करता है कि वह विशेषणों से काम न चलाकर क्रियापदों से काम चला लेता है। स्वयं राजशेखर कविता की भाषा में क्रिया पदों के महत्त्व को पुनः पुनः घोषित करते रहे हैं। काव्यानुभव का सम्पूर्ण योग क्रियापदों में ही प्रतिफलित होता है। यही कारण है कि सम्पूर्ण अनुवाद को दृष्टि में रखने वाला अनुवादक

क्रियापदों पर विशेष ध्यान केन्द्रित किए रहता है। स्रोत भाषा से लक्ष्य भाषा में काव्य को लाने के लिए बढ़िया अनुवादक उन रूपों के प्रति आसक्ति नहीं रखता, जिनकी ताजगी खत्म हो गई है। काव्य-शक्ति को उजागर करने के लिए अभिव्यक्ति की विस्मृत प्रणालियों को पुनरुज्जीवित करने का प्रयास वह करता है।

काव्य-भाषा के पर्यायवाची शब्द अनुवादक की ज्ञान-राशि की कसौटी होते हैं। जो भाषा जितनी ही सशक्त होगी, उनमें पर्यायवाची शब्दों की उतनी ही अधिकता रहेगी। मजेदार बात इन शब्दों की यह है कि इनका वाच्यार्थ एक होता है किन्तु व्यंग्यार्थ सन्दर्भ के अनुसार अलग-अलग ढंग से व्यंजित होता है। इसका कारण है कि ये शब्द अपनी व्युत्पत्ति, स्वभाव, स्वरूप आदि में भिन्न-भिन्न अर्थ-सन्दर्भ रखते हैं। जैसे पंकज (पंक या कीचड़ से उत्पन्न) सरोज (सरोवर से उत्पन्न) आदि शब्द। पर कविता में इनका इतना महत्त्व होता है कि ये ही पर्याय वक्रता के मूलाधार हैं। मध्ययुगीन भारत का दृष्टिकूट काव्य इन काव्य-चमत्कारों की अद्‌भुत रंगशाला है। अनुवादक को इन पर्यायों के व्युत्पत्ति-सन्दर्भ, कथा-सन्दर्भ को ग्रहण करने की यथासम्भव कोशिश करनी चाहिए। जैसे कृष्ण के पर्याय मुरारी, हरि, गोपाल, मनमोहन, श्याम, यशोदानन्दन, द्वारिकानाथ, गिरिधर, मुरली माधव, राधा-वल्लभ आदि शब्द हैं—मीरा की पंक्ति है—'मेरा तो गिरधर गोपाल दूसरा न कोई'। तो इस पंक्ति में 'गिरधर' कृष्ण का पर्याय मात्र न होकर एक विशेष रक्षा-बोधात्मक ब्रह्म का प्रतीक है, कथा को छिपाए हुए मिथक है। इसलिए पर्यायों को पकड़ने के लिए अनुवादक को उस भाषा विशेष की सांस्कृतिक जड़ों की जानकारी अनिवार्य होती है। इस जानकारी के अभाव में ठीक अनुवाद हो ही नहीं सकता।

काव्यानुवाद में पारिभाषिक शब्दों के विषय में क्या नीति अपनानी चाहिए? यह प्रश्न तरह-तरह से उठाया तथा सोचा जाता रहा है। ज्ञान-विज्ञान का नानाविध विस्तार हो जाने के कारण तमाम अनुशासनों के 'पारिभाषिक शब्द' कविता में धड़ल्ले से आ रहे हैं। आने भी चाहिए। पहले से ही दर्शन, इतिहास, गणित ज्योतिष, वैद्यक आदि के अनेक शब्द हिन्दी कविता में बेझिझक प्रयुक्त किए जा रहे हैं। जैसे 'कामायनी' की ये पंक्तियाँ—

कर रही लीलामय सानन्द,
महाचिति सजग हुई-सी व्यक्त।
विश्व का उन्मीलन अभिराम,
इसी में सब होते अनुरक्त।

यहाँ 'महाचिति', 'उन्मीलन' आदि शैवाद्वैत दर्शन के घोर पारिभाषिक शब्द हैं। इन शब्दों के पर्याय चुनने में बड़ी सावधानी की जरूरत है। थोड़े से प्रमाद में इनका अर्थ बदलकर अनर्थ का रूप ले लेता है। इस प्रकार के शब्दों के मामले में भाषा के मर्मज्ञों से राय लेकर ही अनुवाद करना चाहिए। थोड़ी-सी भूल पदस्खलन का कारण बन

जाती है।

भारतीय तथा भारतेतर विचारकों का यह मत रहा है कि कविता के शब्दों में उलट-फेर नहीं किया जा सकता। कवि के समक्ष 'कोई' शब्द लेने की बात नहीं होती, 'एकमात्र' शब्द के चुनाव का मतलब होता है। उसे 'एकमात्र' शब्द को बदल देने से कविता नहीं रह जाएगी, वह दूसरी कविता हो जाएगी। ऐसा भी हो सकता है कि कविता के शब्द बदलते ही काव्यात्मकता समाप्त हो जाए। जैसे बिहारी का यह दोहा—

मेरी भव बाधा हरौ, राधा नागरि सोय।
जा तन की झांई परै, स्याम हरित दुति होय।।

इस दोहे का पूरा काव्यात्मक चमत्कार 'झांई परै', 'स्याम हरित दुति होय' पर टिका है। इन शब्दों के स्थान पर अन्य शब्दों को नहीं रखा जा सकता। कवि को जो कहना अभीष्ट है, उसके लिए यहां एक ही शब्द, एक ही क्रिया और एक ही विशेषण उपयुक्त है। इसमें बिहारी के भाव या विचार को व्यक्त करने में इन शब्दों के अतिरिक्त किन्हीं और शब्दों से काम ही नहीं चल सकता। विशिष्टता को प्रकट करने में बिहारी ने एक भी फालतू शब्द का प्रयोग नहीं किया। अनेकार्थी अर्थ-व्यंजना वाले ऐसे शब्द अनुवादक का साथ कभी नहीं देते। उनका तो 'भावानुवाद' ही करना पड़ता है जिसमें 'बहुत कुछ छूट' जाता है और 'बहुत कुछ' अनुवादक को 'भरना' पड़ सकता है।

काव्यानुवाद में शब्दार्थ के प्रसंग-संकेत (Allusion) और साहचर्य (Association) का प्रश्न भी बड़ा महत्त्वपूर्ण स्थान रखता है। रचना में पौराणिक, ऐतिहासिक व्यक्ति, घटना, प्रसंग का उल्लेख 'प्रसंग-संकेत' होता है—जैसे धर्मवीर भारती के 'अन्धायुग' में प्रसंग-संकेत इस प्रकार आया है।

'हम सबके मन में गहरा उतर गया है युग
अश्वत्थामा है संजय है अंधियारा है।'

इन पंक्तियों में 'अश्वत्थामा' और 'संजय' ये दोनों शब्द प्रसंग-संकेत रखते हैं। शब्दों के साथ जो भाव लिप्त है, या रहता है, वही साहचर्य कहलाता है। 'संजय' कहते ही भारतीय सांस्कारिक मन में एक विशेष प्रकार के दिव्य दृष्टि-सम्पन्न व्यक्ति का उदय हो जाता है। अंग्रेजी भाषा साहित्य में 'ब्लड' शब्द का आभिजात्य, काम-भावना आदि से अनजाने ही साहचर्य जुड़ता है। इस प्रकार 'प्रसंग-संकेत' तथा 'साहचर्य' का कविता के अनुवाद में बड़ा ध्यान अनुवादक को रखना चाहिए, क्योंकि इनकी जड़ें सांस्कृतिक परम्परा से बहुत दूर तक फैली होती हैं। इनसे अपरिचित अनुवादक इनका ठीक बोध ही नहीं कर पायेगा। प्रसंग-संकेत की इस कठिनाई के कारण ही इलियट की कविता 'वेस्टलैण्ड' का अच्छा काव्यानुवाद मुश्किल से ही हो पाया है। मूल कविता की व्याख्या ही सौ या डेढ़ सौ पृष्ठों तक की जाती रही है।

काव्यानुवाद का एक कठिन पहलू यह भी है कि मूल कविता को लक्ष्य-भाषा में

लाते ही भाषा का नाद (साउंड), भाव (सेन्स), संगीत (म्यूजिक), अर्थ (मीनिंग) आदि का ग्रन्थि-बन्धन टूट जाता है क्योंकि काव्य में अर्थ शब्द के अधीन रहता है। इसी अर्थ में काव्य को 'शब्द-विधान' कहा भी जाता रहा है।

अनुवाद की समस्या यही है कि उसे मूल के अधिकाधिक निकट होना चाहिए। यहां अनुवाद का सम्बन्ध 'अनुकरण' से हो जाता है। भिन्न समय और देश का कवि 'मूल' को अनुवाद के लिए इसलिए अपनाता है कि उसके अपने समय तथा कृति के सृजन के समय की स्थितियों में कुछ समानता होती है और यह भी ध्यान रहता है कि अनुवाद के माध्यम से वह अपने समय को उपयुक्त कृति दे रहा है। पोप, होरेस और जान्सन ज्यूवेनल के अनुवाद की ओर इसलिए आकृष्ट हुए हैं कि उन्हें लगा है कि जो कुछ होरेस और ज्यूवेनल ने कहा था उसे एक बार फिर से कहने की आवश्यकता है। संसार-भर में प्राचीन क्लासिक्स का अनुवाद इसी दृष्टिकोण से होता रहा है। किन्तु अनुवाद को मूल का 'छायाभास' मात्र नहीं होना चाहिए। अनुवादक को रचना के रूप की ओर समर्पित तो होना चाहिए किन्तु यह समर्पण बहुत नियन्त्रित ढंग का होना चाहिए। जिस कविता का अनुवाद उसे करना है, वह उसके लिए 'गवेषणा' की वस्तु हो, कवि की अनुभूति से उसका भाव-तादात्म्य हो। उसे रचना की बनावट उसके अन्तर्सामंजस्य तथा बाह्य संरचना पर पूरी तरह ध्यान देना चाहिए तथा उसकी मूल संवेदना और ज्ञानात्मक शक्ति को पकड़ने का प्रयास करना चाहिए।

कविता रूप, रस, स्पर्श, गन्ध और ध्वनि के मूर्त्त-अमूर्त्त बिम्ब जगाती है एवं मूर्त्त वस्तुओं में एक तारतम्य होता है। इस तारतम्य में स्पर्श सबसे स्थूल और रस सबसे सूक्ष्म है। बिम्ब में ऐन्द्रियता की अनिवार्यता होती है और जिस कवि में ऐन्द्रिय-बोध जितना सूक्ष्म होता है, वह उतना ही उस स्तर के सादृश्य-विधान उपस्थित करने में समर्थ होता है। मानस तथा अतिमानस के सादृश्य-विधान प्रायः बड़े जोखिम भरे होते हैं, उनके उपयोग में थोड़ी-सी चूक होने पर कवि स्वयं अपने स्तर से गिरने लगता है तथा इस प्रकार की कविताओं के अनुवाद में कठिनता रहती है। 'ओस की बूंद' की भांति कविता अनुवादक के हाथ को स्पर्श करते ही समाप्त हो जाती है। इस प्रकार की कविताओं के अनुवाद जब कभी हुए हैं, पाठकों को निराश होना पड़ा है। अंग्रेजी कवि कीट्स के बहुत अच्छे अनुवाद इसीलिए नहीं हो सके हैं।

कविता में प्रयुक्त विशेषण और पर्याय गठनात्मक अन्तर्योजना के अखण्ड अंग होते हैं और सच्चा काव्यार्थ उन्हीं में सीधी धार-सा बहता है। इनमें कृत्रिम संरचना की जटिलता नहीं होती। अपनी ऋजुता और भीतरी वक्रता इनमें रहती है, जैसे निरालाजी की प्रख्यात कविता 'राम की शक्तिपूजा' को लिया जा सकता है जिसमें ऋजुता के साथ भीतरी वक्रता विद्यमान है जो इसके विशेषणों और पर्यायों में मौजूद है। इसके प्रतीकों और मिथकों को, विवरणों और इतिवृत्तों को अनुवाद में ठीक से पकड़ा जा सकता है किन्तु इस कविता के सर्वाधिक प्रभावकारी आघात विशेषणों के

रूपों में न्यस्त हैं जिन्हें कोई विदेशी अनुवादक इनके अभिप्रायपरक सन्दर्भों को पकड़े बिना ग्रहण नहीं कर पाएगा। इसलिए भिन्न संस्कृति वाले व्यक्ति के लिए इस कविता का अनुवाद करना लोहे के चने चबाने के समान है। 'राम की शक्तिपूजा' में 'कमल' के बार-बार प्रयोग का एक उदाहरण देखिए–

(1) 'राजीवनयन द्रुतलक्ष्य'
(2) 'नमित मुख सान्ध्य-कमल'
(3) 'नत सरोज मुख श्याम देश'
(4) 'इन्दीवर निन्दित लोचन'
(5) 'कमल लोचन ध्यानलग्न'
(6) 'पलक कमल ज्योतिर्दल'

इस प्रकार पूरी कविता में 'कमल' का अभिप्राय विशेष-विशेष सन्दर्भों में स्थित है। कभी एक सौ आठ कमलों से देवीपूजा का सन्दर्भ है जिसमें आंख 'इन्दीवर' है और दूसरी ओर साधना को जागरूक रखने का स्वीकृत एवं समर्थ माध्यम है। लेकिन कविता में कवि इन शब्दों की आवृत्ति कर अर्थ को चक्राकार घुमाता है। इस तरह कवि शब्द-शब्द अर्थवृत्त बनाता चलता है। अतः अनुवादक को कविता के आवृत्तिमूलक पर्यायों तथा उनसे बने अर्थगुच्छों पर ध्यान देना होगा।

रूपकात्मक (Allegorical) तथा फन्तासीपरक (Fantacy) कविताओं के शब्दों के घुमाव और उनमें निहित-विहित तनावों के व्यास कभी-कभी बड़ी कठिनता से बनते हैं। जैसे दांतों के बीच सूराख होने से पकड़ी हुई चीज फिसल जाती है, वैसे ही इस प्रकार की कविताएं होती हैं, जिन्हें कितना भी कसकर पकड़ने की कोशिश करो, ये फिसल ही जाती हैं एवं इनके अर्थ की अनिश्चितता पाठक हो या अनुवादक, दोनों को द्वन्द्व-ग्रस्त रखती है क्योंकि ये कविताएं अर्थ की अस्पष्टता, अमूर्त्तता और कोहरिलता में बहती हैं। यह सत्य है कि इन कविताओं में एक बुनियादी यथार्थ होता है लेकिन ठोस अर्थ प्याज के छिलके की भांति कई परतें उतारने के बाद मिलता है। जब कॉलरिज की कविता 'Kubla Khan' या मुक्तिबोध की कविता 'ब्रह्मराक्षस' का अनुवाद किया जाता है तो कहीं कुछ 'छूट जाता है' या 'कहीं कुछ जुड़ जाता है'। हर बार इनके अनुवाद में यही समस्या सामने आएगी। वास्तव में यह काव्यानुवाद की एक विवशता है कि इनका महीन ढांचा अनूदित नहीं हो सकता क्योंकि इनमें एक खास ढंग की तिलस्मी कला काम कर रही है, अनुवाद करते ही वह तिलस्म टूट जाता है।

काव्यानुवाद की प्रधान समस्या काव्य-भाषा के अनुवाद की समस्या है क्योंकि कविता भाषा में ही होती है। जैसे तारों में बिजली बहती है वैसे ही कविता भाषा में बहती है। इसलिए सम्पूर्ण काव्यानुवाद एक प्रकार का भाषानुभव है। भाषा के शब्दों में देश और काल तथा इतिहास-भूगोल-दर्शन सभी निहित रहते हैं। शब्द जीवनानुभव है जो अर्थ को भरता है और बहुत समय तक ढोता भी है। प्राचीन कविताओं का

अनुवाद आज इसलिए कठिन पड़ता है कि उनकी भाषा बदलते ही देश और काल के साथ काव्यार्थ बदल जाता है। जब 'वाल्मीकि रामायण' और 'गीता' का अनुवाद किया जाता है, तो उनके भी शब्द-सन्दर्भ, प्रसंग-निर्देश खोजने पड़ते हैं—'धर्मक्षेत्रे कुरुक्षेत्रे समवेता युयुत्सवः' । अब यहां संस्कृत के 'युयुत्सव' का सन्दर्भगत अर्थ का ढांचा 'युद्ध के लिए उत्सुक' लिखते ही डगमगा जाता है। कविता में शब्द और शब्द के बीच में जो जगह रह जाती है, वास्तव में कविता का अर्थ वहीं जीवित होता है, जिसकी पूर्ति का अनुवादक कितना ही प्रयास क्यों न करें, शब्दक्रम बदलते ही पद-वाक्य योजना, स्वराघात, बलाघात, यति-गति सभी बदल जाते हैं यदि कविता का काल-बोध टूट जाता है तो प्रतीक आदि वर्ण-संकरता धारण कर लेते हैं क्योंकि पुराने प्रतीकों पर नये प्रतीकों, अनुभवों, संवेगों और सृजनात्मक संयोजनों की पर्त चढ़ जाती है। अनुवादक नयी संरचना, नयी भाषा सब कुछ नया पैदा करता है, इसी अर्थ में अनुवाद 'पुनर्सृजन' कहा जाता है।

कविता की भाषा-प्रयोग-विधि साहित्य की अन्य विधाओं से अलग तरह की विधि है। इस दृष्टि से सामान्य भाषा की तुलना में काव्य-भाषा पृथक और विशिष्ट है। सामान्य भाषा के मानदण्ड काव्यभाषा पर न तो लागू हो सकते हैं और न होने चाहिए। शब्दों द्वारा समर्थित अनुभव कवि का निजी अनुभव होता हुआ भी निर्वैयक्तिक अनुभव होता है। सामान्य भाषा संकेत और संकेतित के बीच स्थिर सम्बन्धों को न तो तोड़ती है न विचलित करती है। किन्तु काव्य-भाषा संकेत और संकेतित के बीच के स्थिर सम्बन्धों को लगातार तोड़ती है। ऐसा करने से एक नयी अर्थ-गर्भिता और सृजनात्मक रूप का नया प्रवर्त्तन होता है। काव्य का जो प्राणभूत व्यंग्यार्थ है, वह शब्द-व्यापार की ही कला में है। इसलिए वाच्येतर अर्थ की खोज कविता के विविध सन्दर्भों की खोज है। इसी से कलानुभव कलानुभूति के रूप में रूपान्तरित होता है और जो वास्तविक अनुभव है वह बिम्ब ग्रहण और अर्थ-ग्रहण के अन्तःसम्बन्ध संघटन का रूप ग्रहण करता है। इसलिए अच्छी कविता को हम जितनी बार पढ़ते हैं उतनी ही बार उसके नये-नये अर्थ-स्तर खुलते और सूझते हैं। तात्पर्य यह है कि कविता के शब्दों के अर्थों की अनन्त सम्भावनाएं निहित रहती हैं। कविता का अर्थ-सन्दर्भ-व्यापार सीमित न होने के कारण अनुवादक को कठिनाई का सामना करना पड़ता है, क्योंकि काव्य-भाषा में बाहरी सूचना से अधिक ध्यान सन्देश के गठन पर होता है।

कवि के संवेदनात्मक ज्ञान को उसकी ज्ञानात्मक संवेदना लगातार तनाव में रखती है। इसलिए ध्वनि और अर्थ के बीच, व्याकरण और शब्द-रचना के बीच, वाक्य और वाक्य-खण्ड के बीच, शब्द और उसके अवयव के बीच एक क्रमबद्धता में बंधा तनाव रहता है। इसे हम चाहे ध्वनि नाम दें, चाहे वक्रता, चाहे रीति या गुण नाम दें या रस कह दें, एक विशिष्ट प्रकार की सौन्दर्य-कला कविता की पूरी संरचना के सन्दर्भ में पंक्ति-पंक्ति से जुड़ी रहती है। कविता के सन्दर्भित काव्यार्थों को रक्षित रखने के लिए

अनुवादक उसकी कलात्मक बनावट को पकड़ने का प्रयास करता है और ऐसा करने पर ही अनुवाद एक नया संस्करण या पुनर्रचना दृष्टिगत होने लगती है। उदाहरणार्थ एक जापानी कवि के निम्नांकित हाइकू का हिन्दी के दो प्रसिद्ध कवियों द्वारा किया गया अनुवाद देखिए–

The old pond
A frog jumps in
Plop.
Zenin-English Literature and Oriental Classics, Page 207.)

जापानी के इस प्रसिद्ध हाइकू का अनुवाद शमशेर बहादुर सिंह ने (हिन्दी-काव्य पिछला दशक में) इस प्रकार किया–

एक पुराना तालाब
और उछलते मेंढक की आवाज
पानी के भीतर (बीच)?

इस अनुवाद में शब्दों के बिम्बगत सन्दर्भ बिखर गए, क्योंकि स्रोत भाषा से लक्ष्य भाषा में लाते समय 'कुछ छूट गया' और 'कुछ बढ़ा दिया गया'।

अज्ञेय ने इसी 'हाइकू' का अनुवाद इस प्रकार किया है–

'ताल पुराना'
कूदा दादुर
गुडुप।'

इस अनुवाद में शब्द-साम्य, अर्थ-साम्य और ध्वनि-साम्य--तीनों का ध्यान रखा गया है। यह सब सम्भव इसलिए भी हो पाया है कि अज्ञेय शब्द की पकड़ के कवि हैं।

कवि शैली की कुछ पंक्तियां हैं–

Many a green island needs must be
In the deep wide sea of misery
Or the mariner worn wan and
Never thus could voyage on.

आज्ञेयजी ने इन पंक्तियों का अनुवाद किया–

'कई हरे-भरे द्वीप अवश्य होंगे
व्यथा के गहरे और फैले सागर में
नहीं तो थका-हारा सामरिक
कभी ऐसे यात्रा करता न रह सकता।

यह अनुवाद मूल के अत्यधिक निकट है, इसे मूल की धुंधली छाया नहीं कहा जा सकता। मूल कविता में निहित सूक्ष्म-गहन अर्थ-व्यंजना को कवि ने काफी ठीक पकड़ा

है और अपनी भाषा के मुहावरों में उन अर्थस्तरों को व्यंजित किया है। ऐसे अनुवादों से ही आशा बंधती है कि कविता का सफलता से अनुवाद हो सकता है।

स्वयं अज्ञेयजी की अनेक कविताओं का अन्य भाषाओं में अनुवाद हुआ है। इनमें से 'सांप' कविता का एक अनुवाद गुज़राती में रामचन्द्र देसाई ने इस प्रकार किया—

हिन्दी—

सांप!
तुम सभ्य तो हुए नहीं,
नगर में बसना
भी तुम्हें नहीं आया।
एक बात पूछूं—'उत्तर दोगे?
तब कैसे सीखा डसना—
विष कहां पाया?

गुजराती—

सांप
तुं सभ्य तो थयो नथो
नगरमां वसवानुं पण
फाप्युं नथी तने।
एक बात पूछूं—'उत्तर दईश?'
तो ने कई रीले शीख़्यो डसवानुं
विष पाम्यो क्यांथी?
(भाषा, पत्रिका-सितम्बर 1972)

भारतीय भाषा में किया गया यह अनुवाद मूल भाषा के अर्थ-सन्दर्भ को पूरी तरह रक्षित रख पाया है।

माखनलाल चतुर्वेदी की कविता 'एक पुष्प की अभिलाषा' का हेमलता देसाई द्वारा गुजराती अनुवाद देखिए जिसमें शब्द-क्रम बदल देने से कविता का तमाम प्रभाव नष्ट हो जाता है—

हिन्दी—

'चाह नहीं, मैं सुरबाला के
गहनों में गूंथा जाऊं।
चाह नहीं, प्रेमी माला में
विंध प्यारी को ललचाऊं।'

गुजराती—

'सुरवालानी वेणीया
मने गुंथावानी चाह नथी
प्रेमी ओनी प्रेम पालमों

बंधावानी चाह नथी। ('भाषा')

यहां इस कविता में कही गई प्रत्येक बात को लक्ष्य-भाषा में प्रस्तुत कर दिया गया है। किन्तु कवि द्वारा रखे गए शब्द-क्रम में निहित लय तथा लहजे से उत्पन्न अर्थ-वक्रता अनुवाद में नहीं आ सकी है। इस कारण से कवि जिस मूल बात पर बल देना चाहता था वह अनुवाद में खो गई है। वैसे इस कविता में सूक्ष्म-गहन संरचना या अर्थ-व्यंजना थी पर अनुवादिका उसे पूरी तरह पकड़ नहीं सकी है। काव्यानुभूति से सही साक्षात्कार न कर पाने का यह सीधा परिणाम है।

काव्यानुवाद की समस्या अलंकारों से भी सम्बन्धित समस्या है। अलंकार काव्य के चमत्कार के लिए ही नहीं होते, वे अभिव्यक्ति के विशेष रूप होते हैं, शैली होते हैं, कथनगत चमत्कार और सम्प्रेषणीयता के माध्यम होते हैं। इसलिए भाषा के कथन-ढंग में उनकी भूमिका महत्त्वपूर्ण होती है। शब्द पर आधारित अलंकारों का चमत्कार शब्द-विशेष पर टिका होता है, जिसका अनुवाद करना कठिन काम होता है या हो ही नहीं पाता है। बिहारी का दोहा–

'कनक कनक ते सौ गुनी मादकता अधिकाय'–इस पंक्ति का यमक-रक्षित रखते हुए अनुवाद नहीं हो सकता। ऐसी स्थिति में काव्यानुवाद न करके गद्यानुवाद ही करना चाहिए। क्योंकि कनक के समान दो अर्थ दूसरी भाषा में मिल पाना आवश्यक नहीं है।

अर्थालंकारों के सादृश्य-विधान पर यदि अनुवादक अपना ध्यान केन्द्रित करता है तो उसको अनुवाद में बड़ी समस्या का सामना नहीं करना पड़ता। यहां भी अनुवादक को ध्यान रखना होगा कि वह मात्र अनुकर्त्ता मात्र ही नहीं है वरन् उसे एक सर्जक की मनोभूमिका अदा करनी चाहिए।

आज के संसार में जब सांस्कृतिक आदान-प्रदान की भूमिका बढ़ गई है तब तो काव्यानुवाद की भूमिका और अधिक महत्त्वपूर्ण हो जाती है। कविता के अनुवादक को बहुत नियमों में बंधने की बजाय कविता की अर्थ-लय और अनुभूति से तादात्म्यीकृत होते हुए उसका अनुवाद करना चाहिए। उसे कविता की प्रकृति को ध्यान में रखते हुए अनुवाद गद्य या पद्य में करना चाहिए। इस प्रकार काव्यानुवाद असम्भव कला नहीं है। हां, यह तलवार की धार पर चलने वाली कठिन कला है।

नाटयानुवाद

काव्यानुवाद की भांति नाटक का अनुवाद अत्यधिक कठिन कार्य है। दृश्य विधा होने के कारण इसमें वाणी का सक्रिय उपयोग होता है। ऐसी स्थिति में अनुवादक को न केवल सही पर्यायों की तलाश होती है बल्कि ऐसे पर्यायों द्वारा वाक्य-विन्यास की तलाश होती है जो लक्ष्य भाषा के मौखिक रूप और नाटकीय कार्य व्यापार के अनुरूप हों। उस अनुवाद को भाषा के रूप में प्रस्तुत करके संवाद के रूप में प्रस्तुत करना होता है। लेकिन इस कठिनता के बावजूद नाटक के अनुवाद व्यापक मात्रा में होते रहे हैं। प्रत्येक भाषा के अपने श्रेष्ठ अभिनेय नाटकों के बावजूद अन्य भाषाओं से नाट्यानुवाद के बिना रंगमंच के उत्थान की योजना पूरी नहीं हो पाती। रंगमंच के उत्कर्ष के युग अनिवार्य रूप से अन्य भाषाओं के श्रेष्ठ नाटकों के अनुवाद के युग भी होते हैं। रंगमंच का इतिहास भी इसी तथ्य की पुष्टि करता है। शायद ही संसार की कोई समृद्ध भाषा होगी जिसमें शेक्सपियर, इब्सन, शॉ, जैसे महान् नाटककारों की रचनाएं अनूदित होकर प्रस्तुत न की गई हों। नाटक दृश्य विधा है, इस कारण से नाटक के अनुवाद की समस्या काव्यानुवाद की समस्या से काफी भिन्न है। वैसे तो नाटक काव्य का ही एक भेद है और वे काव्यात्मकता से भरपूर भी होते हैं। कभी-कभार तो नाटक काव्यमय या कविता ही होता है। ऐसी स्थिति में जो कठिनाई काव्यानुवाद में होती है वही कठिनाई नाट्यानुवाद में काफी जटिल रूप में उपस्थित रहती है। इसके अतिरिक्त भी अन्य अनेक कठिनाइयां नाट्य-विधा के अनुवाद में उपस्थित होती हैं, जिन पर गम्भीरता से विचार करने की जरूरत रही है।

हिन्दी में पिछले सौ वर्षों से लगातार संस्कृत, अंग्रेजी तथा अन्य भारतीय भाषाओं से नाटकों के अनुवाद होते रहे हैं। किन्तु इनमें से काफी अनुवादों को जब कोई निर्देशक अभिनय के लिए चुनता है तो स्पष्ट हो जाता है कि ये अनुवाद मूल रचना की मुख्य मौलिक विशेषताओं को हिन्दी में प्रस्तुत करने में कितने अक्षम और अपूर्ण है। यह ठीक बात है कि सृजनात्मक साहित्य का अनुवाद ज्ञान-साध्य और परिश्रम-साध्य कार्य है पर नाटकों के अनुवाद में अतिरिक्त मूलभूत कठिनाइयों हैं जिन पर प्रायः अनुवादकों द्वारा समुचित रूप से ध्यान नहीं दिया गया। वे केवल भाषान्तर या

रचना के मुख्य विचारों की अभिव्यक्ति का घटिया भावानुवाद ही करते रहे।

नाटक की भाषा लिखित भाषा होने के बावजूद मौखिक भाषा होती है। अतः उसका अनुवाद भी बोलचाल की लय से संपन्न होना चाहिए। नाटकों के अनुवाद की समस्या मूल नाटक के बिम्ब को दूसरी भाषा में उसी तरह के बिम्ब या उसके नजदीकी बिम्ब को रक्षित रखने की समस्या है किन्तु अनुवाद की यह समस्या मूल नाट्य-विधा में ही निहित है क्योंकि नाटक वर्णनात्मक कथा न होकर संवादात्मक कला है। किन्तु यह केवल संवादात्मक कला नहीं है—एक ऐसी संवादात्मक कला है जिसमें कार्य-व्यापार की क्षिप्रता होती है और जिसे दर्शकों के समक्ष अभिनय के माध्यम से मूर्त्त रूप में रूपायित किया जाता है। इस दृष्टि से जो रचना अभिनेय नहीं हैं, उसकी गणना नाटकों में नहीं होनी चाहिए। इस प्रकार प्रथम तो नाटक का रचना-कर्म कठिन एवं जटिल है, दूसरे वह अभिनय जैसे अभिव्यक्ति के एक भिन्न माध्यम से वह जुड़ा है। ऐसी स्थिति में उसका एक भाषा से दूसरी भाषा में भाषान्तर या रूपान्तर—जिसमें मूल नाटक का अनुवाद भी मूल की भांति अभिनेय हो और मूल नाटक की सम्पूर्ण अर्थवत्ता, दृश्य-परिदृश्यों के विभिन्न आयामों को सफल नाट्य-शैली में मूर्तित कर सकने की क्षमता भी हो—बड़ा ही जटिल और श्रमसाध्य कार्य होता है। अतः अनुवाद के लिए दो भाषाओं का अच्छा ज्ञान ही पर्याप्त नहीं है, रंग-परम्पराओं की सम्पूर्ण पहचान और मूल नाटक से जुड़ी रंग-परम्परा की विशिष्ट पहचान भी होनी चाहिए। इसका प्रमुख कारण यह है कि नाटक का बहुत बड़ा अर्थ रंग-विधान में निहित होता है। नाट्य के कार्य-व्यापार, अभिनय-प्रकार, उनकी गतियां, बोलने के ढंग, उतार-चढ़ाव सभी नाट्य-विधा में ऐसे अविच्छिन्न रूप से जुड़े होते हैं कि एक को दूसरे से अलग करते ही नाटक की अन्विति, विशेष रूप से प्रभावान्विति खण्डित हो जाती है। रंग-कर्म की व्यावहारिकता का अनुवाद से गहरा सम्पर्क-सूत्र यदि जुड़ा नहीं है तो सफल नाट्यानुवाद हो ही नहीं सकता। नाटक के संवाद कहानी के संवादों से अपनी प्रकृति में ही भिन्न होते हैं। नाट्य-संवादों के नियामक लक्ष्यार्थ और व्यंग्यार्थ में छिपा प्रतीयमान अर्थ होता है। ऐसी स्थिति में अनुवादक को स्पष्ट समझ लेना चाहिए कि साहित्यिक अनुवाद कार्य से नाटक का अनुवाद कार्य एकदम भिन्न है क्योंकि रंगमंच का व्यावहारिक अनुभव नाटक के अनुवादक के लिए पहली और अन्तिम शर्त है।

नाट्यानुवाद की प्रधान समस्याए विशिष्ट शिल्पगत समस्याए हैं। नाट्य-विधा में विषयवस्तु का प्रत्येक पक्ष—कथानक, चरित्र, विचार-तत्त्व, कार्य-व्यापार, अन्तर्द्वन्द्व, संघर्ष, गीति तत्त्व, भाषा तत्त्व आदि सभी कुछ संवादात्मक कला के माध्यम से व्यक्त होता है। हर पात्र का व्यक्तित्व विशिष्ट शैली पर बल देता है और इन सबके विशिष्टतामूलक सन्तुलन द्वारा नाटककार अपने मूल उद्देश्य पर आधारित होता है। इसलिए नाटकों के अनुवाद में भाषा और अभिव्यक्ति की प्रयोगधर्मिता की अपेक्षा रहती है। संस्कृत नाटककार नाटक को 'प्रयोग विज्ञान' मानते भी रहे हैं। उसमें पात्रों

का व्यक्तित्व, उनके बोलने का ढंग, विभिन्न वाक्यांशों पर बल, उसकी शब्दावली एक-दूसरे से ऐसी अभिन्नता में जुड़ी होती है और उन सबके साथ पात्र का मनोविज्ञान आर्थिक-सामाजिक-सांस्कृतिक परिवेशगत या मानसिक अवस्था, आयु, अनुभव, भावात्मक, बौद्धिक स्तर आदि की सम्प्रेषण समस्या ही नहीं होती अपितु अभिव्यक्ति के सम्पूर्ण प्रभाव की बारीक धड़कनें भी रचना में विद्यमान होती हैं। यही कारण है कि नाट्यानुवाद में भाषान्तरण के साथ भौगोलिक स्थानान्तरण होता है। इस भौगोलिक स्थानान्तरण को रक्षित रखने के लिए मूल नाटक के विभिन्न पात्रों की भाषा के शैलीगत सन्तुलन को प्रायः भिन्न उपायों द्वारा बनाए रखना अनुवाद के लिए अपेक्षित हो जाता है क्योंकि मूल नाटक का पात्र दूसरी भाषा में आते ही यदि भिन्न अर्थ और भिन्न व्यक्तित्व धारण कर लेता है तो यह भिन्नाश्रयता अनुवाद-कार्य की सर्वाधिक दुर्भाग्यपूर्ण स्थिति है।

हिन्दी में शेक्सपियर और कालिदास के नाटकों के अनुवादों की एक बहुत बड़ी परम्परा है। अनुवाद की इस परम्परा की तीन धाराएं हैं–

(1) एक तरह के अनुवाद सरल, सपाट और शाब्दिक हैं और जिनका एक मात्र प्रयोजन शेक्सपियर या कालिदास के नाटकों को हिन्दी पाठकों के लिए उपलब्ध कराना है।

(2) दूसरी कोटि में वे अनुवाद और रूपान्तर आते हैं जो 19वीं शताब्दी में पारसी रंगमंच के लिए तैयार किए गए थे। इन अनुवादों और रूपान्तरों में अति नाटकीय स्थितियों, षड्यन्त्रों, हत्याओं और योद्धाओं की स्थितियों को उभारा गया तथा नाटकों के काव्य-तत्त्व और उनकी अत्यन्त गहरी नाटकीयता से उनका कोई सम्बन्ध नहीं रहा। इन रूपान्तरों में पात्रों के नाम, स्थितियां आदि सभी कुछ बदल दिए गए या विकृत कर दिए गए। मूल के साथ इनका सम्बन्ध बहुत थोड़ा रह गया। हिन्दी में इस प्रकार के अनुवादों और रूपान्तरों की परम्परा लगभग आधी शताब्दी तक चलती रही। 'ओथेलो' का 'जयन्त', 'हैमलेट' का 'खूने नाहक' 'किंग लियर' का 'सफेद-खून', 'एन्टोनी एण्ड क्लियोपेट्रा' का 'काली नागिन' आदि रूपान्तरण इसी परम्परा में हैं।

(3) तीसरी अनुवादों की वह परम्परा है जिसमें प्रायः प्रतिष्ठित नाटककारों और कवियों द्वारा अनुवाद किए गए हैं। ऐसा होने के कारण कभी-कभार इनका सम्बन्ध रंगमंच और प्रदर्शन से भी जुड़ा रहा। इस लहर के सार्थक अनुवाद बहुत अधिक नहीं हैं। यद्यपि भारतीय रंगमंच में इनका योगदान बहुत है। सन् 1964 में जब देश में शेक्सपियर का चतुर्थ शताब्दी समारोह मनाया गया उस समय उनकी महान् कृतियों को रंगमंच के संदर्भ में सार्थक बनाने के लिए साहित्य अकादमी ने भी शेक्सपियर के कुछ नाटकों के अनुवाद की योजना का कार्य कराया था। किन्तु यह अनुवाद रंगमंच और प्रदर्शन की परम्परा से न जुड़ पाने के कारण विशेष महत्त्व नहीं पा सके। कवि बच्चन ने 'मैकबेथ' का यह अनुवाद कवित्त छन्द को आधार बनाकर प्रस्तुत किया गया

है। कवित्त छन्द के चयन से वह शेक्सपियर के समृद्ध काव्य की सघन ध्वनियों और अत्यन्त नाट्य-गर्भित लयबन्धों को अपने अनुवाद में रूपान्तरित करने में काफी स्थानों में सफल हुए हैं। किन्तु सफलता की यहाँ भी एक सीमा रही है। वैसे कवित्त छन्द की इस सफलता का उपयोग राजा लक्ष्मण सिंह भी एक बार कर चुके थे। राजा साहब ने अपने अनुवाद में छप्पय, दोहा, चौपाई, सवैया, शिखरिणी, सोरठा आदि अनेक हिन्दी छन्दों का प्रयोग किया है।

किन्तु रघुवीर सहाय 'मैकबेथ' के पद्यानुवाद में वर्णों के गुम्फन और ध्वनिपरक लय-बन्धों को निर्मित करते हैं। ऐसा करने से नाट्य-उत्तेजना और नाट्य-गाम्भीर्य पैदा होता है। इस प्रकार नाट्य-स्थितियों को रक्षित रखने का रघुवीर सहाय ने पूरा प्रयास किया है। इस अनुवाद की विशेषता यह है कि इसमें शब्द-समूहों और लयबन्धों का ऐसा घनत्व है जो शेक्सपियर की त्रासदी की नाट्य-शक्ति को सम्प्रेषित करता है और साथ ही पात्रों और स्थितियों के अनुकूल भाषा के मुहावरे और उसकी संरचना में बड़ी विविधता लाता है। इस प्रकार भाषा नाटकीय तेवर से गहरा सरोकार स्थापित करती है। रघुवीर सहाय स्वयं अपनी कविताओं के नाटकीय पाठ को सन् 1974 में रंगमण्डल के अभिनेताओं द्वारा अभिनीत करा चुके थे। इसलिए नाटकीय कार्य कलाप का अनुभव उनके पास मौजूद था।

नाटक के अनुवादक को नाटक के सम्पादन और अभ्यास की पूरी प्रक्रिया में निर्देशक और अभिनेताओं से सम्बद्ध रहना चाहिए ताकि वह अपने अनुवाद की मूल कमियों को समझकर परिष्करण दे सके। हिन्दी में यूनानी त्रासदियों और आधुनिक पश्चिमी नाटकों के अनुवाद राष्ट्रीय नाट्य विद्यालय ने पिछले तीन-चार दशकों से बहुत बड़ी संख्या में कराए हैं। किन्तु उन अनुवादों को देखकर लगता है कि ये अनुवाद रचनात्मक दायित्वों के साथ नहीं किए गए। उनका आलेख इस कारण कमजोर रहा है कि रंगमंच और प्रदर्शन की परम्परा में वे अपना सही चित्र ही निर्मित नहीं कर सके। यह कहना आज भी ठीक लगता है कि रंगमंच और प्रदर्शन परम्परा से बहुत गहराई से न जुड़ने के कारण हिन्दी में संस्कृत के नाटकों के भी अच्छे अनुवाद उपस्थित नहीं हो सके। 'अभिज्ञान शाकुन्तलम्' के तो अनेक अनुवाद हुए हैं किन्तु कालिदास की काव्यात्मक और व्यंजनाधर्मी नाट्यकला अधिकांश हिन्दी आलेखों में दम तोड़ती रही है। जबकि विदेशी अनुवादकों में यह गहरी चिन्ता रही है कि वे प्रदर्शन की नई-नई शैलियों की खोज करें और शेक्सपियर के नाट्यानुवाद के लिए लन्दन के नेशनल थिएटर ने इस प्रकार के अनुवादकों की खोज करते हुए इस कार्य को रचनात्मक दायित्व से जोड़ा है।

अनुवादक की सबसे बड़ी समस्या अपनी भाषा के मुहावरे पर अच्छे अधिकार की रही है। अपनी भाषा का बुनियादी ज्ञान न होने पर अनुवादक दूसरी भाषा से अनुवाद में पीठ फेरकर खड़ा हुआ व्यक्ति दिखाई देता है। सबसे जटिल समस्या नाटकों के

भाषा वैविध्य के अनुवाद की है, जैसे अंग्रेजी शब्दों का और बहुत से तद्भव आंचलिक शब्दों का प्रयोग। कन्नड़ के नाटककार कैलाशम अपने नाटकों में पचास-साठ प्रतिशत अंग्रेजी शब्दों का प्रयोग करते हैं। इस प्रकार के नाटकों के लिए प्रश्न उठता है कि क्या इन नाटकों का अनुवाद करते समय अंग्रेजी शब्दों या वाक्यों को बिल्कुल वैसा का वैसा ही बना दिया जाए? मूल नाटक की रक्षा-दृष्टि से तो यही उचित होगा किन्तु अभिनेयता या भाषा की रवानी की दृष्टि से सदैव ऐसा करना शायद ही बेहतर होगा।

अमेरिकी नाटकों में स्थानीय बोलियों (Dialects) का प्रयोग प्रायः होता है। उनके अनुवाद में लक्ष्य-भाषा की किसी बोली का प्रयोग होना चाहिए। मान लीजिए, उनका अनुवाद हिन्दी में किया जा रहा है तो क्या हिन्दी की किसी भी बोली का प्रयोग होना चाहिए और यदि होता है तो किसका? हमारे महानगरों में बोलियों में संवाद बोलने वाले अभिनेता कम मिलते हैं और यदि अभिनेता बोली बोल भी लें तो दर्शकों पर सम्प्रेषणीयता की क्या स्थिति होगी क्योंकि आंचलिक शब्दों की वाक्य-योजना में शब्द-परिवर्तन से ही अर्थ-परिवर्तन हो जाता है।

नाटकीय संवादों का ध्वनि-संयोजन, भाषा के उच्चारण के अपने नाद और अर्थ-भावव्यंजना–तीनों की रक्षा का प्रश्न अनुवादक के सामने पुनः उठता है। उसके प्रति अनुवादक का संवेदनशील होना बहुत आवश्यक है। अनुवाद की भाषा में ध्वनियों और नाद में, स्वराघात और व्यंजन-ध्वनियों की योजना में विविधता, सुसंगतता और उतार-चढ़ाव होना अनिवार्य है, नहीं तो नाटक रंगमंच पर जाकर असफल हो जाएगा। इसलिए अनुवादक को ध्वनिमूलक सम्भावनाओं से परिचित होना चाहिए।

नाट्यानुवाद का सर्वाधिक महत्त्वपूर्ण तत्त्व है, वातावरण की सृष्टि। इस परिवेश की रक्षा पात्रों के संवादों में अवश्य होनी चाहिए। शेक्सपियर की त्रासदियों में नियति का आतंकपूर्ण वातावरण संवाद-योजना में पूरी तरह गुंथा हुआ है। यदि अनुवादक यह प्रभाव उत्पन्न न कर सका तो नाटकीय सौन्दर्य में बड़ी बाधा पड़ेगी। नए नाटककारों में सार्त्र और ब्रेख्त में तो वातावरण एक स्वतन्त्र सत्ता के रूप में विद्यमान रहता है। वे नाटक अनुवादक के लिए आज भी बड़ी चुनौती हैं।

देशकाल की सम्पूर्ण भावमयता और नाटकीय वातावरण का निर्माण दृश्यपरक उपकरणों और प्रकाश-योजना से होता है। अनेक बार अनुवाद में व्यंग्य और हास्य के भाषान्तरण की कठिनाई का कोई सही समाधान नहीं मिल पाता। इसलिए प्रहसनों और कामदियों का अनुवाद करना सर्वाधिक टेढ़ी खीर है। क्योंकि उनके संवाद इतने व्यंजना-प्रधान होते हैं कि उनके समानधर्मी बिम्ब और पर्याय खोजते-खोजते अनुवादक थक जाता है तब भी अनुवाद भावानुवाद से अधिक कुछ नहीं रहता।

विदेशी काव्य-नाटकों के अनुवाद में स्वर-संगीत, वाक्य-विन्यास, पद-रचना, छन्द-विधान, बिम्ब-योजना और परिवेश की समस्या प्रधान रूप से आती है। इलियट के 'Murder in the Cathedral' की सम्पूर्ण नाटकीयता एवं काव्यात्मकता दोनों को

सुरक्षित रखते हुए अनुवाद कैसे किया जाए? स्थितिगत कठिनता के कारण अंग्रेजी के काव्य-नाटकों का अच्छा और प्रभावपूर्ण पद्यानुवाद हिन्दी में अभी तक होने की स्थिति ही नहीं आ पायी है, क्योंकि अभिव्यक्तिगत भंगिमाएं अनुवादक का साथ नहीं देती हैं। संस्कृत नाटकों के अनुवाद का सौभाग्य या दुर्भाग्य यह रहा है कि वे अधिकतर उन शास्त्रीयतावादी मानसिकता में जकड़े पण्डितों द्वारा किए जाते रहे हैं, जिनका रंगकर्मियों से कोई सम्पर्क नहीं रहा। संस्कृत का पर्याप्त ज्ञान होने पर भी गद्य या पद्य की सहज गति का उनमें अभाव रहा है। इन अनुवादों की सबसे बड़ी कठिनाई, संस्कृत नाट्य-साहित्य की बिम्ब-बहुल, प्रतीक-बहुल, संगीत-बहुल, समास-बहुल, अलंकार-बहुल भाषा जिसे काव्यात्मक और कल्पनामूलक गद्य में ढालना सिद्धहस्त कवि और गद्यकार के वश की बात ही हो सकती है। भारतेंदु, राजा लक्ष्मण सिंह, सत्यनारायण 'कविरत्न' आदि के अनुवाद तथा मोहन राकेश द्वारा 'मृच्छकटिक' का उल्लेखनीय अनुवाद इसी दिशा-दृष्टि से संपन्न हैं।

अंग्रेजी से होने वाले अनुवादों में उर्दूदाँ भाषा का चलन रंगमंच पर काफी रहा है। पारसी रंगमंच से लेकर अब तक यह प्रवृत्ति काफी देखने को मिलती है। आधुनिक अनुवादकों में यह झुकाव संवभतया भाषा के चलते मुहावरों की तलाश का परिणाम है। इस झुकाव ने कभी-कभी बड़े ही रोचक अनुवाद भी प्रदान किए हैं जैसे अमृतराय द्वारा 'हैमलेट' का अनुवाद।

नाट्य भाषा में लोकोक्तियों और मुहावरों के व्यापक प्रयोग की प्रवृत्ति भी भाषा में जीवंतता लाने की इच्छा का परिणाम है।

वैज्ञानिक तथा तकनीकी विषयों का अनुवाद

मानव और विज्ञान का सम्बन्ध बहुत पुराना है। किसी भी वस्तु का विशेष ज्ञान प्राप्त करने की स्पृहा मानव मन में आदिम काल से रही है। वैज्ञानिक ज्ञान को स्पष्ट और तथ्यात्मक रूप देने की दृष्टि से मनुष्य ने उसकी शब्दावली को ठोस, मूर्त्त एवं सरल बनाकर प्रस्तुत किया है। वैज्ञानिक उपलब्धियों का मानव के लिए विशेष महत्त्व है। आरम्भ में मनुष्य ने धातु-शोधन, औषधि और शल्य-चिकित्सा सम्बन्धी अनुसंधान किए और उस ज्ञान को संकेत-चिन्हों के माध्यम से लिपिबद्ध किया। इस तरह वैज्ञानिक शब्दावली का निर्माण किया। आज वैज्ञानिक प्रगति के युग में विभिन्न देशों के वैज्ञानिक अनुसंधानों से जीवंत और तत्काल परिचय रखने के लिए विज्ञान एवं टेक्नोलॉजी का अनुवाद नितांत आवश्यक है। जो देश जितना अधिक प्रगतिशील है वह उतनी ही शीघ्रता एवं तत्परता से इस कार्य में लगा है।

साहित्यिक अनुवाद का सम्बन्ध जहां विशेष रूप से भाषा की संरचना (Structure) एवं रूप (Form) से होता है वहां वैज्ञानिक एवं तकनीकी विषयों का अनुवाद प्रमुख रूप से विषय-वस्तु (Content) पर आधृत होता है। साहित्यिक अनुवाद के सौन्दर्यानुभूतिपरक महत्त्व की तुलना वैज्ञानिक एवं तकनीकी विषयों के अनुवाद के व्यावहारिक एवं तथ्यात्मक लक्ष्यों से की जा सकती है। वैज्ञानिक तथा तकनीकी अनुवाद करते किसी भी विषयगत सूचना को एक भाषा से दूसरी भाषा में अंतरित करते समय अनुवादक का ध्यान यथार्थता एवं परिशुद्धता पर सर्वाधिक केन्द्रित होता है। यदि अनुवादक मूल कथ्यों से हट जाता है तो उसकी यह गलती कदापि क्षम्य नहीं हो सकती। दूसरी ओर साहित्य के अनुवादक को कुछ अंश तक स्वतंत्रता होती है कि उपन्यास, कहानी, नाटक, कविता आदि का अनुवाद करते समय वह मौलिक कल्पना का सहारा ले ले। भाषांतर करते समय उसे रूपांतर की छूट होती है।

साहित्यिक अनुवादक किसी हद तक यह कह सकता है कि तकनीकी विषय के अनुवादक को भाषा के साथ वैसा श्रम नहीं करना पड़ता जैसा कि साहित्य के अनुवादक को करना पड़ता है। इस तरह वैज्ञानिक और तकनीकी विषयों का अनुवाद साहित्य के अनुवाद की तुलना में अपेक्षाकृत सरल प्रक्रिया है जिसके लिए अनुवादक

को विषय विशेष की शब्दावली का ज्ञान होना मात्र पर्याप्त है। किन्तु यह बात तकनीकी या वैज्ञानिक विषयों के अनुवाद पर बहुत थोड़ी सीमा तक ही लागू हो सकती है। अतः इस बात को अपने आप में अन्तिम समझ लेना भारी भूल होगी। किसी वैज्ञानिक अनुसंधान की जटिल विकास-प्रक्रिया का विश्लेषण प्रस्तुत करने वाले किसी लेख या उद्योग सम्बन्धी नवीन तकनीकी कार्य के आरम्भ करने के सम्बन्ध में किसी लेख (जिसमें उस तकनीकी विशेष की प्रक्रिया को प्रस्तुत करने के लिए व्यापक तर्क प्रस्तुत किए गए हों) का अनुवाद करने के लिए भाषा पर वैसा ही सहज और समृद्ध अधिकार अपेक्षित होगा जैसा कि किसी अच्छी साहित्यिक कृति के अनुवाद के लिए अपेक्षित है। इसके विपरीत ऐसी अनेक साहित्यिक कृतियां होती हैं जिनमें विधि, युद्ध, खेलकूद, जैविकी आदि अनेक विषयों को लिया गया है। ऐसी कृतियों का अनुवाद उन विशेष विषयों की जानकारी के बिना सम्भव नहीं होता।

प्रत्येक प्रकार का अनुवाद—चाहे वह साहित्यिक हो अथवा वैज्ञानिक या तकनीकी—विशेष प्रकार के मानदण्डों द्वारा नियंत्रित होता है तथा वे मानदण्ड मूल पाठ के स्वरूप एवं प्रकार पर आधारित होते हैं तथा कोई भी मानदण्ड इतने जड़ एवं स्थिर नहीं होते कि उनमें कोई परिवर्तन ही सम्भव न हो। इसके विपरीत ये मानदण्ड गत्यात्मक होते हैं जिनमें परिस्थिति के अनुकूल परिवर्तन किया जा सकता है।

यूनानी वैज्ञानिकों ने गणित, भौतिक-शास्त्र, रसायन-शास्त्र आदि के क्षेत्र में आरम्भ से ही काम किया और आरम्भकाल से ही वैज्ञानिक शब्दावली का निर्माण कार्य होता रहा। गणितज्ञ यूक्लिड ने अपनी 'Element of Geometry' नामक पुस्तक के अनेक पारिभाषिक शब्दों को ठोस और मूर्त्त रूप में प्रयुक्त किया। स्वयं अरस्तू इनसे पूर्व जीव-विज्ञान, भौतिक-शास्त्र, गणित और विज्ञान के अन्य क्षेत्रों की शब्दावली गढ़ते रहे थे। इस भाषा में लक्षणा तथा व्यंजना लाने का प्रयास आदर का नहीं, निन्दा का अधिकारी बनता है। भारत, अरब, यूरोप आदि देशों में पुराने जमाने में वैज्ञानिक साहित्य पद्य में लिखा जाता था। चिकित्सा आदि पर मध्यकाल में लिखे गए छन्दोबद्ध ग्रन्थ मिलते हैं। छन्द को याद रखने में सुविधा होती थी। किन्तु इसका अर्थ वहां भी साहित्यिक छन्द नहीं था। आधुनिक वैज्ञानिकों ने इस व्यर्थ की छन्दबद्धता पर प्रहार किए और रॉयल सोसाइटी की यह बात मान ली गई कि वैज्ञानिक अनुवाद की भाषा स्पष्ट एवं तार्किक गद्य में होनी चाहिए। आज के वैज्ञानिकों ने विकास-परम्परा में यह बात गांठ बांध ली है कि वैज्ञानिक तथा तकनीकी अनुवाद की भाषा सहज, सरल तथा अभिधाप्रधान होनी चाहिए।

वैज्ञानिक विषयों के अनुवादक को साहित्यकार की भांति शब्दों को तौलने के चक्कर में पड़ने की आवश्यकता नहीं है। हां, उसे दृढ़ता के साथ केवल वे ही शब्द चुनने चाहिए जिनका पारिभाषिक अर्थ सुनिश्चित हो और जिनका अर्थ-संदर्भ किसी भी स्थिति में तथ्य से दूर न जा पड़े। इसलिए पूरे अनुवाद में एक निश्चित शब्दावली

तार्किक वैज्ञानिकता के लिए अपनाई जानी चाहिए। प्रतीक चिन्हों को भी उनके सुनिश्चित रूप में स्वीकार किया जाना चाहिए जिससे कि स्रोत भाषा में निहित अर्थ लक्ष्य भाषा में प्रस्तुत होने पर समझने में देर न लगे। यदि कोई नया प्रतीक चिन्ह है तो विशेष टिप्पणी द्वारा उसे स्पष्ट कर दिया जाना चाहिए।

इस अनुवाद में साहित्यिक अनुवाद की भांति कुछ छोड़ने या कुछ जोड़ने की गुंजाइश नहीं होती; अनुवादक इसमें छोड़ने या जोड़ने की बात को छोड़कर कथ्य को सम्पूर्ण निष्ठा के साथ अभिधा में अनूदित करता चलता है। इसी अर्थ में यह सम्पूर्ण अनुवाद है क्योंकि स्रोत भाषा का सम्पूर्ण कथ्य लक्ष्य भाषा में सम्पूर्णता से लाया जाता है।

यह समझकर चलना चाहिए कि वैज्ञानिक और तकनीकी अनुवाद इन विषयों का जानकार व्यक्ति आसानी से कर सकता है। जैसे-जैसे विश्व में वैज्ञानिक जानकारी के प्रति आदर बढ़ता जा रहा है वैसे-वैसे अनुवाद कार्य भी प्रगति कर रहा है। लैटिन, अंग्रेजी, जर्मन, रूसी, जापानी आदि भाषाओं में ज्ञान के साहित्य (Literature of knowledge) का बहुत अनुवाद हुआ है और हो रहा है। लम्बे अर्से तक दासता में जकड़े रहने के कारण भारतवर्ष में वैज्ञानिक तथा तकनीकी प्रगति बड़ी देर से आरम्भ हो सकी जिसका सीधा परिणाम यह हुआ कि भारतीय भाषाओं में वैज्ञानिक अनुवाद का कार्य अपेक्षाकृत बहुत कम हुआ। किन्तु आज स्थिति वैसी नहीं रही है और यह कार्य बहुत अधिक गति से किया जा रहा है।

वैज्ञानिक तथा तकनीकी अनुवाद सूचना प्रधान होता है। अतः शैली की कलात्मकता यहां वांछित नहीं होती है। लेकिन स्वच्छता जरूर अपेक्षित होती हैं। यही कारण है कि अभिव्यक्ति-प्रधान साहित्य की तुलना में वैज्ञानिक तथा तकनीकी अनुवाद कोई समस्या उत्पन्न नहीं करता। अतः अनुवादक को शैली की सजावट की बजाए शैली की स्वच्छता एवं स्पष्टता पर ध्यान केन्द्रित करना चाहिए। उसे वैज्ञानिक तथा तकनीकी साहित्य के पारिभाषिक शब्दों के प्रति सजग होना चाहिए।

यह संयोग की बात है कि विश्व की अधिकांश समृद्ध भाषाओं में पारिभाषिक शब्दों का अभाव नहीं है। इसका प्रधान कारण केवल यही है कि इन भाषाओं में वैज्ञानिक साहित्य की समृद्ध परम्परा विद्यमान है। ऐसे देश आरम्भ से ही जिन नवीन वस्तुओं और संकल्पनाओं को उत्पन्न करते रहे हैं उनके लिए साथ ही साथ शब्द भी गढ़ते रहे हैं। इस प्रकार की शब्दावली का एक निश्चित प्रयोग आधुनिक काल तक लगातार हुआ। इसलिए परम्परागत विज्ञान और नवीन वैज्ञानिक अनुसंधानों के संदर्भ में ये भाषाएं पारिभाषिक शब्दों की दृष्टि से समर्थ और सम्पन्न रहीं। ऐसी स्थिति में पारिभाषिक शब्दावली की कोई बड़ी समस्या इन भाषाओं के सामने कभी खड़ी नहीं हुई। इन भाषाओं का अनुवादक विषय की भीतरी जानकारी प्राप्त करता हुआ अनुवाद के क्षेत्र में आगे बढ़ता रहा।

भारतीय भाषाओं में विज्ञान की पारिभाषिक शब्दावली के अभाव के कारण विज्ञान की संपन्न परंपरा के अभाव में निहित है। पश्चिम में आधुनिक विज्ञान का जिस ढंग से विकास हुआ वैसा हमारे यहां नहीं हुआ। यद्यपि प्राचीन काल में भारत में विज्ञान का समृद्ध विकास हुआ था और भौतिक शास्त्र, खगोल विज्ञान, गणित आदि की शब्दावली संस्कृत में विकसित हुई थी लेकिन आधुनिक विज्ञान का क्षेत्र पश्चिम ही रहा है। उनके यहां एक-एक विषय की अनेक शाखाएं-उपशाखाएं फैली और बढ़ी हैं। उन विषयों का इतना विकास हो गया कि उनकी शब्दावली बहुत व्यापक हो गई है। इस विज्ञान से हमारा परिचय अंग्रेजी के माध्यम से ही हुआ और शिक्षा की भाषा भी अंग्रेजी होने के कारण इस क्षेत्र में लेखन बहुत कम हुआ है। परिणामस्वरूप भारतीय भाषाओं में वैज्ञानिक शब्दावली का अपेक्षित विकास नहीं हुआ। हां, वैज्ञानिक और तकनीकी शब्दावली आयोग की स्थापना के पश्चात् इस दिशा में फलप्रद प्रयास हुए हैं। अव अनुवाद करते समय इस शब्दावली का इस्तेमाल अपेक्षित है। इस दिशा में यह माना गया है कि वैज्ञानिक और तकनीकी विषयों का अनुवाद करते समय स्रोत-भाषा के पारिभाषिक शब्दों के समकक्ष शब्द यदि लक्ष्य-भाषा में न मिलें तो अपनी भाषा की प्रकृति के अनुसार उनका अनुकूलन कर दिया जाए। अन्य भाषाओं के शब्दों को अपनी भाषा में ग्रहण करने में हिचकना नहीं चाहिए। इतने में भी पूर्ति न हो तो अपनी भाषा की धातुओं, उपसर्गों, प्रत्ययों के आधार पर नवीन शब्द निःसंकोच निर्मित करने चाहिए।

अनुवादक को वैज्ञानिक या तकनीकी साहित्य के विषय-विशेष का जितना गहन और सूक्ष्म ज्ञान होगा, अनुवाद-कर्म उसके लिए उतना ही सहज रहेगा। विषय के ज्ञान के अभाव में भयंकर तथ्यात्मक भूलें होने की सम्भावना रहती है।

लोकोक्तियों तथा मुहावरों का अनुवाद

लोकोक्तियां और मुहावरे समाज के लिए सामूहिक अनुभव की ठोस अभिव्यक्ति होते हैं। इसलिए डच भाषा में कहावत को 'दिन-प्रतिदिन के अनुभव की पुत्री' कहा गया है। इनमें मानव जाति के सम्पूर्ण अनुभवों का निचोड़ मौजूद रहता है। इसलिए ये भाषा में लवणवत् माने गए हैं। अरबी लोग इन्हें शब्दों का दीपक कहते हैं। कवि टेनीसन ने कहा है—"ये वे रत्न हैं जो काल की खुली तर्जनी पर सदा चमकते रहते हैं।" इस प्रकार पुरखों के अनुभव भरे वचन और जनसाधारण की उक्तियां लोकोक्ति अथवा मुहावरे के माध्यम से जीवित रहते हैं। लोकोक्तियां तथा मुहावरे भाषा को जितना अधिक प्रभावशाली बनाते हैं, अनुवाद करते समय वे उतने ही प्राणलेवा सिद्ध होते हैं।

सर्वप्रथम तो लोकोक्ति तथा मुहावरे का अन्तर समझना अनुवादक के लिए बहुत जरूरी शर्त है। लोकोक्ति में एक पूर्ण सत्य या विचार की पूरी अभिव्यक्ति होती है। वह दूसरे वाक्य में अंश नहीं बनती, अपितु एक स्वतन्त्र वाक्य होती है। मुहावरा स्वतन्त्र वाक्य नहीं होता। वह किसी वाक्य में रखे जाने का सहारा खोजता है। उदाहरणार्थ—'ठण्डा लोहा गर्म लोहे को काटता है' एक लोकोक्ति है तथा 'टेढ़ी खीर', 'दांत खट्टे करना' आदि मुहावरे हैं। कहावतें और मुहावरे प्रायः किसी अनुभव-सिद्ध कहानी का सार होते हैं। इनके माध्यम से की गई अभिव्यक्ति लोक-जीवन और लोक-चेतना की ज्यादा गहरी पकड़ से युक्त होती है। इसलिए उनकी लाक्षणिकता और व्यंजकता अपने में अर्थ गर्भत्व की एक पूरी परंपरा को व्यंजित करती है। लोकानुभव की कसौटी पर पूरी तरह खरा उतरने के बाद ही कोई कथन लोकोक्ति बनता है। ऐसी स्थिति में इसका अनुवाद एक बड़ी चुनौती होता है।

लोकोक्तियों और मुहावरों को स्रोत-भाषा से लक्ष्य-भापा में अन्तरित करते समय अनुवादक का प्रयास होता है मूल शब्दार्थ के समानार्थकों की दोनों भाषाओं में खोज करना।

लोकोक्तियों का अनुवाद

लोकोक्तियों में सांस्कृतिक-ऐतिहासिक संदर्भ का पूरा लोक-रहस्य अंतर्निहित होता है, इसलिए उनके अभिव्यंजक शब्द विशिष्ट-विशिष्ट अर्थ-संदर्भों के वाहक होते हैं। वे सामान्य भाषा की सरल उक्तियां नहीं होतीं, बल्कि लोकानुभव की ऐसी ध्वन्यर्थमयी उक्तियां होती हैं जिनका अनुवाद बड़ा ही कठिन पड़ता है। उनमें सम्पूर्ण लोक-जीवन रचा-बसा रहता है। अनुवादक प्रत्येक देश के लोक-जीवन की भाषा की भीतरी से भीतरी पकड़ सहजता से नहीं कर सकता। अतः भापा में इनकी अभिव्यक्तियों का अधिकारपूर्वक अनुवाद करना असम्भव तो नहीं, किन्तु बड़ा ही जटिल कार्य होता है। एक व्यक्ति तीन-चार भाषाओं पर अधिकार प्राप्त कर सकता है। किन्तु सभी भाषाओं पर अधिकार होने का दावा हास्यास्पद ही प्रतीत होगा।

एक ही देश के विभिन्न क्षेत्रों की लोकोक्तियां प्रादेशिक संस्कृति के रंग लिये होती हैं और उन स्थानीय रंगों (Local Colours) में निहित अर्थच्छायाओं, सूक्ष्म बारीकियों को पकड़ने में उस देश के अन्य भागों के लोगों को भी कठिनाई होती है। ऐसी स्थिति में दूसरे देश और संस्कृति के लोगों के लिए उन्हें पकड़ पाना तो बहुत बड़ी बात है। भारतवर्ष में विभिन्न भाषाओं और बोलियों की कहावतें अलग-अलग ढंग की शैलियों और पद्धतियों की है। उनमें समानता के बावजूद काफी असमानता है। भौगोलिक-सामाजिक, आर्थिक स्थितियां, रहन-सहन, रीति-रिवाज, आस्था-विश्वास, आचार-विचार, जादू-टोना, तन्त्र-मन्त्र, शिक्षा-दीक्षा आदि सभी का भीतरी प्रभाव उन पर तैर रहा है। पंजाब की कहावत है 'नालायक पुत्तर दा बस्ता भारी'। जब हिन्दी में इसे 'नालायक बेटे का बस्ता भारी' कहते हैं तब इसमें कुछ औपचारिकता-सी दिखाई देने लगती है लेकिन जब कहते हैं कि 'नालायक पूत का बस्ता भारी', तो 'पूत' शब्द में जो बोलीगत सहजता मिलती है वह पंजाबी पुत्तर के पर्याय निकट लगती है क्योंकि उसमें एक ठेठ देसीपन का बोध होता है।

हर भाषा की लोकोक्तियां, नवीन उपमाओं और नवीन भावों की निजता में एक विशिष्ट ढंग की प्रतिभा का संकेत देती है। अतः लोकोक्तियों का अनुवाद करते समय दोनों भाषाओं के स्रोतों को भलीभांति समझ लेना चाहिए। शब्दशः अनुवाद करने का प्रयास अधिकतर असफल हो जाता है। मूल कहावत के अलंकार और तुकबन्दीगत आग्रहों को ज्यों का त्यों दूसरी भाषा में लाने में अनुवाद असमर्थ रहता है। उदाहरणार्थ हिन्दी की कहावत है–

'टके की बुढ़िया, नौ टका सिर मुड़ाई'

इसका तुकबन्दीगत अनुवाद हुआ–

'A quarter worth verry, and three quarters to carry.'

यहां 'Verry' और 'Carry' की तुकबन्दी ठीक बैठी है और अनुवाद भी मूल के

काफी नजदीक है। लेकिन ऐसा प्रायः नहीं होता। अनुप्रास के साथ प्रायः सुन्दर अनुवाद नहीं हो पाता क्योंकि लोकोक्ति अनुस्यूत दृष्टांत काफी गड़बड़ करता है। भारतीय कहावतें प्रायः कुटुम्ब-पद्धति तथा पाप-पुण्य के सम्बन्ध में समान विचार रखने के कारण भावों में समानता रखती हैं अतः भारतीय भाषाओं की लोकोक्तियों का हिन्दी अनुवाद उतनी कठिन समस्या नहीं खड़ी करता जितनी की विदेशी भाषाओं की लोकोक्तियों का। इसी तरह भारतीय धारणाओं और विधियों को अंग्रेजी में अनूदित करना कठिन हो जाता है।

प्रादेशिक भाषाएं एक-दूसरे को प्रभावित करती रहती हैं। किसी स्थिति विशेष में एक देश का प्रभाव दूसरे देश पर पड़ता है। इस तरह से लोकोक्तियों का आदान-प्रदान बिना रोक-टोक के होता रहता है। अनेक बार इनमें इतनी समानता होती है कि उनका अनुवाद काफी सुविधा से हो जाता है। शब्दानुवाद यदि न भी हो पाए तो अत्यन्त सहज सन्निकट भावानुवाद हो जाता है। उदाहरणार्थ–'Barking dogs seldom bite'

हिन्दी में इसी से मिलती-जुलती कहावत है–

'जो गरजते हैं वे बरसते नहीं'

किन्तु गुजराती में बिल्कुल अंग्रेजी जैसी ही कहावत मिल जाती है–

'नसतो कूतरो करढतो नईं'

लोकोक्तियों के अनुवाद में एक कठिनाई यह भी आती है कि अनुवादक का प्रायः साथ देने वाला कोश उसका साथ बहुत देर तक नहीं दे पाता। शब्दकोश में लोकोक्तियां प्रायः नहीं होतीं और होती भी हैं तो इतनी कम होती हैं कि उनसे अनुवादक का काम नहीं सधता। द्विभाषिक, त्रिभाषिक लोकोक्ति कोश बनाने की वही कठिनाई है जो इनके अनुवाद में सामने आती है क्योंकि थोड़े-बहुत शब्द समानार्थी मिल पाते हैं और अधिकतर भिन्नार्थी। अतः लोकोक्तियों की पूरी अर्थ-व्यंजना एक भाषा से दूसरी भाषा में भगीरथ प्रयास करने पर भी अर्थ-गंगा नहीं बहा पाती।

स्रोत भाषा से लक्ष्य भाषा में लोकोक्तियों का व्याख्यात्मक अनुवाद (Interpretative translation) हो सकता है। सही अनुवाद के लिए स्रोत भाषा के अर्थ को पकड़ते हुए लक्ष्य भाषा में उस अर्थ को रक्षित रखना जरूरी होता है। इस प्रक्रिया को अपनाने से अनुवाद में अर्थ और भाव की पूरी रक्षा हो जाती है, जैसे हिन्दी की कहावत है–'तवा हांडी को काली बताए'। इसका अंग्रेजी में कई तरह से अनुवाद हो सकता है–

(i) 'The pan calls the pot black.'

(ii) 'The Kettle calls the pot black.'

(iii) 'The sooty oven mocks the black chimney.'

(iv) 'The klin calls the oven burnt house.'

(v) 'The chimney sweeper bids the collier wash his face.'

इस प्रकार यदि अनुवादक कहावत का अर्थ पकड़ लेता है तो उसे अनुवाद में कई

तरह से प्रस्तुत कर सकता है जिसमें शब्दों को बदलने पर भी अर्थ सुरक्षित रहता है। कभी-कभी ऐसी लोकोक्ति होती है जो ऐसा बिखराव लिये होती है कि लक्ष्य भाषा में उसे सूत्रबद्ध करना पड़ता है और यदि उसे सूत्रबद्ध न किया जाए तो अर्थ ही खो जाता है—'बछिया घर में रही तब तक सुहागन, पर बिक गई तब अभागिन।' इसके समकक्ष कई कहावतें हो सकती हैं—

(i) 'The crow thinks her own bird fairest.'

(ii) 'Every potter praises his own pot, and more if it is broken.'

(iii) 'Each priest praises his own relics.'

किन्तु ऐसी कहावतों का यदि शब्दानुवाद कर दिया जाए तो सूत्रबद्धता चाहे न आए किन्तु अर्थ रक्षित रहता है—

'The calf was auspicious so long as it was with us, when it was sold out to others it became inauspicious.'

इस बिखरी कहावत का अर्थ व्यंजित करने वाली एक अन्य कहावत हिन्दी में ही मौजूद है—

'हर कुम्हारन अपने ही मटके सराहती है।'

इस प्रकार स्रोत भाषा की लोकोक्ति खण्डित हुए बिना लक्ष्य भाषा में उतर आती है। किन्तु 'On the horns of a dilemma' को 'सांप के मुंह में छछूंदर, निगले तो अंधा, उगले तो कोढ़ी' अभिव्यक्त नहीं किया जा सकता क्योंकि इसमें समानार्थी खो गए हैं और अंग्रेजी की उपरोक्त कहावत से अधिक गहरी अर्थव्यंजना हिन्दी की यह कहावत प्रस्तुत नहीं कर रही है।

कभी-कभी ऐसा भी होता है कि दो भाषाओं की लोकोक्तियों में विचार समान होते हैं किन्तु उनका प्रभाव समान नहीं होता। जैसे—'A little pot is soon hot' से मिलती-जुलती कहावत है—'अधजल गगरी छलकत जाय' या 'क्षुद्र नदी वढ़ि चलि इतरानी'। इन कहावतों में विचार साम्य होने के बावजूद प्रभाव साम्य नहीं है।

स्रोत भाषा की लोकोक्ति के समान अर्थ वाली लोकोक्ति लक्ष्य भाषा में खोजी जानी चाहिए। प्रयास करने पर यह कार्य कठिन नहीं होता जैसे संस्कृत की कहावत है—

संस्कृति—शिष्यापराधे गुरोर्दण्डः।

हिन्दी—शिष्य के अपराध के लिए गुरु को दण्ड।

अंग्रेजी—For the fault of a pupil the teacher has been punished.

ऐसी व्यापक आशय की लोकोक्तियां भी होती हैं जो लगभग सभी भाषाओं में नहीं तो अनेक भाषाओं में मिल जाती हैं—

हिन्दी—'एक तो करेला दूसरे नीम चढ़ा।'

पंजाबी—'इक ते करेला दूजा निम चढ़्या।'

गुजराती–'कारेला ने वली नीम पर चढ़ा।'

उर्दू–'एक तो मियां दीवाने ऊपर से खाई भांग।'

अंग्रेजी–'Already a mad cowherd and moreover she had swallowed the getlic.'

समग्रतः कहा जा सकता है कि अनुवादक का प्रयास यह होना चाहिए कि लोकोक्ति का मूल आशय नष्ट न हो।

मुहावरों का अनुवाद

बहुत से मुहावरे ऐतिहासिक-पौराणिक कथाओं पर आधारित होते हैं जैसे–'द्रौपदी का चीर होना', 'बीरबल की खिचड़ी होना', 'सुदामा के तंदुल', 'राम-वाण औषधि', 'शबरी के बेर' आदि। कुछ ऐसे भी मुहावरे होते हैं जो लोकानुभव को विशिष्ट ढंग से संकेतित करते हैं। अत्यधिक प्रभावशाली ध्वनिपरक योजना के कारण मुहावरों का अनुवाद बड़ा ही कठिन काम हैं इसलिए अनुवादक को स्रोत भाषा में से किसी मुहावरे को लक्ष्य भाषा में लाते समय शब्दार्थ की समानता पर ध्यान केन्द्रित करना चाहिए। चूंकि मनुष्य स्वभाव एक है, भिन्न दिखाई देता हुआ भी वह भिन्न नहीं है, अतः अनेकता में एकता की खोज का सिद्धान्त यहां हमारी समस्या का सही समाधान होता है। हर भाषा की प्रवृत्ति और प्रयोग-शक्ति अलग होने से मुहावरा अलग ढंग की शैली और अर्थव्यंजना ग्रहण कर लेता है। इसलिए उसका एक अलग ढंग का शब्द-बिम्ब और फिर शब्द-बिम्ब से अर्थ-बिम्ब बनता है। अतः अनेक भाषाओं के मुहावरों में तुलनात्मक समानता की खोज करने का प्रयास होना चाहिए। असमानताओं को जल्दी से टाल नहीं देना चाहिए अपितु उन पर बहुत थमकर विचार करना चाहिए। ऐसा करने से नई सूझबूझ पैदा होती है और मुहावरा अपना अर्थ व्यक्त करने लगता है। हिन्दी तथा अंग्रेजी में अनेक मुहावरे ऐसे हैं जिनकी समानता दर्शनीय है–

अलादीन का चिराग–Aladin's lamp.

लालफीता शाही–Red tapism.

लुढ़कना लोटा–A rolling stone.

झगड़े की जड़–An apple of dicord.

हवाई किला बनाना–To make a castle in the air.

एक ही थैली के चट्टे-बट्टे होना–Birds of the same feather.

A man in thousands—हजारों में एक।

To blow one's own trumpet—अपने मुंह मियां मिट्ठू बनना।

A cry in wilderness—अरण्य रोदन।

Crocodile tears—मगरमच्छी आंसू।

To burn one's finger—हाथ डालते ही उंगली जलाना।

A long face—चेहरा उतरना।

To strike the iron while it is hot—गर्म लोहे पर चोट करना।

To poke one's nose in other's affairs—दूसरे के काम में टांग अड़ाना।

To keep in the dark—अंधेरे में रखना।

To throw trump card—तुरप चाल चलना।

To put one's head in the lion's mouth—जबरदस्त के हाथ में गर्दन देना।

To leave no stone unturned—कोई कसर न रखना।

To keep daggers drawn—कुत्ता-बिल्ली-सा बैर होना।

To be true to one's salt—नमक हलाल होना।

To bell the cat—बिल्ली के गले में घंटी बांधना।

To cast the pearls before a swine—भैंस के आगे बीन बजाना।

To have a thing at one's finger tips—उंगलियों पर गिन रखना।

To throw dust in a person's eye—आंखों में धूल झोंकना।

To make mountain of a mole hill—राई का पहाड़ बनाना।

To nip in the bud—पैदा होते ही गला घोंट देना।

कुछ ऐसे मुहावरे भी हैं जिन्हें लक्ष्य-भाषा में सीधे अंतरित नहीं किया जा सकता। शब्दों के हेर-फेर से अर्थ अभिव्यक्त किया जा सकता है। जैसे 'Achilles heel' का अर्थ होता है किसी व्यक्ति की परिस्थितियों या व्यक्तित्व का कोई कमजोर अंश। यह मुहावरा सांस्कृतिक संदर्भों से जुड़ा है अतः दूसरी भाषा में इसका अनुवाद नहीं हो पाता। जब तक सांस्कृतिक संदर्भों के स्रोतों तक नहीं पहुंचा जाएगा तब तक सही अर्थ पकड़ना सम्भव नहीं है। इसी तरह हिन्दी मुहावरे 'शबरी के बेर' का अर्थ उसके संदर्भगत परिप्रेक्ष्य में ही समझा जा सकता है।

यदि स्रोत भाषा के मुहावरे के शब्द और अर्थ की दृष्टि से समान मुहावरा लक्ष्य भाषा में नहीं मिलता तो ऐसी स्थिति में अभिप्रेत अर्थ को ध्यान में रखते हुए भावानुवाद कर दिया जाना चाहिए, उदाहरणार्थ 'A close fisted man' के समानांतर कोई मुहावरा नहीं सूझता तो इसका अभिप्रेत अर्थ लेकर इसका अनुवाद 'कंजूस व्यक्ति' या 'मक्खीचूस व्यक्ति' किया जा सकता है। ऐसे अवसर पर लक्ष्य भाषा की मूल प्रकृति का ध्यान रखना चाहिए। स्थिति विशेष में नया मुहावरा भी बनाया जा सकता है जैसे 'broken heart' के लिए 'भग्न हृदय' बना लिया गया। 'Herculean task' का अनुवाद 'हरक्यूलियन कार्य' की बजाय 'भगीरथ प्रयास' करने से यह हिन्दी की प्रवृत्ति एवं भाषिक सहजता के अधिक निकट बैठता है।

यह ध्यान अवश्य रखना चाहिए कि स्रोत भाषा से लक्ष्य भाषा में जाते समय मुहावरा कहीं भिन्नार्थक या हास्यास्पद स्थिति तो ग्रहण नहीं कर लेता। व्यंजना प्रधान

मुहावरे का अभिधापरक अनुवाद करना भारी भूल होगी। 'White elephant' का अनुवाद 'सफेद हाथी' कर देना बहुत उपयुक्त नहीं है क्योंकि वस्तुतः 'White elephant' का अर्थ होता है 'हानिप्रद स्वत्व' और हिन्दी में इस अर्थ में प्रचलित मुहावरा है 'महंगा सौदा'। इस सम्बन्ध में अनुवादक के लिए विशेष सतर्कता एवं सावधानी नितांत आवश्यक है।

हर भाषा का भूगोल, इतिहास और अर्थशास्त्र अलग होने से अभिव्यक्ति भी उसकी निजी हो जाती है। अतः अनुवादक को सदैव शब्दानुवाद न करके जहां अपेक्षित हो वहां भावानुवाद करना चाहिए। 'To give a cordial welcome' का अर्थ है हार्दिक स्वागत करना। किन्तु हिन्दी के मुहावरे के माध्यम से इसका भावानुवाद भी किया जा सकता है—'पलक पांवड़े बिछाना' इस प्रकार मुहावरों का अनुवाद शब्द-प्रतिशब्द न करते हुए सम्पूर्ण मुहावरे को भाषिक इकाई के रूप में रखकर किया जाना चाहिए।

यदि स्रोत भाषा के मुहावरे का सही अर्थ शीघ्र ही पकड़ में नहीं आता और अनुवादक जल्दी में उसका शब्दानुवाद कर बैठता है तो अर्थ के अस्पष्ट होने की सम्भावना रहती है। ऊपर 'white elephant' के लिए 'सफेद हाथी' पर्याय का उदाहरण ऐसी ही जल्दबाजी का परिणाम है। ऐसी स्थिति में स्रोत भाषा के अनुभवी और जानकार व्यक्तियों की सहायता लेना बेहतर होगा।

निष्कर्ष यह है कि लोकोक्तियों तथा मुहावरों के अनुवाद में स्रोत भाषा के मुख्यार्थ और शब्द-संदर्भ पर ध्यान केन्द्रित रखने से अनुवादक भारी गलतियों से बच सकता है।

अनुवाद की समस्याएं

अनुवाद की समस्या पर किए गए सभी अध्ययन यह स्वीकार करते हैं कि अनुवादक को पाठगत सामग्री के भाषा और भाव को समझकर उसे लक्ष्य भाषा में अन्तरित करना होता है। किन्तु यह इतना सरल कार्य नहीं है कितना ऊपर से दृष्टिगत होता है। इस कार्य की अपनी भीतरी कठिनाइयां हैं, जिन्हें व्यावहारिकता के धरातल पर समझा जा सकता है।

प्रत्येक देश और काल की विशेष सामाजिक, आर्थिक, धार्मिक, सांस्कृतिक आदि परिस्थितियां होती हैं जो काल विशेष के सृजन कर्म में महत्त्वपूर्ण भूमिका अदा करती है। अनुवाद किए जाने पर स्रोत भाषा की ये परिस्थितियां लक्ष्य भाषा के लिए कभी-कभी एकदम नयी, अजनबी और चुनौती भरी होती है। ऐसी स्थिति में समानार्थक शब्दों को सही सन्दर्भों में खोजना और उनमें वही अर्थवर्त्ता निश्चित करना जो स्रोत भाषा में विद्यमान रही है, अपने आप में बड़ी समस्या बन जाती है।

स्रोत भाषा के शब्दों, वाक्य-विन्यास के विशेष लहजे की विशिष्टतापरक अभिव्यंजकता के समकक्ष लक्ष्य भाषा में प्रायः उपलब्ध न हो पाने की स्थिति में अनुवादक को बड़ी छटपटाहट महसूस होती है। उदाहरण के लिए यदि अनुवाद में एक वाक्य आता है—'हाल ही में खुले सेवाश्रम में अभिनव ने लगभग पन्द्रह दिन पहले ही काम शुरू किया था।' यहां 'सेवाश्रम' ऐसा शब्द है जिसके लिए अंग्रेजी में अनुवाद समकक्ष खोजना कठिन है। यह तत्सम शब्द है, आधुनिक सन्दर्भ में इसका अर्थ होगा—'समाज सेवा-केन्द्र'। आश्रम शब्द प्राचीन भारतीय सभ्यता-संस्कृति से जुड़ा है। यदि इस शब्द के लिए 'A centre for social service' लिखते हैं, तो 'सेवाश्रम' शब्द में निहित सम्पूर्ण अर्थगर्भी व्यंजना और शब्द में भरा हुआ गांधीवादी अर्थ दूर पड़ जाएगा जिससे इस शब्द का सन्दर्भ जुड़ा है। 'आत्मानुशासन', 'संयम', 'अहिंसा' आदि सभी इसी से जुड़े अर्थ-सन्दर्भ हैं। अर्थ-सन्दर्भ से हटाते ही यह शब्द भटक जायेगा। अतः अनुवाद करते समय 'सेवाश्रम' का 'लिप्यन्तरण' ही बेहतर होगा। इससे अनुवाद में एक स्थानीय रंग का प्रवेश होगा, किन्तु प्रश्न यह उठेगा कि भारतीय पाठक या गांधीवाद से परिचित पाठक तो 'सेवाश्रम' का अर्थ समझ लेगा, किन्तु विदेशी भाषा

और संस्कृति के ऐसे पाठक, जो इस शब्द-सन्दर्भ से परिचित नहीं हैं, को इसे समझने में कठिनाई होगी। ऐसी स्थिति में या तो 'सेवाश्रम' को समझाने के लिए अलग से विशिष्टार्थक टिप्पणी दी जाए या शब्दगत सन्दर्भ को कोष्ठक में खोलकर रखा जाए।

अनुवादक को स्रोत-भाषा तथा लक्ष्य-भाषा की गम्भीर जानकारी के लिए दोनों भाषाओं से जुड़ी संस्कृति की व्यापक जानकारी होगी तभी वह दोनों भाषाओं के सांस्कृतिक सन्दर्भों को सही परिप्रेक्ष्य में पकड़ सकेगा। साथ ही सही सन्दर्भों में दोनों भाषाओं के तुलनात्मक अध्ययन से ठीक शब्द को ग्रहण कर सकेगा।

कभी-कभी ऐसा होता है कि अनुवादक के समक्ष जो समस्या खड़ी होती है, वह सांस्कृतिक अननुवाद्यता की होती है। स्रोत भाषा पाठ में मोजूद परिस्थितिगत तत्त्व कभी-कभी लक्ष्य भाषा में सम्पृक्त संस्कृति में बिल्कुल अनुपस्थित होता है, जैसे परम्परागत भारतीय घरों का शब्द—'चौका'। इसे अंग्रेजी शब्द 'Kitchen' के समकक्ष नहीं रखा जा सकता। क्योंकि दोनों में भिन्न-भिन्न संस्कृतियों के भिन्न-भिन्न अर्थ विद्यमान हैं। भारतीय शब्द 'चौका' या 'रसोई' में 'भोजन पकाने की शुद्धता और पारिवारिकता' का अर्थ विद्यमान है तथा यह शब्द भारतीय गृहिणी के समस्त त्याग-सौजन्य की अंतर्मानसिकता से जुड़ा है। यदि हम किसी कहानी या कविता में 'कन्नौजी चौका' शब्द का प्रयोग करते हैं, तो विदेशी के लिए इसकी अर्थ-व्यंजना खोज पाना कठिन पड़ेगा। क्योंकि वहाँ चौका उनके 'सम्पूर्ण छुआछूत पाखण्ड' का प्रतीक है जैसे—

आठ कन्नौजिया, तेरह चूल्हे
तहूं फिरै ऊले ऊले।।

इसके लिए Kitchen अनुवाद किया जायेगा तो वांछित अर्थ ही नहीं आ पाएगा। क्योंकि वहां 'किचिन' घर से अलग केवल भोजन पकाने की जगह है और यहां 'चौका' घर के भीतर सम्पूर्ण रसायन से भरा शब्द है।

सांस्कृतिक अननुवाद्यता की सर्वाधिक बड़ी कठिनाई यह है कि जब कभी स्रोत भाषा के किसी अननुवाद्य शब्द के लिए लक्ष्य भाषा से सन्निकट शब्द को रख देने पर लक्ष्य भाषा का वाक्य-विन्यास अटपटा और असामान्य सा हो जाता तब लक्ष्य भाषा स्रोत भाषा को सोख जाती है। दूसरे शब्दों में इस बात को इस प्रकार भी कहा जा सकता है कि सांस्कृतिक अननुवाद्यता वास्तव में वाक्य-विन्यासगत अननुवाद्यता होती है। यहां पर लक्ष्य भापा में स्रोत भाषा के समकक्ष खोजने की समस्या होती है। अतः उसे एक प्रकार की 'भाषिक अननुवाद्यता' भी कहा जा सकता है। उदाहरणार्थ जापानी भाषा का एक शब्द है—'यूकाता'। यह 'यूकाता' एक ढीला-ढाला वस्त्र होता है, जिसे वहां स्त्री-पुरुष दोनों ही पहनते हैं और जापान के होटलों या सरायों में ठहरने वाले व्यक्तियों को पहनने के लिए होटल की या साथ ओर से दिया जाता है। यह एक ऐसा वस्त्र है जो घर-बाहर, सोने-तैरने से लेकर सभी कामों में पहन लिया जाता है। अगर

इसका अंग्रेजी में अनुवाद किया जाए तो समस्या यह आती है कि अंग्रेजी में अलग-अलग समयों पर पहने जाने वाले वस्त्रों के नाम अलग-अलग हैं—जैसे 'ड्रेसिंग गाउन', 'बाथरोब', 'हाउसकोट', 'पिजामा', 'नाइटगाउन' आदि। यहां दिक्कत यह होगी कि जापानी शब्द 'यूकाता' के लिए कौन-सा अंग्रेजी शब्द रखा जाए। जापानी में एक वाक्य आता है—'वह होटल में मिला यूकाता पहने था' तो अंग्रेजी में लिखेंगे—'He was wearing the hotel dressing gown' या 'Hotel bath robe'। यह समस्या अर्थ-संदर्भ की दृष्टि से भिन्नता वाली भाषाओं में सर्वाधिक होती है किन्तु जो भाषाएं सांस्कृतिक दृष्टि से समानता रखती हैं जैसे हिन्दी, गुजराती, मराठी आदि, उन भाषाओं में यह समस्या प्रायः नहीं होती है।

अनुवाद करते समय अनुवादक के समक्ष स्रोत भाषा और लक्ष्य भाषा की दो प्रकार की संरचनाएं होती हैं—सांस्कृतिक संरचना और भाषिक संरचना। दोनों ही संरचनाएं एक-दूसरे को प्रभावित करती हैं। यदि भाषा को लिखित या मौखिक रूप में प्रस्तुत घटनाओं की एक शृंखला कहा जाए जो अर्थ-वहन करती है, तो अनुवाद की समस्या स्रोत भाषा की घटनाओं और लक्ष्य भाषा की घटनाओं के बीच अर्थ-समकक्षों पर पहुंचने की होगी। इस प्रक्रिया में अनुवादक को दो आधारभूत संरचनाओं—भाषिक और सांस्कृतिक—पर कार्य करना पड़ता है।

भाषिक अननुवाद्यता विशेष रूप से उन स्थानों पर आती है, जब स्रोत भाषा में रूपकात्मक, मिथिकल और आलंकारिक प्रयोगों की भरमार हो जाती है। ऐसी स्थिति में लक्ष्य भाषा में उनके समकक्षों का खोजना टेढ़ी खीर हो जाता है। लेकिन यह समस्या मूलतः साहित्यिक अनुवाद (उसमें भी नाटक तथा काव्य के अनुवाद) की समस्या है। स्रोत भाषा में श्लिष्ट, रूपकात्मक-आलंकारिक प्रयोगों की भरमार के कारण प्रायः लक्ष्य भाषा में अनुवाद अस्पष्ट होकर अर्थ की अमूतर्तता की ओर बढ़ जाता है। उदाहरण के लिए 'सुबरन की खोजत फिरत, कवि, व्यभिचारी, चोर', जैसी काव्य-पंक्तियों को लिया जा सकता है। इस काव्य-पंक्ति में 'सुबरन' का अनुवाद शब्द-श्लेष के कारण चक्कर में डालता है। दूसरी भाषा में इसका अनुवाद करते ही कवि के अर्थ और अभिप्रेत का सम्पूर्ण चमत्कार ठण्डा हो जाता है।

इसी प्रकार की समस्या अनेकार्थी वाक्यों या शब्दों के आने पर उत्पन्न होती है। स्रोत भाषा के इन अनेकार्थियों को लक्ष्य भाषा के मूल सन्दर्भ में लाकर ढालना कठिन होता है जैसे 'रस' शब्द की घोर पारिभाषिकता अनुवाद के लिए चुनौती पूर्ण है। भारतीय काव्य-शास्त्र के अतिरिक्त भी इस शब्द का प्रयोग आयुर्वेद का रस, पदार्थ का रस आदि अनेक रूपों में होता है। सामान्य भाषा में भी रस शब्द पाक-रस आदि के लिए खूब चलता है। ऐसा ही एक शब्द है 'धर्म'। जिसका पर्याय केवल 'Religion' नहीं होता। यह शब्द 'कर्त्तव्य' तथा 'मानवीयता' के अर्थ में ज्यादातर प्रयुक्त होता है। इसी प्रकार वर्ड्सवर्थ की एक प्रख्यात पंक्ति को लिया जा सकता है—'The child is father of the Man' इस वाक्य में इतने अर्थ-सन्दर्भ गर्भित हैं कि इसका अनुवाद हो ही नहीं पाता। 'बच्चा आदमी का पिता है' कहते ही इस शब्द की दार्शनिकता, अर्थक्षमता आदि सब कुछ समाप्तप्राय होने लगती है। मूल पंक्ति जितनी अपने में बृहत्तर अर्थ-अनुषंगों को रखने के कारण व्यापक दिखाई देती है उसका अनुवाद उतना ही 'छोटा' और 'सीमित' अर्थवाला दृष्टिगत होने लगता है।

मिथक प्रत्येक देश में एक खास ढंग से उत्पन्न होते रहते हैं, किसी भी जाति का जातीय अवचेतन इन्हीं में युगों-युगों तक यात्रारत रहता है। देशबद्ध इन मिथकों का अनुवाद बहुत कठिन काम है। इसका प्रधान कारण यही है कि मिथक का एक विशिष्टतावाची लोक-सन्दर्भ होता है जैसे मीराबाई के काव्य में 'गिरधर' का प्रयोग। उनकी पंक्ति है—'मेरे तो गिरधर गोपाल दूसरा न कोई।' मीरा की इस पंक्ति का अंग्रेजी भाषा में अनुवाद करते समय 'गिरधर' को लिप्यंतरित भी कर लिया जाए तो पूरे अर्थ का वहन नहीं हो सकता क्योंकि शब्दों के पर्याय एक से नहीं होते हैं, हर पर्याय का अलग अर्थ-सन्दर्भ होता है। 'गिरधर' के पर्याय 'नन्दनन्दन', 'वासुदेव', 'मुरारी', 'राधा-वल्लभ', 'मुरली मनोहर', 'गोविन्द' आदि नहीं हैं, न वे अनुवाद में सहायता ही दे सकते हैं। 'गिरधर' में इन्द्र-कृष्ण संघर्ष का सम्पूर्ण मिथ निहित है। इन्द्र को हराकर कृष्ण ने ब्रजवासियों की रक्षा की और अपना लोक-रक्षक रूप जनता में स्थापित किया। हर दुर्बल-असहाय व्यक्ति के लिए विपत्ति के समय में यह भगवान का 'रक्षक' रूप है। विपत्तिग्रस्त मीरा की रक्षा 'गिरधर' ही कर सकता है 'मुरली मनोहर' या 'कुंज-बिहारी' नहीं। ऐसी स्थिति में 'गिरधर' जैसे मिथिकल संदर्भो के अनुवाद में अनुवादक के गहन ज्ञान और पकड़ की परीक्षा हो जाती है। ऐसे में टिप्पणी देने के सिवाय कोई चारा नहीं रहता। गहराई से सोचें तो यह समस्या देश-विदेश के साहित्यिक अनुवाद की प्रधान समस्या है। अतः अनुवादक को ऐतिहासिक, सांस्कृतिक परिप्रेक्ष्य के साथ मिथिकल प्रसंगों-सन्दर्भों की सही जानकारी अत्यन्त आवश्यक है।

अनुवाद की समस्या का एक पहलू शब्द-समुच्चय से जुड़ा है। प्रत्येक भाषा का शब्द-समुच्चय एक विशिष्ट समुच्चय होता है। इस शब्द-समुच्चय के भीतर अनेक उपसमुच्चय होते हैं। इन उपसमुच्चयों का निर्धारण संबद्ध भाषा की संरचना में उन शब्दों की स्थिति तथा प्रकार्य के आधार पर किया जाता है। अतएव एक भाषा के शब्द-समुच्चयों से जैसे उपसमुच्चय बनेंगे वैसे दूसरी भाषा के शब्द समुच्चयों से नहीं।

अनुवाद क्यों?

आज विश्व भर में अनुवाद की आवश्यकता को तीव्रता से महसूस किया जा रहा है। विज्ञान, टेक्नालॉजी, कला-साहित्य-संस्कृति, दर्शन, राजनीति, समाज शास्त्र, वनस्पति विज्ञान आदि ज्ञान की तमाम शाखाओं-प्रशाखाओं में हो रहे एक देश के कार्य को दूसरे देश तक पहुंचाने में अनुवाद की महत्त्वपूर्ण भूमिका है। अनुवाद के द्वारा एक देश अन्य देशों के विचारों, कार्यों, सांस्कृतिक-राजनीतिक, सामाजिक-आर्थिक हलचलों, अनुभवों, प्रयोगों और अनुसन्धानों से तो गहन से गहनतर सम्पर्क स्थापित करता ही है, साथ-ही-साथ सांस्कृतिक सम्बन्धों के निकट लाने और बढ़ाने में भी अनुवाद सेतु का काम करता है। मानव की समस्त सांस्कृतिक प्रगति, ज्ञान-माध्यमों के प्राचुर्य और संचार-साधनों में द्रुतगति के परिणामस्वरूप आज विचारों, तकनीकों और महत्त्वपूर्ण समाचारों, अनुबन्धों के परस्पर विनिमय की गति भी तीव्र से तीव्रतर होती जा रही है। प्रतिदिन मानव नये से नये ज्ञान-क्षेत्रों के कपाट खोल रहा है। ऐसी स्थिति में अनुवाद-कार्य की आवश्यकता और महत्ता असन्दिग्ध है।

प्रत्येक देश एवं समाज की अपनी निजी सांस्कृतिक विरासत एवं जीवन-दृष्टि होती है। संघर्षों से जूझकर कमाये गए जीवन-मूल्य होते हैं। सांस्कृतिक-ऐतिहासिक, सामाजिक-आर्थिक, राजनीतिक-धार्मिक, नैतिक विकास की विशिष्ट ढंग की विशिष्टताएं होती हैं। प्रायः इन विशिष्टताओं में ही समाज की सम्पूर्ण अन्तर्मानसिकता निहित होती है। यह अन्तर्मानसिकता ऐतिहासिक पीठिका की अनवरतता और काल-चक्र से जुड़ी होती है। विभिन्न देशों के और कालों के भावों, विचारों, संकल्पनाओं, प्रत्ययों और कृत्यों में मानत का राग्पूर्ण बौद्धिक एवं कार्यात्मक-ज्ञानात्मक भण्डार अनुवाद के माध्यम से मुक्त विचार-विनिमय व्यापार में प्रवृत्त होता है।

मानव के पास आयु, समय और साधन की एक सीमा रहती है। हर व्यक्ति संसार की प्रत्येक भाषा नहीं सीख सकता। ऐसी स्थिति में अनुवादक ही वह माध्यम है, जिसके द्वारा हम सभी भाषाओं से सम्पर्क स्थापित कर सकते हैं। युगों से अनुवादक अपना यह विशिष्ट ढंग का कार्य करता चला आ रहा है। इस प्रकार सभ्यता के विकास में वह सृजनात्मक योगदान देता रहा है। अनुवादक के इस उदात्त एवं निष्ठापूर्ण

कार्य के अभाव में विभिन्न देश और संस्कृतियां किसी द्वीप से अधिक न रही होतीं, जो अपने आप में तो शायद बहुत सुन्दर होतीं, क्योंकि अलग-अलग इकाइयों के रूप में पड़ी रही होतीं पर उनके निवासी सम्पूर्ण विश्व से अलग-थलग पड़ गए होते और विस्तृत ज्ञान-क्षेत्र से उनका जीवन्त सम्पर्क कट गया होता। इसके साथ ही विस्तृत ज्ञान से वंचित हो जाने के कारण वे सदैव के लिए अपनी मानसिक और भौतिक सीमाओं में जकड़े रहकर कूपमण्डूक बन गए होते। संसार की तमाम ज्ञान-वायु फेंकने वाली खिड़कियां उन तक खुल ही नहीं पातीं। मानव का यह अपूर्ण विकास बहुत ही दुर्भाग्यपूर्ण हुआ होता।

आज विश्व-भर में ज्ञान का पुराना समाजशास्त्र बड़ी तेजी से बदलाव ले रहा है। पुरानी दुनिया के स्थान पर एक नया चेहरा जन्म लेने की कोशिश कर रहा है। विज्ञान के नये अनुसन्धानों और आविष्कारों के क्षेत्र में इस ढंग के परिवर्तन इस शताब्दी में बहुत हुए हैं। कुछ देश तो विज्ञान के क्षेत्र में बहुत आगे बढ़ गए हैं और शेष पिछड़ रहे हैं। इन पिछड़े देशों में विकसित देशों के ज्ञान-विज्ञान को फौरन पहुंचाने की आवश्यकता है और यह काम अनुवादक ही सही ढंग से पूरा कर सकता है या ज्ञान-विज्ञान की सम्पूर्ण जानकारी उन तक पहुंचा सकता है।

गहराई से विचार करने पर यह बात स्पष्ट होने लगती है कि अनुवाद अर्जित-उपार्जित ज्ञान की निरन्तरता बनाये रखने वाला भाषा-दर्शन है। यह प्राचीन ज्ञान को नये युग में ढोकर लाता है। इस प्रकार हम अपनी परम्परा से सीधे साक्षात्कार करते हैं और परम्परा के संग्रह-त्याग की विवेक-भावना को भी विकसित-परिष्कृत करते हैं। इस दृष्टि से अनुवाद परम्परा का नवीनीकरण है जिसे परम्परा की आधुनिकता का कार्य भी कहा जा सकता है।

अनुवाद-प्रक्रिया में देश एवं जाति की आत्मसजगता, स्वचेतनता एवं आत्म-विस्तार का भाव निहित रहता है। एक ओर तो जो हमारे पास नहीं है, उसे ग्रहण करने की बलवती इच्छा रहती है और दूसरी ओर जो हमारे पास अपनी भाषा और संस्कृति में विद्यमान है, उसे ज्यादा-से-ज्यादा दूर तक फैलाने और प्रसारित करने की आकांक्षा। उदाहरणस्वरूप यूरोप के नवजागरण काल (Reniassance) को देखा जा सकता है। इटली के विद्वान ग्रीक भाषा और संस्कृति की विपुल ज्ञान-राशि को श्रम से अपनी भाषा में अनूदित करके लाए। फिर नवजागरण काल में फ्रांस और जर्मनी होते हुए सम्पूर्ण यूरोप में ज्ञान के प्रति उत्कट लालसा की लहर फैल गई और यूरोप के हर देश में इटली के ज्ञान को लाने-पाने की धूम मच गई। सम्पूर्ण यूरोप मध्यकालीन अंधकार और अज्ञानता से उबरकर नये ज्ञान के प्रकाश में दीप्त हो उठा। इस तरह यूरोप में नवजागरण काल के भीतर अनुवाद की बड़ी भूमिका रही। आने वाली पीढ़ियों के लाभार्थ सम्पूर्ण ग्रीक-साहित्य और ज्ञान-विज्ञान लैटिन फिर पुनर्जागरण काल में अन्य योरोपीय भाषा में अनूदित किया गया। यही स्थिति भारतीय नवजागरण की रही है।

19वीं सदी में देश-विदेश के समस्त नए-पुराने ज्ञान-विज्ञान को आधुनिक भारतीय भाषाओं में ले आने की वलवती स्पृहा जागी जो बीसवीं सदी तक विद्यमान रही है।

हमारे आस-पास जो घटित हो चुका है, या घटित हो रहा है, उसके प्रति जागरूकता का परिणाम है—अनुवाद कार्य। हिन्दी साहित्य का आधुनिक युग आधुनिकता का प्रवेश-द्वार इसलिए कहा जाता है कि भारतेन्दु बाबू ने अपने ऐतिहासिक वोध को सही दिशा-द्वार दिया और युगीन आवश्यकताओं को समझते हुए पाश्चात्य साहित्य से सीधा सम्पर्क स्थापित किया। एक ओर तो वे संस्कृत नाटकों के हिन्दी रूपातन्तर प्रस्तुत कर रहे थे, दूसरी ओर महान् कलाकार शेक्सपियर के नाटकों के हिन्दी अनुवाद में सक्रिय रहे। परिणामस्वरूप त्रासदी, कामदी आदि नये नाट्य-रूपों से हिन्दी-साहित्य को परिचित कराया। पुराने हिन्दी काव्य-शास्त्र को झटका देकर नवीनीकरण की ओर प्रवृत्त किया। ऐसा करते हुए उन्होंने जिस जागरूकता का परिचय दिया उसका नितान्त अभाव अपने परिवेश के प्रति उदासीन रीतिकालीन कवियों में देखा जा सकता है। भारतेन्दु के इस प्रयास से तत्कालीन लेखकों को दिशा ओर दृष्टि मिली है। परवर्ती काल में पं. जगन्नाथदास रत्नाकर ने पोप के निबन्ध का 'समालोचनादर्श' नाम से बरवै छन्द में अनुवाद किया। इस प्रकार अनुवाद कार्य की इस युग में धूम मच गयी। इस तथ्य से आज कौन प्रबुद्ध व्यक्ति असहमति व्यक्त कर सकता है कि इन जागरूक रचनाकारों ने नया युग ही ला दिया।

इस प्रकार अनुवादक की स्वभाषा और स्वसंस्कृति के प्रति निष्ठा उसे अत्यन्त गुरु-गंभीर दायित्व में डाल देती है। जो अन्य भाषाओं में है, उसे अपनी भाषा में ले आने तथा जो अपनी भाषा में है उसे अन्य भाषाओं को मुक्तहस्त से देने और प्रसारित करने की लालसा अनुवादक की आत्म-सजगता का प्रतीक है, आत्म-विस्तार का प्रतीक है, परतन्त्रता से मुक्ति की कामना का प्रतीक है, स्वभाषा-विस्तार और स्वभाषा में चिन्तन की आकांक्षा का प्रतीक है।

जहां एक ओर अनुवाद से भाषा का विस्तार होता है वहां दूसरी ओर उसका स्रोत भाषा (Source language) की अनुगामिनी वन जाने का खतरा भी रहता है। यह खतरा हिन्दी में आज महसूस किया जा रहा है, किन्तु यह खतरा अपने आप में आत्यन्तिक नहीं है। इसकी सम्भावना तभी होती है, जब हम अपनी भाषा में सोचना बन्द कर देते हैं और दूसरी भाषा के समानार्थक शब्दों (Equivalents) को खोजने और गढ़ने में ही अपनी शक्ति लगा देते हैं। समकक्ष शब्द न मिल पाने पर यह मान लेते हैं कि भाषा में अमुक या उस भाव को व्यक्त करने की क्षमता नहीं है। किन्तु कोई भी भाषा इतनी दरिद्र नहीं होती कि अपने बोलने-सोचने वाले के भावों-विचारों, भंगिमाओं और अभिव्यक्तियों को वहन करने में अक्षम हो। प्रश्न तो यह उठता है कि हम भाषा से कितना मांगते हैं। हम जिस भाव से भाषा से जितना मांगते हैं, वह उतना ही देती है। संस्कृत में इसीलिए वाणी को 'कामधेनु' कहा गया है और कवि अज्ञेय उसे

'कल्पवृक्ष' कहते हैं।

सच तो यह है कि अनुवाद के माध्यम से भाषा समृद्ध होती है। नये भावों, नये विषयों, नये विचारों और नयी अभिव्यक्ति-पद्धतियों को व्यक्त करने के प्रयत्न से भाषा की अभिव्यक्ति-क्षमता का विस्तार होता है, उसका शब्द-भण्डार विस्तृत होता है। नये-नये विषयों का समावेश होने पर उनके समकक्ष खोजे जाते हैं, नये शब्द निर्मित (Coin) किए जाते हैं तथा अन्य भाषाओं के शब्द ज्यों के त्यों या थोड़े-बहुत हेर-फेर या परिवर्तन के साथ ग्रहण कर लिये जाते हैं। जैसे अंग्रेजी 'Hour' के लिए हिन्दी में 'घण्टा' हमारे पास मौजूद था, और 'Minute' को हमने 'मिनट' के रूप में ज्यों का त्यों ले लिया 'Tragedy' और 'Comedy' के लिए हमने क्रमशः 'त्रासदी' और 'कामदी' रखा।

तकनीकी प्रगति एक दुधारी तलवार है। परमाणु ऊर्जा, राकेट, दूरदर्शन आदि विश्व शान्ति एवं कल्याण के माध्यम भी हो सकते हैं और युद्ध के अस्त्र भी। यह इस बात पर निर्भर करता है कि कौन नियन्ता है और कौन नियन्त्रित। शक्ति से पूर्ण कठोर व्यक्ति या मानवीय विचारों और कार्यों में संलग्न व्यक्ति अनुवादक को उन लोगों की श्रेणी में रखते हैं जो विचारों को भाषा के रूप में पुनर्प्रस्तुतीकरण देते हैं—साहित्यकारों, राजनीतिज्ञों, विचारकों, दार्शनिकों, वैज्ञानिकों के कार्यों-विचारों को अपने देश की भाषा में अन्तरित करते हैं, विश्व साहित्य के सृजन में योगदान देते हैं और किसी हद तक अनुवाद की भूमिका से विचारों को जगाते हैं।

अनुवादक का स्थान साहित्य के सर्जक की भांति है, जिसकी सहायता के बिना व्यापक मानवीय संस्कृति की परिकल्पना ही सम्भव नहीं होती है। इस बात पर जोर देने की अपेक्षा नहीं है कि वैज्ञानिक और पाण्डित्यपूर्ण कृतियों के अनुवादक व्याख्याकार, कोशकार तथा भाषाविद् सभी साहित्यिक अनुवादों के सहयोगी हैं। विभिन्न ज्ञान-क्षेत्रों के माध्यम से हमारे उद्देश्यों को प्राप्त करने में सहायता करते हैं क्योंकि सभी का एक ही निर्दिष्ट लक्ष्य है।

आज वैज्ञानिक जानकारी ही सम्पूर्ण वैज्ञानिक प्रयोगों का आदि और अन्त है। उसका तुरन्त प्रचार ही ठोस अनुसंधान का पूरक है। दोनों ही प्रभावपूर्ण अनुसन्धान के अनिवार्य अवयव हैं। इस प्रकार अनुवादक सम्पूर्ण अनुसन्धान-प्रक्रिया के दुर्निवार अंग हैं। उन्हें व्यक्तिगत तौर पर लगातार अपने-अपने व्यवसाय-सम्बन्धी प्रत्ययों के विस्तार के लिए प्रयत्नशील रहना चाहिए ताकि वे आधुनिक विज्ञान एवं टेक्नॉलाजी की आवश्यकताओं की गति के साथ-साथ आगे बढ़ सकें तथा उसका पूरा साथ दे सकें।

दिन-प्रतिदिन आधुनिक संसार में एक बड़ी आवश्यकता यह भी दृष्टिगत होने लगी है कि हमें दुनिया की क्लासिक पद्धतियों-प्रविधियों की प्रामाणिक जानकारी हो। आरम्भ में तो कुछ लोग क्लासिकों की जानकारी से डरते थे कि वे हमारे ऊपर 'हावी' न हो जाएं और ऐसी स्थिति में उनके अनुकरण से हमारी मौलिकता ही खतरे में न पड़

जाए। किन्तु आज इस 'मिथ' का खण्डन हो गया है और क्लासिकों तथा क्लासिक चीजों की जानकारी का महत्त्व बढ़ रहा है। यह भी ध्यान से सोचें तो अनुवाद के द्वारा ही ज्यादा बेहतर हो सकता है।

अनुवाद के प्रति सजगता बौद्धिक जागरूकता का प्रतीक है। हमारे यहां तो बड़ा दुर्भाग्य यह भी रहा है कि हमने अनुवाद और अनुवादक को ठीक से महत्त्व नहीं दिया। उसके महत्त्वपूर्ण कार्य को समझने में भी प्रायः भूल होती रही है। अनुवाद-कार्य को सदैव दूसरी श्रेणी का कार्य समझा-समझाया गया। जिसका सर्वाधिक बुरा परिणाम तो यही हुआ है कि अनुवादक का मनोबल गिरा है। विषय के जानकारों में इस कार्य के प्रति थोड़ी-बहुत हिचक रही है और श्रेष्ठ प्रतिभाओं के संस्पर्श से अनुवाद-कला काफी समय तक वंचित रही है। विचार-आंदोलनों, ज्ञान की प्रवृत्तियों में आज विश्वभर में अन्तर्विद्याश्रयी सम्बन्धों को लाने की आवश्यकता और समस्या है जिसके लिए अनुवाद से समर्थ माध्यम अभी मानव के पास शायद दूसरा नहीं है।

आधुनिक संसार में तुलनात्मक अध्ययन के लिए अनुवाद की आवश्यकता से कौन इनकार कर सकता है। दो भाषाओं के साहित्य, विचारों तथा भाषा शास्त्र सम्बन्धी तुलना से मानव मनोविज्ञान के अनेक अज्ञात तथ्यों का रहस्योद्घाटन किया जा सकता है क्योंकि अलग-अलग अनुशासनों में कार्य करता हुआ भी मानव मन एक है।

किसी भी विदेशी भाषा का अध्ययन तो हम अनुवाद के माध्यम से ही कर सकते हैं। यदि यह माध्यम न हो तो मानव-सेतु ही टूटने की प्रक्रिया में दृष्टिगत हो। विदेशी भाषा की बुनियादी शिक्षा आरम्भ में अक्सर अनुवाद के माध्यम से ही दी जाती है और उसी के द्वारा हम फ्रेंच, चीनी, रूसी, जर्मन आदि भाषाओं को सीखते हैं, उन भाषाओं के भाषा विज्ञान, भाषा शास्त्र एवं साहित्य से परिचय स्थापित कर पाते हैं। आज के विश्व में अनुवाद की केन्द्रीय स्थिति है। विश्व विद्यालयों में विदेशी भाषा विभाग खुल जाने से इस स्थिति में और भी शक्ति पैदा हुई है।

आज यह कहना सम्भव है कि ज्ञान के गणतन्त्र के नागरिकों के बीच अनुवादक विश्व नागरिक की हैसियत रखते हैं। उनकी अनुपस्थिति या अत्यधिक सीमित उपस्थिति का तात्पर्य होगा विज्ञान परम्परा का एक स्वनिर्मित कटघरे में घिर जाना। उसे इस कटघरे से बाहर निकलने से वंचित रखने पर सम्पूर्ण ज्ञान-विज्ञान परम्परा एक धीमी श्रान्ति या अपनी ही ऊब के कारण समाप्त हो जाएगी। विशेष रूप से आधुनिक युग में जहां विश्व-साहित्य अनुवादकों की गुणवत्ता के माध्यम से पुनर्जीवन या नवीन जीवन की शक्ति को प्रदर्शित करता है। कभी-कभार तो यह केवल उन्हीं के प्रयत्नों के कारण जीवित रह पाता है। हम सभी भली-भांति जानते हैं कि कोई भी संस्कृति तब तक जीवित रहती है जब तक वह परिवर्तन की चुनौती को भली-भांति स्वीकार करती है।

अनुवाद समीक्षा के माध्यम से रचना और अनुवाद के अंतः संबंध की तलाश

अनुवाद समीक्षा वास्तव में अनुवाद-सिद्धांत और व्यवहार के बीच का एक सूत्र है जिसके मानदंडों को लेकर मतैक्य भले हो न हो लेकिन जिसका महत्त्व निर्विवाद है। तुलनात्मक साहित्य के संदर्भ में इसकी भूमिका तथा महत्त्व और भी बढ़ जाता है। इसका उद्देश्य यह देखना मात्र नहीं होता कि अनुवाद सही है अथवा गलत बल्कि यह देखना भी होता है कि रचनाकार, अनुवादक और पाठक के बीच क्या और कैसा संबंध रहा है। अनुवादक का दृष्टिकोण और रूझान ही अनुवाद की प्रक्रिया में पाठ-विश्लेषण और प्रस्तुति का आधार बनता है। अपनी तमाम वस्तुनिष्ठता के बावजूद अनुवादक की मानसिक बनावट तथा युगीन प्रभाव-दबाव अनुवाद में प्रतिबिंबित होते हैं। अनुवाद समीक्षा का उद्देश्य इस दृष्टिकोण और रूझान का अध्ययन करते हुए अनूदित कृति में इसके प्रतिफलन का विवेचन-विश्लेषण और मूल्यांकन करना होता है। इस संदर्भ में महत्त्वपूर्ण बात यह है कि अनुवादक की मानसिकता की बनावट की तलाश अनुवाद के माध्यम से करने का प्रयास किया जाता है। बाह्य साक्ष्यों की भी अवहेलना नहीं की जाती लेकिन अंतःसाक्ष्यों की वरीयता दी जाती है।

अनुवाद समीक्षा की यह पूरी प्रक्रिया मूल पाठ और अनुवाद की तुलना के माध्यम से सम्पन्न होती है। एक ही रचना के विभिन्न व्यक्तियों द्वारा किए गए अनुवादों तथा विभिन्न युगों में किए गए अनुवादों की तुलना न केवल विभिन्न अभिरुचियों और दृष्टिकोणों को देखने-परखने की दृष्टि से उपयोगी होती है बल्कि अभिरुचियों और दृष्टिकोणों के कारण अनुवाद में उत्पन्न विविधताओं और विशिष्टताओं की दृष्टि से भी दिलचस्प होती है। पाठ विश्लेषण की संभावनाओं को उजागर करने के साथ ही यह अनुवाद को सर्जनात्मकता के विभिन्न पक्षों को भी प्रस्तुत करती है। इस तरह रचना और अनुवाद के संबंध की अनेकरूपता को प्रकट करती है।

अनुवाद कर्म में एक तरह को आलोचकीय और सर्जनात्मक दृष्टि निरंतर कार्य करती है। वस्तुनिष्ठता और लगाव दोनों साथ-साथ चलते हैं। रचना और अनुवादक

का संबंध एक जागरूक और निष्ठावान पाठक का संबंध होता है जो रचना को पढ़ने और समझने तक ही सीमित नहीं रहता, वरन् उससे आगे जाता है। अनुवादक वास्तव में सामान्य से ऊंचे दर्जे का पाठक होता है जो रचना का अर्थगत और शैलीगत विवेचन करते हुए लेखक की मूल संवेदना को आत्मसात् करने का प्रयास करता है। ऐसा कर लेने के बाद वह इस लेखकीय संवेदना को दूसरी भाषा में पुनः अभिव्यक्ति एवं रूप प्रदान करता है। जब तक अनुवादक रचना को समझते हुए लेखक की संवेदना को आत्मसात् कर रहा होता है तब तक वह पाठक रहता है लेकिन जैसे ही वह उसे दूसरी भाषा में प्रस्तुत करने लगता है, उसकी भूमिका बदल जाती है। अब अनुवादक पाठक नहीं, सर्जक होता है और पाठक कोई और होता है जिसके लिए वह अनुवाद कर रहा है। अपने इस लक्षित पाठक वर्ग की ओर अनुवादक की जानी-अनजानी प्रतिबद्धता सदैव रहती है। वह जानता है कि इस पाठक वर्ग (यानी लक्ष्य भाषा पाठक वर्ग) के लिए वह स्वयं वही काम कर रहा है जो लेखक ने स्रोत भाषा पाठक वर्ग के लिए किया था। इसके अलावा वह यह भी जानता है कि उसका व्यापक पाठक वर्ग मूल लेखक को उतना ही और उसी रूप में समझेगा जितना और जैसा अनुवादक उसे समझाना चाहेगा और समझा सकेगा। यही वह बिंदु है जिस पर अनुवादक की वस्तुनिष्ठता और आत्मनिष्ठता की टकराहट होती है और इन दोनों की द्वंद्वात्मक परिणति ही अनुवाद में प्रतिफलित होती है।

मूल पाठ, अनुवाद और गृहीता—रचनाकार, अनुवादक और पाठक—के इस त्रिक को अनुवाद समीक्षा के दौरान विभिन्न संदर्भों—जैसे देश, काल, समाज और संस्कृति के परिप्रेक्ष्य में रखकर देखने की जरूरत होती है। इस प्रक्रिया में विवेचन-विश्लेषण और मूल्यांकन पाठक को ही केंद्र में रखकर किया जाता है। रचना विशेष के अनुवाद की मूल रचना से तुलना करते हुए अनुवादकीय दृष्टिकोण की तलाश करते समय, अनुवादक द्वारा लेखकीय संवेदना के ग्रहण और उसकी पुनर्प्रस्तुति की उपलब्धियों एवं सीमाओं पर विचार करते समय, और कृति का समग्रता में मूल्यांकन करते हुए लक्ष्य भाषा संस्कृति में उसका स्थान निर्धारित करते समय अनुवाद समीक्षक पाठक वर्ग को ही मूल्यांकन का आधार बनाता है।

आमतौर पर लेखक और अनुवादक अलग-अलग व्यक्ति होते हैं जिनका रिश्ता कृति के माध्यम से निर्मित होता है। कभी-कभी स्वयं लेखक भी अपनी रचनाओं का अनुवाद करते हैं। ऐसे अनुवादों की समीक्षा न केवल दिलचस्प होती है बल्कि लेखकीय संवेदना और सृजन प्रक्रिया को समझने में सहायक होती है। अपनी रचना का अनुवाद करने वाला लेखक अपनी ही रचना का जागरूक पाठक होता है। अनुवाद करते समय रचना के प्रति उसकी दृष्टि आत्मनिष्ठ न होकर वस्तुनिष्ठ होती है। पाठक के रूप में वह अपनी ही कृति का गहन प्रेक्षण और पाठ-विश्लेषण करता है और फिर उसे पुनः सृजित करता है। इस प्रक्रिया में वह सर्जक, पाठक और पुनः सर्जक की त्रि-आयामी

भूमिका निभाता है—

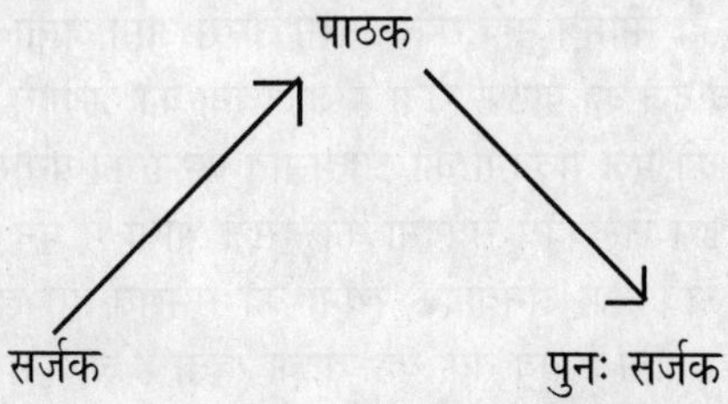

लेखकीय संवेदना उसकी अपनी होती है। वह जानता है कि कृति के माध्यम से उसने क्या कहना चाहा है। अतः मूल रचनाकार की मनःस्थिति से साक्षात्कार और तादात्म्य का जो प्रयास और संघर्ष सामान्यतया अनुवादक को करना पड़ता है वह अपनी ही रचना का अनुवाद करने वाले को एक हद तक नहीं करना पड़ता है। लेकिन अपनी कृति का अनुवाद किसी सूचना का दो भाषाओं में प्रसारण कर देना भर नहीं है, और अनुवाद करते समय वह उस बात का तरजुमा मात्र नहीं करता जिसे वह रचना के माध्यम से पहले ही कह चुका है। बल्कि वह उसे लक्ष्य भाषा संस्कृति में पुनः सृजित करता है। उसने मूलतः जिस पाठक वर्ग के लिए सृजन किया था उससे भिन्न पाठक वर्ग के लिए कृति की सर्जनात्मक पुनर्प्रस्तुति की समस्याओं से जूझता है। इस नए पाठक वर्ग की जरूरतें और सीमाएँ भी उसकी दृष्टि में होती हैं।

यह पुनर्प्रस्तुति स्वयं रचनाकार द्वारा होते हुए भी मूल प्रस्तुति का अनुकरण होती है। लेखक सृजन के क्षणों में सृजनात्मकता की जिस एकाग्र शक्ति से सम्पन्न होता है वह रचना पूरी होने पर बिखर चुकी होती है और जब रचनाकार स्वयं अनुवादक बनता है तो अपनी उस एकाग्र चित्तभूमि को पकड़ने का प्रयास करता है जो सृजन क्षणों में उसके पास सृजन शक्ति के रूप में मौजूद थी। लेकिन उसी चित्तभूमि पर लौट पाना सर्जक के लिए भी संभव नहीं हो पाता। ऐसा माना भी जाता है कि सृजन की रचना प्रक्रिया में कुछ ऐसे गोपन रहस्यमय आदिम संस्कार और अवचेतन के तत्त्व छिपे होते हैं जिन्हें चेतन के धरातल पर स्वयं रचनाकार भी नहीं जानता। इसीलिए सृजन क्षणों में बहुत से बिंब, प्रतीक, रूपक ऐसे आते हैं जो सहज परिवेशीय कल्पना से निःसृत होते हैं। इन सृजन क्षणों की मूल मनोदशा में फिर से लौट पाने का प्रयास और पूरी तरह न लौट सकने का संत्रास रचनाकार निरंतर झेलता है। सृजन कार्य और अनुवाद के बीच का समयांतराल भी इसमें अपनी भूमिका निभाता है। अनुवाद करते समय लेखक वही व्यक्ति नहीं रहता जो रचना करते समय था। इस बीच उसका भोक्ता मन बहुत से नए अनुभवों से गुजर चुका होता है, उसके आस-पास के संसार में बहुत कुछ और घटित हो चुका होता है जो उसके मन-मस्तिष्क पर अंकित होता है और रचना के क्षणों की मूल संवेदना तक पहुँचने के लिए उसे इस अनुभव संसार को

लांघते हुए जाना पड़ता है। अतः अपनी ही अनुभूति और अभिव्यक्ति का पुनर्सृजन करते समय बहुत कुछ ऐसा होता है जो हाथ से फिसलता है। परिणामस्वरूप मूल रचना और अनुवाद एक ही कलाकार द्वारा निर्मित एक ही आकृति की दो मूर्तियाँ होती हैं जो समान होने पर भी अपना-अपना निजी वैशिष्ट्य और स्वतंत्र पहचान रखती हैं। इस वैशिष्ट्य और पहचान की तलाश अनुवाद-प्रक्रिया के विभिन्न पक्षों पर तो प्रकाश डालती ही है रचनाकार की सृजन संवेदना की बनावट को समझने में भी उपयोगी होती है। अनुवाद के दौरान लेखक के सामने आने वाली समस्याएँ, उनके समाधान के उसके तरीकों और प्रयासों तथा इन सबके माध्यम से प्राप्त अंतिम आउटपुट--यानी अनुवाद--की समीक्षा रचना और अनुवाद के अंतःसंबंध को पहचानने और परखने का अच्छा माध्यम हो सकती है। इसी दृष्टि से प्रस्तुत आलेख में अज्ञेय की कहानी ''जय दोल'' और स्वयं अज्ञेय द्वारा उसके अंग्रेजी अनुवाद को लिया गया है।

अज्ञेय की यह कहानी 1951 में ''जयदोल'' नामक संकलन में प्रकाशित हुई थी। सत्ता के नृशंस अत्याचारों से त्रस्त और कराहते जन-मानस की स्वातंत्र्य कामना इसकी कथा का मूल आधार है जिसे एक उत्साही, जिज्ञासु, कला-संस्कृति और मानवीय स्वाधीनतापूर्ण जीवन-मूल्यों के प्रति आस्थावान फौजी अफसर--लेफ्टिनेंट सागर--के माध्यम से प्रस्तुत किया गया है। स्वच्छंदतावादी युग की चेतना को इसमें बड़े ही कौशलपूर्ण शिल्प में ढाला गया है। अतीत के माध्यम से वर्तमान की प्रस्तुति मानव मुक्ति की आकांक्षा, सत्ता की स्वेच्छाचारिता और अन्याय का विरोध, जन-सामान्य के महत्त्व की प्रतिष्ठा, सुदूर वनों के आदिम वासियों के जीवन के प्रति निष्ठा, प्रकृति से सहज निकटता और उसके प्रति तादात्म्य का भाव इस कहानी का मूल स्वर है।

प्राचीन वास्तु-शिल्प, स्मारकों और उनसे जुड़े जीवन एवं संस्कृति और लोक कथाओं का आकर्षण लेफ्टिनेंट सागर को असम में नवगाँव से डिबरूगढ़ जाते समय शिवसागर, रूद्रसागर और जयसागर देखने को उतावला कर देता है। तीन दिन की बारिश के बाद मौसम साफ होते ही कीचड़ भरी सड़क की परवाह किए बगैर वह अपने मातहत गोरखा गुरुंग के साथ ट्रक पर रवाना हो जाता है। इन तीनों स्थलों के बारे में उसने पढ़ रखा था। उन्हें देखने की उमंग में उसकी कल्पना शिवसागर, रूद्रसागर और जयसागर नामक बड़े-बड़े तालों और उनके किनारे बने मंदिरों के बड़े ही भव्य, ललित और मोहक चित्र खींचती है और वह सोचता है--

''ताल के जल में मंद-मंद हवा से सिहरती चाँदनी में, मंदिर की कुहासे-सी गहरी परछाईं दोलती होगी तब सचमुच सुंदर हिंडोले-सा दीखता होगा''

रास्ते में ट्रक का कीचड़ में धँसना, रात को ठहरने के बंदोबस्त के प्रयास में सागर का अंधेरे में चल पड़ना, एक इमारत तक पहुंचना (जो अहोम राजाओं का क्रीड़ा भवन थी), वहाँ पहुँचकर अंधेरे सन्नाटे में तीखी हवा और पानी की बौछार के बीच स्मृति, कल्पना और स्वप्न का एकाकार हो जाना, जयदोल नामक मंदिर से जुड़ी रानी जयमती

की कथा का स्वप्न के माध्यम से साकार होना आदि सभी घटनाएँ बड़े ही सजग और कुशल शिल्प में संजोयी गई हैं। स्वप्न से पहले की सभी घटनाएँ एक तरह से पृष्ठभूमि निर्मित करती हैं। सागर की कल्पना में घूमती चूलिक-फा की तस्वीर और सभी राजकुमारों को अंगभंग करके निष्कंटक राजपद सुनिश्चित करने का प्रयास इसी पृष्ठभूमि का हिस्सा है।

मूल कथा की शुरूआत रानी जयमती की यंत्रणा से होती है जो सागर के स्वप्न के माध्यम से प्रस्तुत की जाती है हालांकि आखिर तक यह रहस्य बना रहता है कि कथा कल्पना में चल रही है या स्वप्न में। चरम सीमा पर पहुँच कर ही यह भेद खुलता है कि सागर ने रिवाल्वर स्वप्न में चलाई थी। पाँच लाख बेबस जन-समुदाय के बीच, चूलिक-फा की नृशंस राजदर्पपूर्ण प्रताड़ना सहती हुई लकड़ी के मंच पर भूखी-प्यासी रक्त और घास की कीच से लथपथ खड़ी जयमती; नगावेश में अहोम राजकुमार (जयमती के पति) का आकर जयमती को राजकोप से बचने की सलाह देना, जयमती का उसे फटकारते हुए अपनी यंत्रणा को लाखों प्रजा जन की यंत्रणा का प्रतीक बताना और कुमार को आतातायी शासन उलटने की प्रेरणा देना, नगा का चूलिक-फा को धर दबोचना, चूलिक-फा द्वारा राजकुमार को पहचाना जाना और उसका कान काटकर राजपद के अनुपयुक्त बनाने का प्रयास, चूलिक-फा को ऐसा करने से रोकने के लिए सागर का रिवाल्वर चलाना, चारों ओर से राजकुमार और रानी जयमती की जयध्वनि की रोमांचक अनुगूंज के साथ सागर का जागना आदि घटनाओं द्वारा बहुत ही चतुराई से स्वप्न और यथार्थ को जोड़ा गया है। कहानी का अंत भी बड़ा ही नाटकीय और कौतुहलपूर्ण है। आँख खुलने पर सागर हाथ में सर्च लाइट लिए गुरुंग को देखकर रंगभवन की सीढ़ियों से उतर उठता है तभी सामने कुछ दूर पर उसे दिखाई देता है एक चौरस ताल और उसके किनारे खड़ा मंदिर जयदोल। स्वप्न, कल्पना, यर्थाथ, जिज्ञासा, रहस्य, रोमांच सब एकमेक होकर ‘‘मानव मात्र की अदम्य स्वातंत्र्य प्रेरणा’’ को साकार करते हैं।

कथ्य की इस कसावटपूर्ण बुनावट में भाषिक रचनात्मकता की भूमिका भी कम नहीं रही है। भाव की गहनता और संवेदना की प्रखरता को सघन बिंबों और प्रतीकों ने पूरी व्यंजना और सांकेतिकता के साथ प्रस्तुत किया है। अज्ञेय के रचनाकार व्यक्तित्व की पृष्ठभूमि में स्वाधीनता आंदोलन और छायावाद युग की प्रेरणा कैसे सक्रिय थी इस बात को यह कहानी अपने कथ्य और शिल्प दोनों स्तरों पर प्रकट करती है। इतिहास और संस्कृति के प्रति कौतूहल, प्रकृति से तादात्म्य, मुक्ति की आकांक्षा, जन संस्कृति और नागर संस्कृति का द्वंद्व, संश्लिष्ट बिंब-विधान आदि सभी स्तरों पर इसे देखा जा सकता है।

‘‘जयदोल’’ के अंग्रजी अनुवाद में लेखक मूल रचना को कथ्य, शिल्प और प्रतिपाद्य सभी स्तरों पर केंद्र में रखकर चला है और उसे अंग्रेजी भाषा संस्कृति में

ढालने में यथासंभव कामयाब भी हुआ है। कहानी की मूल संवेदना को, उसके विभिन्न सांकेतिक संदर्भों को बड़ी ही निकटता से अंग्रेजी भाषा में ग्रहण किया गया है। परिणामस्वरूप 'Jaya Dol' अंग्रेजी में लिखी कहानी पढ़ने जैसा आनंद भी पाठक को देती है। अंग्रेजी में इसके पुनः सृजन की प्रक्रिया को हम तब पकड़ पाते हैं जब दोनों भाषाओं में इसे साथ-साथ पढ़ते हैं। इस प्रकार दोनों पाठों को साथ-साथ पढ़ते हुए मूल्यांकन करते समय कुछ बातें सामने आई हैं जिसकी चर्चा मैं आगे करूँगी।

पहली है—रचना और अनुवाद की समसामयिकता की। स्वयं अपनी रचना का अनुवाद करने वाले लेखक के पास एक सुविधा यह होती है कि उसे काल की लंबी दूरी नहीं तय करनी पड़ती। मूल रचना और उसके अनुवाद में ज्यादा से ज्यादा एक-दो दशकों की दूरी होती है जबकि अन्य अनुवादों में यह दूरी सैकड़ों से लेकर हज़ारों वर्षों तक कितनी भी हो सकती है। यह दूरी रचना को इतिहास से वर्तमान में लाने की, उसे समसामयिक संदर्भों के लिए प्रासंगिक बनाने की अपेक्षा करती है जो अपने आप में काफी बड़ी चुनौती होती है। रचनाकार अनुवादक इस चुनौती से बहुत कुछ बरी होता है। लेकिन दिलचस्प बात यह है कि आधुनिक वैज्ञानिक युग के एक-दो दशक भी वैचारिक-मानसिक यात्रा के लिए छोटे नहीं होते। यह बात "जयदोल" कहानी और उसके अनुवाद में देखने को मिलती है। उदाहरण के लिए कहानी का अंतिम अंश और उसके अनुवाद को देखते हैं—

सागर ने मुँह उठाकर सामने देखा, और देखता रह गया। दूर चौरस ताल चमक रहा था, जिसके **किनारे पर मंदिर भागते बादलों के बीच काँपता हुआ, मानों शुभ्र-चाँदनी से ढका हुआ हिंडोला**—क्या एक रानी के अभिमान का प्रतीक, **जिसने राजा को बचाया** या एक नारी के साहस का, **जिसने पुरुष का पथ-प्रदर्शन किया;** या कि मानव-मात्र की अदम्य स्वातंत्र्य-प्रेरणा का अभीत, अजय जय-दोल?

Sagar raised his eyes to see before him, and then stood staring. In the distance shone a large square of water, and **on its bank the temple, a black and silver bird cage** shimmering against the fugitive clouds—**witness to the pride of a queen, the fortitude of a great woman.** Or more truly perhaps, symbol of the quenchless love of freedom, the eternal indomitable spirit of man?

यहाँ मूल और अनुवाद में कुछ अंतर देखने में आते हैं। मूल में "मंदिर भागते बादलों के बोच काँपता हुआ मानो शुभ्र चाँदनी से ढका हुआ हिंडाला" सा दिखाई देता है।

यह पूरा बिंब विधान, जो लेफ्टिनेंट सागर के हृदय में मंदिर और उससे जुड़ी कथा के प्रति जिज्ञासा कौतुहल और आकर्षण की पूर्ति करता है, अपनी सजीवता और

संश्लिष्टता में किसी भी छायावादी कविता के बिंब-विधान से तुलनीय है।

लेकिन अनुवाद करते समय अज्ञेय वह अज्ञेय नहीं है जो ''जयदोल'' लिखते समय थे। उनकी मनोभूमिका का बदलाव अनूदित पाठ के बिंब-विधान से प्रकट होता है। यहाँ कहा गया है–

"on its bank the temple, a black and silver bird cage
shimmering against the fugitive clouds."

''शुभ्र चाँदनी से ढका हिंडोला'' अंग्रेजी में 'black and silver bird cage' कहा गया है। हिंडोले को अज्ञेय ने 'bird cage' के रूप में क्यों प्रस्तुत किया यह एक प्रश्न चिन्ह है। हिंडोले का अर्थ होता है बच्चे का ''पालना'' या ''झूला''। बच्चे के झूले के अतिरिक्त अन्य झूलों का अर्थ भी इस शब्द से लिया जा सकता है। लेकिन 'bird cage' तो निश्चित तौर पर ''पिंजरा'' ही है जो किसी न किसी रूप में कैद का ही प्रतीक हो सकता है (भले ही पंछी को प्यार से पालने और उससे स्नेहपूर्ण व्यवहार के लिए क्यों न इस्तेमाल होता हो) स्वतंत्रता का नहीं, जबकि कहानी की अगली पंक्तियों में मंदिर को मानव मुक्ति का प्रतीक बताया गया है। अनुवाद के दौरान यह अर्थगत विचलन काफी चकित करता है। लेखक ने यह अर्थ कैसे निकाला, यह सोचकर ताज्जुब होता है क्योंकि ''हिंडोले'' से जो बिंब हिंदी भाषी व्यक्ति के मन में बनता है वह ''पिंजरे'' से नितांत भिन्न होता है। हिंडोले में निहित जो कोमलता, आनंद और उमंग है वह भी 'bird cage' में गायब हो जाती है और एक बेबसी का भाव उत्पन्न होता है। सवाल यह उठता है कि अज्ञेय ने अंग्रेजी में यह भिन्न अर्थ क्यों देना चाहा? ''शब्द का ज्ञान, शब्द की अर्थवत्ता को सही पकड़ ही कृतिकार की कृती बनाती है'' (''तार सप्तक'' पृष्ठ 309) मानने वाले अज्ञेय शब्द प्रयोग की लापरवाही तो निश्चित तौर पर नहीं कर सकते। हाँ यह हो सकता है कि जो स्वच्छंदतावादी भावभूमि कहानी लेखन के समय की मूल भावभूमि रही हो वह अनुवाद तक पहुँचते-पहुँचते स्वातंत्र्योत्तर भारतीय समाज के संघर्षों और नई कविता की मोहभंग की मनोभूमिका में बदल गई हो। लेखन और अनुवाद के बीच का समायांतराल लेखकीय मनःस्थिति और संवेदना में एक खास तरह का बदलाव लेकर आया प्रतीत होता है जिसे अपनी ही रचना के अनुवाद के दौरान पाठक और पुनः सर्जक की भूमिका में प्रकट करने के लिए रचनाकार बाध्य हुआ है। इसी बदलाव की मनोभूमिका में नीले आसमान और सफेद बादलों के रंग और मंदिर के रंग को ''शुभ्र चाँदनी से ढके'' की जगह 'black and silver' कहना पड़ा है। यहाँ black and silver से रंगों का बोध तो हो जाता है लेकिन चाँदनी की निर्मलता से ढके होने के बिंब से ग्रहीत अर्थ से बिल्कुल भिन्न अर्थ की प्रतीति कराता है। हिंदी पाठ में विद्यमान प्रकृति के प्रति सूक्ष्म संवेदनशील आकर्षण का भाव अंग्रेजी पाठ में नहीं है। संभवतया यह बदले हुए भावबोध का ही परिणाम है।

आगे की पंक्तियों में हिंदी मूल के दो वाक्यांश अंग्रेजी अनुवाद में छोड़ दिए गए

हैं–(1) "जिसने राजा को बचाया", और (2) "जिसने पुरुष का पथ प्रदर्शन किया"। अंग्रेजी पाठ "witness to the pride of a queen, the fortitude of a great woman" रानी जयमती के गौरव गरिमा और श्रेष्ठता का बोध तो कराता है लेकिन जिस महत्कार्य का हिंदी पाठ में उल्लेख है वह अंग्रेजी अनुवाद में नहीं मिलता। न केवल राजा का जीवन बचाने वाली बल्कि पुरुष का पथ प्रदर्शन करने वाली जयमती का कद fortitude of a great woman से ज़्यादा बड़ा है। अंग्रेजी पाठ से केवल स्वाभिमान और सहन-शक्ति का बोध होता है जबकि हिंदी पाठ से उसके विवेक, आत्म-सम्मान और प्रेरणादायिनी दृढ़ इच्छा-शक्ति का। जागरण सुधार युग की नारी के दृढ़ इच्छा-शक्ति संपन्न रूप का सही प्रतिबिंब हिंदी मूल में है जो अंग्रेजी अनुवाद में पूर्णतया भिन्न तो नहीं हुआ लेकिन जिसका एम्फैसिस जरूर बदल गया है।

लेखकीय संवेदना में इस बदलाव के अतिरिक्त रचनाकार द्वारा स्वयं अनुवाद में एक खास बात और होती है। रचनाकार अक्सर अपनी भाषा से दूसरी भाषा में अनुवाद करता है जबकि अन्य व्यक्तियों द्वारा किए गए सर्जनात्मक साहित्य के अनुवाद ज्यादातर विदेशी भाषा से या भिन्न भाषा से अपनी भाषा में किए जाते हैं। सामान्य अनुवादक की इच्छा अन्य भाषाओं की रचनाओं को अपनी भाषा तक पहुँचाने की होती है (अपनी भाषा की रचनाओं का भी वह दूसरी भाषाओं में अनुवाद करता है लेकिन अपेक्षाकृत कम) वहीं रचनाकार की इच्छा अपनी रचना को व्यापक पाठक वर्ग प्रदान करने की होती है। इसीलिए वह अपनी रचना को दूसरी भाषा में अनुवाद करता है। इस दृष्टि से सामान्य अनुवादक आयात करता है जबकि रचनाकार अनुवादक निर्यात। एक का उपभोक्ता यानी लक्षित पाठक वर्ग अपनी भाषा का पाठक वर्ग होता है, दूसरे का लक्षित पाठक वर्ग विदेशी या भिन्न भाषा-भाषी। वह अपनी रचना को दूसरी भाषा संस्कृति में ढालता है। वह विदेशीपन अथवा दूसरी भाषापन भौगोलिक से अधिक व्यावहारिक स्तर का होता है। जो व्यक्ति जिस भाषा को अपने बौद्धिक कार्यकलाप की भाषा के रूप में अपनाता है वही उसकी मूल भाषा या अपनी भाषा कही जाएगी क्योंकि वह प्रमुखतया उसी भाषा में सोच-विचार और लेखन करता है भले ही जन्मना अथवा सामान्य व्यवहार में उसका संबंध किसी अन्य भाषा से हो। इस दृष्टि से इंडो-इंगलिश लेखकों की अपनी भाषा अंग्रेजी ही है और जिस भारतीय भाषा को वे पारिवारिक जीवन में या अन्य कार्यकलाप के लिए इस्तेमाल करते हैं वह उनके लिए दूसरी भाषा कही जाएगी। ऐसे लेखकों द्वारा भारतीय रचनाओं का अंग्रेजी अनुवाद उनकी अपनी भाषा में अनुवाद कहा जाएगा क्योंकि उन्होंने अंग्रेजी को ही अपनी संवेदना और अभिव्यक्ति की भाषा के रूप में अंगीकार किया है।

स्वयं अपनी रचना का अनुवाद करने वाला लेखक (जब तक कि वह दो भाषाओं में बराबर लेखन न करता हो) अपनी भाषा से भिन्न भाषा या विदेशी भाषा में अनुवाद करता है। उसकी मूल संवेदना की भाषा मूल रचना की भाषा ही होती है और उसका

लक्षित प्रथम पाठक वर्ग भी मूल रचना का पाठक वर्ग होता है। अनुवाद के दौरान वह विदेशी अथवा दूसरे पाठक वर्ग के लिए पुनः सृजन करता है। इस दूसरे या विदेशी पाठक वर्ग को अनुवाद के माध्यम से संबोधित करते हुए उसकी जरूरतों पर ध्यान देता है। कौन-से ऐसे बिंदु हैं जिन्हें इस पाठक वर्ग को समझाने की जरूरत है, इस बात का अंदाजा लेखक लगाता है। ''जयदोल'' के अनुवाद में पाठक की ऐसी जरूरतों की पूर्ति अज्ञेय ने कई तरह से की है। उदाहरण के लिए मूल पाठ और उसके अनुवाद का थोड़ा अंश हम यहाँ उद्धृत कर रहे हैं। इसमें 'क्रीड़ा भवन'' के लिए प्रयुक्त 'Summer Palace' पर्याय पर ध्यान दीजिए–

"सागर ठिठककर क्षणभर उसे देखता रहा। सहसा उसके भीतर कुछ जागा जिसने इमारत को पहचान लिया .... यह तो अहोम राजाओं का **क्रीड़ा-भवन** है–क्या नाम है? –रंग महल, नहीं हवा-महल–नहीं, ठीक याद नहीं आता, पर वह उस बड़े **पठार** के किनारे पर है जिसमें जयमती–"

For a moment he stared, then recognition rang a bell within him; this was the **summer palace** of the Ahom Kings. What was it called? The Wind Palace. No, the Pleasure Palace. No, he couldn't be certain; but the palace was situated on the same **field** where Princess Jayamati had been—

''क्रीड़ा भवन'' के लिए "Summer Palace" रखना अंग्रेजी भाषा की संस्कृति के अनुरूप है। ठंडी जलवायु के लोगों के लिए क्रीड़ा, आनंद, उल्लास आदि जाड़े की ऋतु से न जुड़कर गर्माहट के मौसम से जुड़े होते हैं क्योंकि उनका जाड़ा कठिन होता है, जबकि हिंदी भाषी के लिए क्रीड़ा, आमोद आदि शरद, वसंत आदि ऋतुओं से जुड़े होते हैं। अंग्रेजी भाषी पाठक को क्रीड़ा का अर्थ ग्रहण कराने के लिए summer शब्द अज्ञेय ने रखा है। इसी तरह ''रंग महल'' के लिए 'Pleasure Palace' प्रयुक्त किया है जो एक हद तक क्रीड़ा के अर्थ का ही विस्तार है।

साहित्य में प्रस्तुत मिथकीय संदर्भ किसी भी भाषा संस्कृति की निजी धरोहर होते हैं। उन्हें दूसरी भाषा में प्रस्तुत करते हुए उनका अर्थ पाठक के लिए खोलना पड़ता है। इसके लिए अनुवादक कभी समानांतर मिथ की तलाश लक्ष्य भाषा में करता है तो कभी टिप्पणी देता है। अज्ञेय ने ऐसी स्थिति का समाधान मिथ और वैज्ञानिक सत्य को जोड़ते हुए करने का प्रयास किया है–

सात दिन की भूखी-प्यासी, घास और रक्त की कीच से लथपथ, लेकिन, **शेषनाग के माथे में ठुकी हुई कीलों की भाँति** अडिग, आकाश को छूने वाली प्रातः शिखा-सी निष्कम्प...

Jaymati stood there straight and proud and unshakable like the **iron spindle stuck on Sheshnag's hood, round which the earth revolves,** untrembling like the dawn's first shaft of flame; Jayamati, on the stocks for a week without food or water.

''शेषनाग के माथे पर ठुकी कील'' को हिंदी पाठक सहज ही अपने मिथकीय संस्कार से समझ लेता है। अंग्रेजी पाठक को इस मिथक को समझाना पड़ा है। लेखक ने बहुत संक्षेप में इसे स्पष्ट करते हुए लिखा है–'The iron spindle stuck on Sheshnag's hood, round which the earth revolves' धरती के शेषनाग के फन पर टिके होने की भारतीय मिथ को समझाते हुए अनुवाद में बताया गया है कि शेषनाग के फन्न (''हुड'') में लगी लोहे की धुरी पर पृथ्वी घूमती है। ऐसा अंग्रेजी भाषी पाठक भी हो सकता है जो शेषनाग की मिथ को न समझ पाए लेकिन वह अवश्य समझ जाएगा कि शेषनाग के हुड का मायने है–वह अक्ष अथवा धुरी जिस पर पृथ्वी घूमती है।

भाषिक संस्कृति के अनुरूप कथ्य में बदलाव का एक और अच्छा उदाहरण कहानी के आरंभ में ही देखने को मिलता है। ट्रक कीचड़ में फँस जाने के बाद सागर मजबूरी में रात वहीं गुजारने की सोचता है :

"दूसरी सूरत ... रात गाड़ी में ही सोया जा सकता है। पर गुरुंग? वह भूखा ही होगा ... **कच्ची रसद तो होगी, पर बनायेगा कैसे**? (सागर ने तो गहरा नाश्ता किया था, उसके पास बिस्कुट वग़ैरह भी हैं ... पर अफ़सरी का बड़ा क़ायदा है कि अपने मातहत को कम-से-कम खाना तो ठीक खिलाए ...)"

He could sleep in the truck; perhaps Gurung would be hungry; he had his rations **but he would need a fire.**

भाषा प्रकृति और मुहावरे के कारण 'fire' की जरूरत का उल्लेख करना पड़ा है जबकि हिंदी में ''बनायेगा'' शब्द है। ''कच्ची रसद'' के लिए केवल 'ration' रखा है। अनुवाद में भाषा की सांस्कृतिक आवश्यकता की दृष्टि से कुछ वाक्य छोड़ दिए गए हैं। मातहत और अफसर का रिश्ता (विशेष रूप से सेना सेवा के संदर्भ में) भारतीय ब्यूरोक्रेसी का ठेठ रूप है जिसमें अधिकारी और निचले कर्मचारी के बीच की दूरी होती है। यहाँ इस दूरी को व्यंजनाश्रित तरीके से उभारा गया है। अंग्रेज साहबों के बाद देशी साहबों ने भी ओहदे की दूरी की इस परंपरा को पूरी अहमियत से कायम रखा है। इससे औपनिवेशिक मानसिकता प्रकट होती है जो हिंदी पाठक के लिए काफ़ी सार्थक है। लेकिन भाषा संस्कृति बदलने के कारण अंग्रेजी में अज्ञेय ने इसे रखने की जरूरत नहीं समझी। विदेशी पाठक की संवेदना के लिए इसकी कोई सार्थकता उन्हें नहीं दिखाई दी है।

इससे प्रकट होता है कि अनुभूति की सर्जनात्मक प्रस्तुति के गहन क्षणों में जो अभिव्यक्ति मूल संवेदना के रूप में प्रकट होती है उसमें अनुवाद के दौरान विचार तत्त्व भी शामिल हो जाता है। इसके परिणामस्वरूप स्वयं रचनाकार भी मूल को ज्यों का त्यों

नहीं ढाल पाता। उदाहरण के लिए नीचे लिखी पंक्तियों को देखिए–

"और प्रातःकाल वहीं, रंग महल की सीढ़ियों पर उसके चरणों में यह **वीभत्स** उपहार चढ़ाया गया होगा –और उसने **उसी दर्प-भरी अवज्ञा में, ओठों की तार-सी तनी पतली रेखा को तनिक मींड़-सी देकर, शब्द किया होगा, ''हूँ''** और **रक्त-सने थाल को पैर** से तनिक-सा ठुकरा दिया होगा।"

The archway of the Pleasure Palace of the Ahom Kings was perhaps the very spot where the **bloody** offering was made—and spurned by the haughty Chulik-pha with a touch of the **royal** toe.

"चूलिक-फा–निष्कंटक राजा। लेकिन नहीं, यह तीर-सा कैसा साल गया? एक राजकुमार भाग गया–अक्षत।"

Chulik-pha, undisputed monarch of all the Ahoms. But, then, one prince had escaped.

यहाँ सीढ़ियों के लिए 'archway' या वीभत्स के लिए 'bloody' रखने से अर्थगत व्यंजना में बहुत अंतर नहीं आया लेकिन वीभत्स उपहार देखकर चूलिक-फा की प्रतिक्रिया का जो चित्र हिंदी मूल पाठ में है वह उसके अहंकारी, आत्म-सीमित, नृशंस, स्वेच्छाचारी, निरंकुश चरित्र का जो बिंब प्रस्तुत करता है (उदाहरण में रेखांकित पंक्तियों पर ध्यान दें) वह अंग्रेजी अनुवाद "and spurned by the haughty Chulik-pha with a touch of the royal toe" अपने प्रभाव की संपूर्णता में उतर नहीं पाया है।

इसी तरह अगली पंक्ति में ''यह तीर-सा कैसा साल गया'' वाक्य चूलिक-फा की निश्चित, निष्कंटक स्थिति के अहंकारपूर्ण आत्मतोष को बेंधती हुई एंटी क्लाइमेक्स की स्थिति पैदा करता है जो अंग्रेजी अनुवाद में छूट गई है। अंग्रेजी अनुवाद से यदि पुनः हिंदी रूपांतरित किया जाए तो बड़ा सपाट वाक्य बनाना होगा ''लेकिन एक राजकुमार बच निकला'', जबकि हिंदी मूल अनुभव की तीखी गहराई लिए है।

अगले उदाहरणों में भी मूल पाठ और अनुवाद में कई तरह का अंतर दिखाई देता है–

(1) क्यों नहीं बताएगी जयमती? वह प्रजा है; **प्रजा की हड्डी-बोटी पर भी राजा का अधिकार है।**

Jayamati must reveal his where-abouts. She was a subject, **a vassal; the king had absolute** power over his subjects.

दोनों ही पाठ राजा की स्वेच्छाचारी निरंकुशता और आततायी अन्याय के सूचक हैं लेकिन ''हड्डी-बोटी पर राजा का अधिकार है'' कहना इस आततायीपन के भाव को बहुत तीखेपन से व्यक्त करता है बजाय यह कहने की (जैसा कि अनुवाद में कहा गया है) प्रजा राजा की दास है उस पर राजा का पूर्ण अधिकार है।

(2) वहाँ सामने लेफ्टिनेंट ने फिर आंखों को कसकर बादलों की दरार को भेदने की कोशिश की–वहाँ सामने कहीं नगा पर्वत-श्रेणी है। वनवासी वीर नगा जातियों से **अहोम राजाओं की कभी नहीं बनी–वे अपने पर्वतों के नंगे राजा थे, ये अपनी समतल भूमि के कौशेय पहनकर भी अधनंगे रहने वाले महाराजा,** पीढ़ियों के युद्ध के बाद दोनों ने अपनी-अपनी सीमाएँ बाँध ली थीं और कोई किसी से छेड़छाड़ नहीं करता था–केवल सीमा-प्रदेश पर पड़ने वाली नमक की झीलों के लिए युद्ध होता था, क्योंकि नमक दोनों को चाहिए था। पर अहोम राजद्रोही नगा जातियों के सरदार के पास आश्रय पाये–असह्य है! असह्य!

Out there—Sagar screwed up his eyes and **peered into the eastern margin of the inverted cloud-bowl that held him prisoner**—out there were the Naga Hills where **the prince had gone for shelter. The Naga Chiefs hated the Ahom Kings with the concentrated hatred of the jungle :** generations of feud had produced a sort of **no man's land** which both sides respected, except for occasional skirmishes over the salt-beds which were vital to both. But that a Ahom rebel should find sanctuary with the Nagas was an unbearable insult.

मूल में स्पर्द्धा और अपने को दूसरे से कम न समझने का भाव है, नगर और वनवासी संस्कृतियों की टकराहट है। अनुवाद में केवल वनवासियों की अपने से अधिक संस्कृत जनों के प्रति घृणा ही व्यक्त हुई है। नगा तथा अहोम जातियों के पुराने बैर का जिक्र करने में हिंदी मूल वनवासी नगा जातियों की वीरता, आत्मसम्मान तथा अहोम जाति में अपेक्षाकृत विकसित सभ्यता की श्रेष्ठता का बोध कराता है जबकि अंग्रेजी अनुवाद में वनवासी नगा सरदारों तथा अहोम राजाओं के प्रति पुरानी चली आती घृणा का उल्लेख मात्र मिलता है।

इसके अतिरिक्त ''कौशेय पहनकर भी अधनंगे रहने वाला महाराजा'' में निहित व्यंग्य अनुवाद से छूट गया है। वनवासी नगाओं की तुलना में समतल भूमि की अहोम जाति ने सामाजिक-आर्थिक सम्पन्नता प्राप्त की थी लेकिन उस विकास के बावजूद अधनंगापन वास्तव में उनके सांस्कृतिक-बौद्धिक उन्नयन की कमी का सूचक है। यह अर्थ अंग्रेजी अनुवाद में नहीं आ पाया है। नगा सरदारों की वीरता और आत्म-सम्मान के भाव को अनुवाद में शामिल न करने का एक ऐतिहासिक कारण भी हो सकता है जो रचना और अनुवाद के समयांतराल के कारण आया हो। हम चर्चा कर चुके हैं कि मूल कहानी 1951 में छप चुकी थी। अतः इसका रचनाकाल पाँचवें दशक का होना चाहिए। लेकिन छठे दशक में आकर असम का सामाजिक-राजनीतिक माहौल बदल चुका था। सन् 1955-56 तक नगा विद्रोह नेहरू युग की बड़ी चुनौती के रूप में उभर चुका था जिसका समाधान और नियंत्रण छठे दशक के अंत तक पहुँचते-पहुँचते हो

पाया था। इस पूरे परिदृश्य में नगा वैसी वीरता और सम्मान के प्रतीक नहीं माने जा सकते थे जैसे कि पाँचवें दशक में। संभवतया 'concentrated hatred of the jungle' जैसे प्रयोग में यह राष्ट्रीय-सामाजिक परिदृश्य भी सक्रिय रहा है।

हिंदी भाषा संस्कार से अंग्रेजी भाषा संस्कार में ढालते समय कई बार लेखक ने बहुत सजीव बिंब भी सृजित किए हैं जैसे पूर्वोक्त उद्धरण में ''बादलों की दरार को भेदने की कोशिश की'' को अंग्रेजी में 'peered into the eastern margine of the inverted cloud-bowl that held him prisoner' कहकर बादलों से ढके चंद्रमा का बड़ा ही इंद्रिय ग्राह्य और जीवंत बिंब प्रस्तुत किया है। इसी तरह अगले उदाहरण में–

"रंगमहल जल रहा है, लपटें इधर-उधर दौड़ रही हैं।"

The Pleasure Palace had caught fire, the flames jumping from arch to arch

''लपटें इधर-उधर दौड़ रही हैं'' की बजाय 'the flames jumping from arch to arch' बिंब ज्यादा स्पष्ट और जीवंत है। कुछ स्थितियों में तो दोनों भाषाओं के अर्थबोध और मुहावरेगत जरूरतों के अनुरूप भिन्नार्थी प्रयोग रखे गए हैं। जैसे कुछ उदाहरण हैं–

(क) जयमती तुम्हारा साहस धन्य है।

Your fortitude is **unrivalled,** Jayamati.

(ख) ऊपर चढ़ते हुए हवा चीख उठी कई महरावों से मानो उसने **गुर्राकर** कहा।

As he climbed, the wind rose again from **every** arch: a **dozen** angry snorting voices seemed to **challenge** him.

(ग) राजकुमार की जय

Long live the Prince.

यहाँ ''धन्य'' के लिए unrivalled ''कई'' के लिए every, ''गुर्राने'' के लिए challenge ''जय'' के लिए 'long live' का प्रयोग किया गया है। अभिव्यक्ति को सक्षम और स्वाभाविक बनाने के लिए शब्दार्थ से दूर जाने में लेखक नहीं चूका है।

इस तरह के और भी कई बिंदु हैं जिनके आधार पर मूल कहानी और अनुवाद की तुलना की जा सकती है। लेकिन निष्कर्ष यही निकलता है कि रचना और अनुवाद का रिश्ता हर हालत में मूल और उसके अनुकरण का रहता है भले ही रचनाकार स्वयं ही उसका अनुवाद क्यों न करे। स्वयं रचनाकार द्वारा पुनः सृजन भी उसे मूल पाठ की स्थिति नहीं प्रदान कर पाता। हाँ वह रचनाकार की रचना प्रक्रिया की मनोभूमिका को समझने का बड़ा ही उपयोगी माध्यम अवश्य बन जाता है।

– दिल्ली विश्वविद्यालय के आधुनिक भारतीय भाषा विभाग द्वारा आयोजित तुलनात्मक साहित्य की संगोष्ठी में पठित आलेख (फरवरी 1993)

कम्प्यूटर और अनुवाद

आज जब विज्ञान ने हमारे जीवन में गहन अंतः प्रवेश कर लिया है तो मूलतः मानवीय मस्तिष्क का कार्यकलाप समझी जाने वाली अनुवाद जैसी कला भी तकनीकी और विज्ञान से भरपूर लाभान्वित हो रही है। कम्प्यूटर द्वारा अनुवाद आज एक सामान्य गतिविधि हो गया है। यातायात एवं संचार साधनों ने दुनियां भर के समाजों को जिस तेजी से जोड़ा है उस संचार क्रांति का उपयोग आज अनुवाद में अपने ढंग से किया जा रहा है। अनुवाद की प्रक्रिया में मशीन और मनुष्य संवाद पर नजर डालें तो हम पाते हैं कि कई क्षेत्रों में तो अनुवाद में कम्प्यूटर अवश्यभावी हो गया है।

मशीनी अनुवाद को आरंभ हुए लगभग आधी शताब्दी से अधिक बीत चुकी है। किसी भी वैज्ञानिक कार्यकलाप के लिए यह काफी लंबा समय है। इसीलिए मशीनी अनुवाद का क्षेत्र अपने आप में पर्याप्त लंबा और वैविध्यपरक गतिविधियों से पूर्ण इतिहास समेटे हुए है। अनुवाद के लिए मशीन के उपयोग के संदर्भ में वास्तव में कहा जा सकता है कि आवश्यकता आविष्कार की जननी है। 1940 के दशक में विश्व युद्ध के दौरान (विशेष रूप से 1945 के लगभग) इसकी शुरूआत हुई।

सेना संबंधी सूचनाओं के अनुवाद के लिए मशीन का प्रयोग सर्वप्रथम इसी समय हुआ। युद्ध में विभिन्न राष्ट्रों के सैनिक एक ही मोर्चे पर लड़ते थे। भिन्न-भिन्न भाषाओं को बोलने वाले सैनिकों के लिए जारी की जाने वाली सूचनाओं और आदेशों के अनुवाद के लिए विज्ञान के उपकरणों की सहायता ली गई ताकि संदेश शीघ्रातिशीघ्र अनूदित होकर सही लोगों तक पहुँच सकें। यह व्यवस्था नितांत आवश्यक थी क्योंकि इतने बड़े पैमाने पर लड़ी जाने वाली लड़ाई में अलग-अलग भाषाएँ बोलने वाले सैनिकों तक बेतार और रेडियों द्वारा संदेश पहुँचाने का यह सबसे सहज उपाय हो सकता था।

इस तरह अनुवाद कार्य के लिए मशीन का उपयोग एक तात्कालिक आवश्यकता की पूर्ति के लिए हुआ था। लेकिन यह उपयोग यहीं तक सीमित न रहा। कम्प्यूटर विज्ञान तथा भाषा विज्ञान और अनुवाद के क्षेत्र में यह एक युगांतरकारी घटना सिद्ध हुई। इससे वैज्ञानिकों तथा भाषाविदों को नई दिशा और कार्य-क्षेत्र मिला। इससे बहुभाषिक अनुवाद तुरंत कर सकने की संभावनाएँ खुलीं और कम्प्यूटर विज्ञान के क्षेत्र

में अनुसंधान और प्रयोगों का नया सिलसिला शुरू हुआ। जैसे-जैसे विज्ञान के विकास की गति बढ़ी और उसका क्षेत्र विस्तार होता गया अनुवाद की जरूरतें भी बढ़ती गई और अनुवाद में त्वरित गति अनिवार्य बनती गई। इसके साथ ही, बहुत व्यापक तादाद में सूचनाओं का अनुवाद अपेक्षित होता गया। कहना चाहिए कि यह जीवन की अनिवार्य आवश्यकता बन गया। ऐसी स्थिति में मशीन के ज्यादा से ज्यादा उपयोग की जरूरत पड़ी और यह महसूस किया गया कि ऐसी मशीनें विकसित की जाएँ जो जल्दी, अधिक से अधिक सामग्री को अनूदित कर सकें। अतः इस क्षेत्र में लगातार सक्रियता और प्रयोग होते गए। जैसे-जैसे कंप्यूटर विज्ञान में सूक्ष्म से सूक्ष्मतर विकास होते गए वैसे-वैसे अनुवाद के क्षेत्र में उनके इस्तेमाल की संभावनाएँ बेहतर होती गई। कंप्यूटर के विकास के इतिहास की पाँच पीढ़ियाँ (First generation से fifth generation तक) यानी हार्डवेयर से लेकर सॉफ्टवेयर और सॉफ्टवेयर में भी अत्याधुनिक प्रयोगों तक कंप्यूटर के भाषायी उपयोग और क्षमता विकास से जुड़े रहे हैं। आरंभ से ही वैज्ञानिकों को इस दिशा ने प्रयोग की ओर आकृष्ट किया। शुरू में सूचनाओं के लिए गैर-संख्यात्मक (non-numerical) पद्धति अपनाई जाती थी। धीरे-धीरे अनुवाद को स्वचालित प्रक्रिया में ढालने की ओर प्रयास हुए।

आरंभ में मशीनी अनुवाद संबंधी अनुसंधान को मूलतया कंप्यूटर इंजीनियरों का ही कार्य समझा जाता था लेकिन भाषायी सिद्धांतों के विकास के साथ दृष्टिकोण में भी बदलाव आया और महसूस किया गया कि मात्र इंजीनियरी विज्ञान इस दिशा में लक्षित उद्देश्यों की पूर्ति नहीं कर सकता। कंप्यूटर विज्ञान और भाषा-विज्ञान दोनों के समन्वित प्रयास मिलकर इस प्रौद्योगिकी क्षेत्र की नई संभावनाएँ और पद्धतियाँ तलाश करते हैं।

प्रश्न यह उठता है कि अनुवाद की प्रक्रिया में निहित एक भाषा में कही गई बात को दूसरी भाषा में प्रस्तुत करने का कार्य मशीन/कंप्यूटर किस प्रकार करता है? जब कोई व्यक्ति अनुवाद करता है तब तो वह स्रोत भाषा कथ्य का अर्थ ग्रहण करता है और फिर उसे लक्ष्य भाषा की शैली में प्रस्तुत करता है पर कंप्यूटर किस तरह वाक्य में शब्दों का क्रम पहचानते हुए उनका संबंध पता लगाता है? फिर कैसे उनसे निकलने वाले अर्थ को पहचानता है और कैसे उस अर्थ को दूसरी भाषा में अंतरित करता है? शब्दों के पर्याय कहाँ खोजता है? उपयुक्त पर्याय कैसे चुनता है?

कंप्यूटर ऐसी मशीन है जिसके पास मस्तिष्क भी होता है और स्मृति (memory) भी। उसमें और मनुष्य में फर्क यही है कि मनुष्य अपने मस्तिष्क और स्मृति का इस्तेमाल स्वयं और स्वेच्छा से कर सकता है जबकि कंप्यूटर को मस्तिष्क और स्मृति के इस्तेमाल के लिए आदेश (command) मिलना चाहिए। उसके मस्तिष्क में क्या रखा जाना है यह मनुष्य तय करता है यानी मनुष्य, कंप्यूटर की मेमोरी को फीड (feed) करता है और अपनी आवश्यकतानुसार उसका इस्तेमाल करता है।

इसका अर्थ यह हुआ कि कंप्यूटर से अनुवाद करने के लिए मनुष्य को उसमें अपेक्षित फीडिंग करनी पड़ती है तथा समुचित आदेश देने पड़ते हैं। यह कार्य कई स्तरों पर किया जाता है। जैसी कि चर्चा की जा चुकी है मशीन का प्रयोग सर्वप्रथम सेना सम्बन्धी सूचनाओं के अनुवाद के लिए हुआ था। बाद में इसकी सम्भावनाओं का इस्तेमाल अन्य क्षेत्रों में किया जाने लगा और अनुवाद के क्षेत्र में मशीनी क्रांति-सी आ गई। मशीन का इस्तेमाल अनुवाद कार्य में करने के लिए व्यवहार्य पद्धति विकसित करने के लिए व्यापकतर प्रयास किए गए। साथ ही मशीनी अनुवाद की आवश्यकता भी बढ़ी। तकनीकी और औद्योगिक प्रगति के साथ-साथ अंतर्राष्ट्रीय व्यापार और वाणिज्य का विस्तार होने लगा। बहु-राष्ट्रीय कम्पनियों (Multi-national Companies) की स्थापना से राष्ट्रीय सीमाएं पार हो गयीं। सम्मिश्र उत्पादन प्रौद्योगिकी (Complex Production Technology) की व्यापक आधारपरक मांगों के परिणामस्वरूप आर्थिक समुदायों (Economic Communities) के रूप में साझा बाजार विकसित हुए हैं। परिणामस्वरूप अविश्वसनीय रूप से व्यापक दर पर आंकड़े तथा सूचनाएं एकत्र की जाती हैं। कहना चाहिए कि औद्योगिक क्रांति ने अनुवाद की आवश्यकता को अनिवार्य बना दिया है साथ ही उसके लिए औजार (Tools) भी प्रदान किए हैं। जब आंकड़े राष्ट्रगत सीमाओं को पार कर जाते हैं तो अनुवाद अनिवार्य हो जाता है और हम तकनीकी सम्भावनाओं की ओर देखते हैं। आधुनिक उच्च गति के सूचना संवाहकों में दृश्य-श्रव्य माध्यम (Audio-visual Media), इलैक्ट्रानिक डाटा प्रोसेसिंग, सैटेलाइट तथा माइक्रो प्रोसेर्स आते हैं। इनके द्वारा सूचनाओं का संचयन, प्रेषण तथा बड़ी मात्रा में और अविश्वसनीय गति से स्मरण सम्भव हुआ है।

मशीनी अनुवाद की व्यवहार्य पद्धति के विकास सम्बन्धी प्रयास तथा प्रयोग करके अनेक देशों में कम्प्यूटर अनुवाद की अनेक प्रणालियां विकसित की गईं क्योंकि संघीय जर्मन गणतंत्र अथवा डेनमार्क या जापान जैसे निर्यातक देशों को अपनी उत्पाद सम्बन्धी सूचना विश्व-बाजार के ग्राहकों तक पहुंचाने के लिए तथा उन उत्पादों की उपादेयता के प्रचार के लिए अनुवाद नितांत आवश्यक हो गया। जिन देशों की भाषाएँ व्यापक रूप से दुनिया भर में नहीं बोली जातीं उन सभी के लिए व्यापार और वाणिज्य में अनुवाद की महत्त्वपूर्ण भूमिका है। अतः उच्च-स्तरीय अनुवाद के लिए तकनीकी सुविधाएं (Technical aids) विकसित करने की आवश्यकता वे काफी पहले से महसूस करते रहे हैं और इस दिशा में निरन्तर प्रयत्नशील रहे है। अब वे मानने लगे कि उत्पादन सम्बन्धी प्रलेखन बहुभाषिक होने के कारण अनुवाद की त्वरित गति तथा एकरूपता अपेक्षित है और इसके लिए आत्यंतिक समाधान कम्प्यूटर द्वारा स्वचालित अथवा सीधे अनुवाद (Automatic Translation) हो सकता है। छठे और सातवें दशक के मध्य तक योरोप में यांत्रिक अनुवाद के प्रति गहरा विश्वास तथा व्यापक आशाएं थीं। कई देशों में कम्प्यूटर प्रणालियां विकसित की गयीं। अमरीका में

डॉ. टोमा द्वारा विकसित सिस्ट्रान सिस्टम (SYSTRAN System) इसी प्रकार की प्रणाली थी। मूल रूप से यह अंग्रेजी तथा रूसी भाषाओं में अनुवाद करती थी। इसकी गति 3,00,000 शब्द प्रति घंटे की थी।

किंतु सन् 1966 की प्रसिद्ध एल्पैक (ALPAC) रिपोर्ट ने यंत्रानुवाद की दिशा में विकास तथा चिंतनधारा को ही बदल दिया। इसने मशीनी अनुवाद की खामियों की ओर ध्यान आकृष्ट कराया। रिपोर्ट ने इस बात पर जोर दिया कि बचपन में जो भाषागत संस्कार हमारे भीतर विकसित हुए हैं और भाषा को हम जिस रूप में इस्तेमाल करते चले आ रहे हैं उसका इस्तेमाल कम्प्यूटर किस प्रकार करता है यह निश्चित नहीं। यंत्रानुवाद की सीमाओं के प्रति जागरूकता से अनुसंधान की नई दिशाएं खुलीं और नई विधाएं (Disciplines) सामने आईं जिनमें अनुप्रयुक्त भाषा विज्ञान (आधुनिक अर्थ में) तथा कम्प्यूटर भाषाविज्ञान शामिल है। 1966 तक विकसित सिस्टमों की अपर्याप्तताओं के लिए कभी-कभी तो उपलब्ध कम्प्यूटरों को दोषी ठहराया गया और कभी मशीनी कोशों अर्थात् कम्प्यूटर में संगृहीत शब्दावली की त्रुटियों को।

एल्पैक रिपोर्ट ने मशीनी अनुवाद पर जो आघात किया उसने अनेक विश्व विद्यालयों को मशीनी अनुवाद की समस्याओं के अध्ययन के लिए प्रेरित किया। इसके साथ ही कई उन्नत किस्म के सिस्टम विश्व बाजार में काफी दावों के साथ प्रस्तुत किए गए। किन्तु उक्त सभी अध्ययनों अनुसंधान विवरणों में तथा सिस्टमों सम्बन्धी दावों में यह माना गया—यद्यपि संकोचपूर्वक—कि उक्त प्रणालियों (सिस्टमों) का उद्देश्य अब उस श्रेणी का उच्च स्तरीय अनुवाद नहीं है जिसके लिए अनुवर्ती श्रम अपेक्षित है अपितु उनका उद्देश्य तो सूचना के प्रयोजन मात्र के लिए अनुवाद है। यहां तक कि जो लोग कुछ समय पूर्व तक मशीनी अनुवाद का संपादन अनिवार्य मानते थे वह भी इसे 'यूटोपिया' (आदर्श कल्पना) स्वीकार करने लगे। द्वितीय विश्व-युद्ध के बाद जब से मशीनी अनुवाद विकसित हुआ तब से इस क्षेत्र के विकास में लगे लोग इस क्षेत्र के लिए निर्धारित लक्ष्य की संदिग्धता के प्रति पहली बार सचेत होते प्रतीत हुए। किन्तु यह समस्या का समाधान न होकर एक प्रकार का समझौता था जो मजबूरी में किया गया प्रतीत होता था। क्योंकि अनुवाद क्रे विभेद—उच्चस्तरीय और सूचनापरक अनुवाद—करके भी हम किसी खास लक्ष्य पर नहीं पहुंचते अपितु सुविधापरक दृष्टिकोण अपना लेते हैं। और फिर स्तरीयता इतनी नगण्य भी नहीं है कि उसे त्याग ही दिया जाए। हां, मात्र सूचनापरक अनुवाद से कुछेक प्रयोजनों की सिद्धि हो सकती है जैसे कुछ अमरीकी एजेन्सियां खासतौर से मिलिटरी सेक्टर के लिए सूचना के प्रयोजन के लिए पूर्णतया स्वचालित अनुवाद (Fully Automatic Translation) की पद्धति अपनाने लगी। इसका इस्तेमाल विदेशी—मूलतया रूसी—भाषा में प्रकाशित मुख्तया वैज्ञानिक तकनीकी लेखों के सार का अनुवाद प्रस्तुत करने के लिए किया गया

है ताकि वह अनुवाद शोधकर्ताओं, वैज्ञानिकों और सेना कार्मिकों को प्रदान किया जा सके और उन्हें उक्त क्षेत्र में अन्यत्र हो रहे विकास की जानकारी का अवसर प्रदान किया जा सके। ऐसे मशीनी अनूदित सार के आधार पर आमतौर पर यह निश्चित किया जाता है कि क्या सम्पूर्ण लेख का अनुवाद अपेक्षित है। यदि अपेक्षित होता है तो किसी अनुवादक से उसका अनुवाद करा लिया जाता है। पूर्ण लेख के अनुवाद में मशीन का भरोसा नहीं किया जा सकता क्योंकि कभी-कभी तो मशीनी अनुवाद का स्तर प्राथमिक सूचना प्रदान करने के लिए भी उपयुक्त नहीं होता।

अमरीकी सिस्ट्रान (SYSTRAN) सिस्टम का इस्तेमाल यूरोपियन इकनॉमिक कम्यूनिटी के कमीशन के लिए प्रयोग के तौर पर शुरू किया गया। किन्तु ई.ई.सी. के अनुवाद में इसकी कोई महत्त्वपूर्ण भूमिका नहीं हो सकी क्योंकि वहां के पाठ की अक्सर विधिक प्रासंगिकता होने के कारण वहां उच्च स्तरीय अनुवाद अपेक्षित है।

आज सूचना क्रांति के जमाने में दुनिया भर में कम्प्यूटर अनुवाद को अधिकाधिक उपयोग में लाने के प्रयास जारी हैं। कम्प्यूटर अनुवाद मौसम संबंधी रिपोर्टों तथा अन्य तुरंत-फुरत तैयार होने वाली सामग्री के लिए व्यापक रूप से इस्तेमाल होता है। भारत में कम्प्यूटर अनुवाद के क्षेत्र में प्रयास अपेक्षाकृत देर से शुरू हुए। करीब 30 वर्षों से कम्प्यूटर प्रौद्योगिकी के यहां आने के बाद भी काफी समय तक भारतीय भाषाओं का इससे कोई संपर्क नहीं हुआ। यूरोपीय भाषाओं में रोमन लिपि के प्रयोग के कारण अधिकांश भाषाओं के बीच मशीनी अनुवाद आसानी से संभव था। भारत में कम्प्यूटर विज्ञान के आ जाने के बाद से भारतीय भाषाओं की लिपि और भाषिक संरचना को कम्प्यूटर से जोड़कर ही अनुवाद का प्रयोग संभव हो सकता था। इसीलिए इस क्षेत्र में थोड़ा समय लगा। तमिल विश्व विद्यालय ने जब तमिल और रूसी भाषाओं के बीच अनुवाद के लिए कम्प्यूटर का प्रयोग किया तो रोमन लिपि को ही अपनाया। कम्प्यूटर के क्षेत्र में भारतीय भाषाओं का उपयोग 1980 के बाद ही शुरू हुआ। चौथी पीढ़ी यानी 'फोर्थ-जेनरेशन' के कम्प्यूटरों में भारतीय भाषाओं को समाहित किया गया। कई देशी कंपनियों ने ऐसे कम्प्यूटर बनाए जो द्विभाषिक अथवा बहु भाषिक सामग्री प्रिंट कर सकते हैं। हिन्दी तथा अन्य भारतीय भाषाओं में शब्द संसाधन (Word Processing) की सुविधा से प्रशासनिक कार्यों—सूचना संग्रहण करने, रिपोर्ट तैयार करने, पत्र तैयार करने आदि के काम—में काफी सुविधा हुई है। आरंभ में इस दिशा में सी.एम.सी. द्वारा तैयार किया गया 'लिपि' और डी.सी.एम. द्वारा तैयार किया गया 'सिद्धार्थ' नामक शब्द संसाधन कार्यक्रम काफी व्यवहारिक और सफल सिद्ध हुआ। बाद में अन्य कम्पनियों ने भी अपने-अपने सॉफ्टवेयर (Software) विकसित किए हैं।

कम्प्यूटर से अनुवाद की दिशा में प्रयास जारी हैं। इस दिशा में दो तरीके की आवश्यकताएं हैं—अंग्रेजी-हिंदी अनुवाद और भारतीय भाषाओं के बीच अनुवाद।

व्याकरण और ध्वनियों की काफी हद तक समानता के कारण भारतीय भाषाओं के बीच कम्प्यूटर अनुवाद अपेक्षाकृत आसान हो सकता है। कम्प्यूटर की टैक्नोलॉजी हमने आयात की है और उसकी भाषा अंग्रेजी है। कम्प्यूटर के केन्द्रीय प्रोसेसिंग यूनिट और स्मरण शक्ति (Central Processing Unit and Memory) की भाषा अंग्रेजी है। चूंकि इन दोनों अंगों का उपयोग मशीन के आंतरिक विश्लेषण के लिये किया जाता है इसीलिए किसी भी प्रोग्राम या कम्प्यूटर का इस्तेमाल करने वाले व्यक्ति इन दोनों से सीधा सम्पर्क नहीं होता। यह माना जाता है कि "द्विभाषिकता केवल नामों और भाषा संकेतों में ही अर्थ रखती है और द्विभाषिकता के कारण कम्प्यूटर प्रणाली एवं प्रोग्राम चिंतन में मूल परिवर्तन की आवश्यकता नहीं होती। इसलिए यदि उपयुक्त सॉफ्टवेयर सहित इनपुट आउटपुट यूनिट (Input Output Unit) को द्विभाषी रूप में काम करने के लिए सक्षम कर दिया जाए तो कोई भी कम्प्यूटर द्विभाषी रूप में काम कर पाएगा।"–(राजभाषा विभाग के तकनीकी कक्ष द्वारा कम्प्यूटर निर्माताओं के लिए जारी सूचना)। कम्प्यूटर तो मशीन है उसकी अपनी कोई भाषा नहीं होती। उसका कंपायलर (Compiler) किसी भाषा में दिए गए आदेश को मशीन द्वारा समझी जा सकने वाली भाषा (शून्य '0' और एक '1' अंकों की भाषा) में बदलता है।

भाषा के क्षेत्र में कम्प्यूटर के उपयोग के दो प्रमुख क्षेत्र हैं आंकड़े संसाधन (Data Processing) और शब्द संसाधन (Word Processing)। आंकड़े संसाधन में दो प्रकार के कार्य शामिल होते हैं–प्रोग्राम की भाषा और प्रोग्राम चलाते समय उसमें भरे जाने वाले आंकड़े। प्रोग्राम की भाषा का मतलब है प्रोग्राम में दिए जाने वाले आदेश। अभी ये आदेश अंग्रेजी में ही दिए जाते हैं। किन्तु इससे इतना तो स्पष्ट ही है कि अंग्रेजी में बने प्रोग्राम अंग्रेजी भाषा की जरूरतों के अनुरूप होते हैं। यदि हम भारतीय भाषाओं का कम्प्यूटर में ज्यादा से ज्यादा उपयोग करना चाहते हैं तो कम्प्यूटर में प्रोग्राम हिंदी तथा अन्य भारतीय भाषाओं में करने की व्यवस्था होनी चाहिए। जब तक यह कार्य शुरू नहीं होगा तब तक भारतीय भाषाएं कम्प्यूटर के क्षेत्र में लगातार हो रहे नए से नए विकास से नहीं जुड़ पाएंगी। प्रोग्राम जिस भाषा में होगा उसी भाषा में दिए गए आदेश मशीन की भाषा में बदलेंगे और इस दिशा में आने वाली बाधाओं को दूर करने के लिए प्रयास संभव होगा। इसलिए भारत में कम्प्यूटर से अनुवाद की बातचीत करने से पहले हमें कम्प्यूटर तंत्र को भारतीय भाषाओं में ज्यादा से ज्यादा प्रयोग की संभावनाओं का विस्तार करना होगा। सौभाग्य से इस दिशा में तेजी से कदम उठाए गए हैं क्योंकि कम्प्यूटर क्षेत्र के महानायक बिल गेट्स कुछ दिन पूर्व ही भारत आए और भारतीय कम्प्यूटर उद्योग में पूँजी निवेश के साथ ही भारतीय भाषाओं में कम्प्यूटर विकास का वादा करके गए हैं।

कम्प्यूटर से अनुवाद के क्षेत्र में यहां पहले से भी कई प्रयास होते रहे हैं। इनमें डिजिटल रिसर्च इंस्टीट्यूट के निदेशक आबासामा के प्रयास की चर्चा भी

उपयुक्त होगी।

अनुवाद कार्य डिजिटल (Digital) कम्प्यूटर के द्वारा किया जाता है। 'यूनिवर्सल डिजिटल कम्यूनिकेशन रिसर्च इंस्टीट्यूट' के निदेशक आबासामा ने अंकीय कोश की विस्तृत योजना बनाई है। प्रत्येक शब्द वाक्यों का अंकीय कोड माना गया है उस शब्द का परिवर्तन इस कोड में हो जाएगा। यह प्रक्रिया सभी भाषाओं में समरूपी पैटर्न का रूपान्तरण करने में सहायक है। इस प्रक्रिया को इस प्रकार समझाया गया है–

हिन्दी	आबासामा कोड	कन्नड़
मैं जाता हूँ	111 711 851840	नानु हो गुत्त ने
मैं	111 711	नानु

इस तरह आबासामा भाषा धातु और व्याकरणिक इकाई के अंकीय कोडों पर आधारित है। वाक्य में प्रयुक्त शब्दों को अर्थ अथवा उच्चारण के आधार पर अंकीय कोडों में रखा जा सकता है। इन अंकीय कोडों को एक या एक से अधिक भागों में रखा जा सकता है ये भाग स्थान की दूरी से अलग किए जाएंगे।

उदाहरण

अंग्रेजी वाक्य	Please Come.
आबासामा भाषा	72082880 851850 1
हिन्दी भाषा	कृपया आइए।

इस पद्धति के अनुसार एक भाषा से दूसरी भाषा में शब्द का अंतरण अथवा भाषातंरण करने के लिए पहले उसे आबासामा भाषा के अंकीय कोडों में अंतरित किया जाता है फिर उस भाषा में।

मशीनी अनुवाद की प्रमुख प्रविधियाँ

(1) सीधे अनुवाद पद्धति (Direct Machine Translation Strategy)

इस पद्धति में पाठ के प्रत्येक वाक्य को करीब 10 अवस्थाओं से गुजारा जाता है। प्रत्येक अवस्था का "आउटपुट" अगली अवस्था का "इनपुट" होता है। इस पद्धति में स्रोत भाषा और लक्ष्य भाषा के पर्यायों को शामिल किया जाता है। इस प्रत्यक्ष अनुवाद में पद-व्याख्या (Parsing) सिद्धांतों अथवा भाषायी सैद्धांतिक विश्लेषण आदि की कोई खास आवश्यकता नहीं होती। यह प्रणाली कंप्यूटर में विकसित शब्दकोश, रूपात्मक विश्लेषण (Morphological analysis) और पाठ संसाधक सॉफ्टवेयर पर आधारित होती है। जिन अवस्थाओं से वाक्य गुजरता है वे प्रमुख रूप से ये हैं–

1. स्रोत भाषा पाठ के लिए कोश देखना और रूपात्मक विश्लेषण
2. समरूपों अथवा समलेखों (Homographs) की पहचान
3. यौगिक (Compound) संज्ञाओं की पहचान
4. संज्ञा पदबंधों एवं क्रिया पदबंधों की पहचान
5. मुहावरों के लिए सही पर्यायों की तलाश
6. पूर्वसर्गों अथवा संबंधबोधकों (Prepositions) के लिए सही पर्यायों की तलाश
7. उद्देश्य एवं विधेय का संकेत
8. वाक्यपरक द्वियर्थकता/अनेकार्थकता की पहचान
9. पाठ का लक्ष्य भाषा में संश्लेषण और रूपात्मक संरचना
10. लक्ष्य भाषा में शब्दों और पदबंधों को सही क्रम में प्रस्तुत करना।

इस पद्धति से अनुवाद के लिए विकसित किए गए कंप्यूटरों में ''सिस्ट्रान सिस्टम'' और ''जार्जटाउन सिस्टम'' प्रमुख हैं। विभिन्न सिस्टमों में प्रत्येक अवस्था के उपयोग में थोड़ा-बहुत अंतर होता है। सीधे अनुवाद पद्धति का महत्त्व ऐतिहासिक अधिक है। इसमें नई कंप्यूटर प्रणालियों का अब बहुत अनुसंधान-विकास नहीं हो रहा है।

(2) अंतरण पद्धति (Transfer Machine Translation Strategy)

अंतरण पद्धति में पहले स्रोत भाषा वाक्य की अमूर्त रूप में पद-व्याख्या (Parsing) की जाती है। फिर स्क्रीन पर अनुवाद प्रस्तुत हो जाता है। अंतरण पद्धति से अनुवाद के लिए शब्द सूचियों की जरूरत पड़ती है–(1) स्रोतभाषा शब्द सूची; (2) द्विभाषिक अंतरण शब्द सूची; तथा (3) लक्ष्यभाषा शब्द सूची।

यह पद्धति सीधे अनुवाद पद्धति से अधिक बेहतर परिणाम उपलब्ध कराती है क्योंकि सीधे अनुवाद पद्धति में संरचनात्मक जानकारी का उपयोग नहीं किया जाता। अनुवाद शाब्दिक होता है, विश्लेषण-व्युत्पादन के आधार पर बेहतर प्रस्तुति का प्रयास नहीं होता।

अंतरण अनुवाद पद्धति को नीचे दिए गए आरेख चित्र से आसानी से समझा जा सकता है–

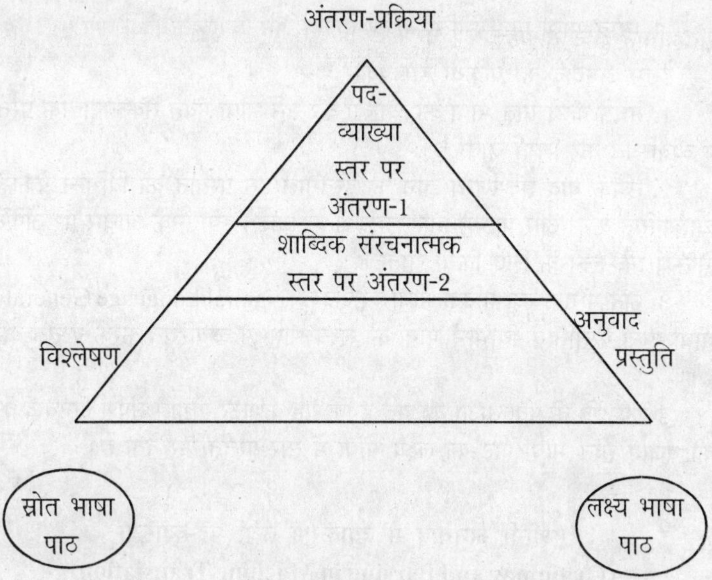

यह पद्धति काफी लोकप्रिय हुई है। इसमें नई-नई कम्प्यूटर प्रणालियाँ भी विकसित हुईं जिनमें गेटा (GETA). ससी (SUSY) आदि प्रमुख हैं।

(३) अंतर्भाषिक मशीनी अनुवाद पद्धति (Interlingua Machine Translation System)

अंतर्भाषिक (Interlingua) मशीनी अनुवाद पद्धति का विकास अंतरण मशीनी अनुवाद पद्धति के विकल्प के रूप में हुआ है। इसके अंतर्गत पाठ की एक विश्वजनीन (Universal) भाषा मुक्त प्रस्तुति का प्रावधान किया जाता है। इसमें तीन अवस्थाओं–विश्लेषण, अंतरण, व्युत्पादन (Generation)—की बजाए दो ही अवस्थाएं रखी जाती हैं–विश्लेषण और व्युत्पादन। इस पद्धति की विशेषता यह है कि इसमें द्विभाषिकता से छुटकारा मिल जाता है। यह पद्धति 1960 के दशक गें आंरभ हो गई थी और वाक्यात्मक दृष्टिकोण पर आधारित थी। बाद में इसमें एक नया और महत्त्वपूर्ण आयाम जुड़ा, जिसका नाम है–''कृत्रिम बौद्धिकता''। माना गया कि अंतर्भाषिक (Interlingua) कंप्यूटर को अनूद्य पाठ के ''अर्थ'' की व्याख्या करने में सक्षम होना चाहिए। इस दिशा में हुए अनुसंधानों में कृत्रिम बुद्धि (आर्टिफिशियल इंटैलीजैंस) का उपयोग किया जाता है। इस तरह 1960 के दशक में मशीनी अनुवाद की संकल्पनाओं में भाषा विज्ञान का आधार ग्रहण करने की शुरूआत हुई। यह

ऐतिहासिक दृष्टि से महत्त्वपूर्ण चरण था।

इसमें अनुवाद की प्रक्रिया इस प्रकार है–

1. सबसे पहले स्रोत भाषा की व्याख्या कर उसे भाषा मुक्त संकल्पनात्मक प्रस्तुति में व्यवस्थित कर लिया जाता है।

2. उसके बाद संदर्भजन्य ज्ञान का इस्तेमाल इस प्रस्तुति को विभिन्न प्रकार से व्याख्यायित करने और पाठ में निहित संदर्भों को जोड़ते हुए उनके आधार पर अपेक्षित निष्कर्ष निकालने के लिए किया जाता है।

3. अंत में एक स्वाभाविक भाषा व्युत्पादक (Natural Language Generator) भाषा मुक्त प्रस्तुति के विभिन्न भागों को लक्ष्य भाषा में व्यवस्थित करके प्रस्तुत करता है।

इस पद्धति के प्रवक्ताओं का मत है कि यह कंप्यूटर प्रोग्राम संपूर्ण अनुवाद करने की बजाए स्रोत भाषा पाठ का लक्ष्य भाषा में सार प्रस्तुत कर देता है।

मशीनी अनुवाद में व्याकरण तथा पद-व्याख्या (Grammar and Parsing in Machine Translation)

आरंभ में ही यह बात भली-भांति समझ ली गई थी कि जिस पाठ को अनुवाद के लिए कंप्यूटर में डाला जाना है उसका सुव्यवस्थित विश्लेषण मशीनी अनुवाद का अनिवार्य अंग है। वाक्यात्मक विश्लेषण में अनूद्य पाठ के वाक्य संघटक (Constituent) को पहचानना और उस पर आश्रित संरचना का विश्लेषण शामिल है। हालांकि इस संबंध में किस दृष्टिकोण को अंतिम माना जाए, इस बात को लेकर अभी सहमति नहीं हो पाई है।

स्वाभाविक भाषा की पद-व्याख्या देना 1968 से 1978 तक भाषा विज्ञान के सर्वाधिक व्यापक अनुसंधान विषयों में से एक रहा है। व्यापक रूप से प्रयुक्त जिन व्याकरणिक रूपों (Formalism) पर वर्तमान पद व्याख्या प्रणालियाँ आधारित हैं, उनमें सामान्यीकृत पदबंध संरचनात्मक व्याकरण, विभिन्न प्रकार्यात्मक व्याकरण और वे ''स्थिति प्रकार्य नियम'' पद्धतियाँ शामिल हैं जिन्हें व्याकरण में पारंपरिक भाषायी या संकल्पनात्मक अर्थ में इस्तेमाल नहीं किया जाता।

इस समय अधिकांश मशीनी अनुवाद कंप्यूटर प्रणालियों में स्रोत भाषा पाठ की पद-व्याख्या एक ऐसी संरचना के रूप में की जाती है जिसमें दो चीजों को देखा जाता है–

1. वाक्य के प्रमुख घटक संबंधी जानकारी; तथा
2. क्रियाओं और संज्ञाओं की कारक (Case) संबंधी जानकारी।

इस प्रक्रिया में वाक्यात्मक तथा गैर-अनुमानाश्रित अर्थपरक (Non-inferential sementic) नियमों का समानांतर प्रयोग होता है। विभिन्न कंप्यूटर प्रणालियों में भिन्न-भिन्न प्रकार के पद व्याख्यायक अथवा पद परिचायक (Parsers) लगे होते हैं। हालांकि उनकी संगठनात्मक विशिष्टताओं का उल्लेख कंप्यूटरों में नहीं होता।

उपभाषाएँ (Sub-languages)

सामान्यतया कंप्यूटर प्रणालियों में अनुवाद के विषय-क्षेत्र की सीमा निर्धारित होती है। यानी कंप्यूटर प्रणाली विशेष भाषा प्रयुक्ति के कुछेक विषय-क्षेत्रों का ही अनुवाद करती है। उदाहरण के लिए विदेशों में प्रयुक्त टॉम मेटो (TAUM METO) प्रणाली का प्रयोग केवल मौसम संबंधी रिपोर्टों के लिए ही होता है। इसलिए इसमें बहुत सीमित शब्दावली ही फीड की गई है। इस प्रकार **जॉर्जटाउन प्रणाली** का इस्तेमाल केवल नाभिकीय भौतिकी (Nuclear Physics) के लिए ही किया जाता है। इसी भांति कुछ कंप्यूटरों को सुपरिभाषित और उच्चतर विशेषज्ञता क्षेत्रों के लिए विकसित किया गया है, जैसे ऑटो वाहन मरम्मत मेनुअलों के लिए अथवा कंप्यूटर विज्ञान प्रकाशन के लिए या ऐसे ही अन्य क्षेत्रों के लिए।

एक ही विषय के अनुवाद पर केंद्रित करने से कंप्यूटरों द्वारा सही अनुवाद करने की अधिक संभावना बन जाती है। विषय के क्षेत्र विशेष में अति विशेषीकृत और समग्र शब्दावली सूची विकसित करके फीड कर देने से कंप्यूटर अनूद्य पाठ में प्रस्तुत सामग्री को प्रभावी रूप से विश्लेषित करके उसका लक्ष्य भाषा में बेहतर अनुवाद प्रस्तुत कर देता है। एक ही विषय के पाठों में तकनीकी शब्दों की बहुलता तो होती है लेकिन इन शब्दों का एक निश्चित अर्थ होता है। इनमें अर्थ की बहुलता नहीं होती, न ही भाषा में कठिन शैली का प्रयोग होता है। अतः उनके अर्थपरक विधान को कंप्यूटर सहजता से समझ पाता है।

इस तरह मशीनी अनुवाद को विषय क्षेत्र विशेष की **उपभाषाओं** तक ही सीमित रखा जाता है। यह अभी देखना बाकी है कि कंप्यूटर प्रणाली में कितनी और ''समझ'' (Understanding) डाल देने से अनुवाद के विषय क्षेत्र का विस्तार किया जा सकता है।

निष्पादन और मूल्यांकन

कंप्यूटर प्रणालियों द्वारा अनुवाद निष्पादन के मूल्यांकन के दो आधार हैं–इस अनुवाद को अक्सर प्रति 1000 शब्दों पर आई लागत के आधार पर आँका जाता है। आकलन का दूसरा आधार यह है कि इस अनुवाद को पोस्ट-एडिटर कितने पृष्ठ प्रति

घंटे की दर से एडिट कर पाता है और इस पर कितनी लागत आती है। दोनों ही आधारों की तुलना मनुष्य द्वारा किए गए अनुवाद से की जाती है। लेकिन अधिकांश विद्वान इस तरह मानवीय और मशीनी अनुवाद की तुलना को उपयुक्त नहीं मानते। उनका मत है कि दोनों अनुवादों में तुलना की बजाए कार्य-विभाजन अपेक्षित है। मानवीय अनुवाद उच्च सृजनात्मक कार्य है, जबकि कंप्यूटर नैमित्तिक सामग्री (Routine Material) के अधिक मात्रा (High Volume) में अनुवाद के लिए उपयुक्त है।

जिस बात पर अधिक जोर देना अपेक्षित है, वह है–अनुवाद की गुणवत्ता। यानी अनुवाद की स्रोत भाषा पाठ के प्रति ईमानदारी और अनूदित पाठ की सुपाठ्यता और सरसता। गुणवत्ता की पर्याप्त चर्चा के बावजूद कोई प्रभावी, सार्वभौमिक रूप से स्वीकार्य और वस्तुनिष्ठ मानदंड न तो मानवीय अनुवाद के क्षेत्र में मौजूद है और न ही मशीनी अनुवाद के क्षेत्र में। अधिकांश कंप्यूटरों में मूल्यांकन की व्यवस्था नहीं है, कुछेक में ही इसकी व्यवस्था है। ऐसी व्यवस्था वाले कंप्यूटरों में से एक जापान सरकार की कंप्यूटर अनुवाद प्रणाली है।

वास्तव में आवश्यकता मशीनी अनुवाद और मानवीय अनुवाद के तुलनात्मक मूल्यांकन की उतनी नहीं है जितनी कि विभिन्न कंप्यूटर प्रणालियों के द्वारा किए जाने वाले अनुवादों की गुणवत्ता के तुलनात्मक मूल्यांकन की है।

मशीनी अनुवाद में गुणवत्ता

मशीनी अनुवाद प्रणालियों के विकास के आरंभ से ही यानी 1950 के दशक से ही अनुवाद की यथातथ्यता और गुणवत्ता की बात जोर-शोर से होती रही है। कहा गया है कि कंप्यूटर अनुवाद को 95% यथातथ्य होना चाहिए। यानी मूल पाठ के प्रति निष्ठा और लक्ष्य भाषा पाठ की सरसता और बोधगम्यता दोनों ही अनिवार्य माने गए हैं।

इस यथातथ्यता और गुणवत्ता के कई धरातल हैं–

–अर्थपरक (Semantic)

–निहितार्थपरक (Pragmatic)

–संरचनात्मक (Structural)

–शाब्दिक (Lexical)

–आयामात्मक (Spatial)

आरंभिक कंप्यूटर प्रणालियों में शाब्दिक धरातल पर अधिक जोर था। माना जाता था कि अन्य धरातल स्वतः ही रक्षित रहेंगे। लेकिन आधुनिक दृष्टिकोण अधिक यथार्थपरक है। आज अर्थपरकता पर अधिक जोर दिया जाता है। कहना चाहिए कि अर्थपरक मानदण्डों से अनुवाद की गुणवत्ता परखी जाती है। गुणवत्ता के अन्य धरातलों को समुचित अर्थ के प्रेषण की दृष्टि से ही सुरक्षित रखा जाता है। इस तरह 95%

यथातथ्यता की पुरानी अवधारणा अब बेमानी प्रतीत होती है।

प्रश्न यह भी उठाया गया है कि क्या अनुवाद की कंप्यूटर प्रणालियाँ अनूदित पाठ की गलतियों का पता लगा सकती हैं अथवा क्या ऐसी गलतियों का पता लगाने के लिए किसी अनुवादक को स्रोत भाषा पाठ और लक्ष्य भाषा की तुलना करते हुए पुनरीक्षण करना संभव होगा। मौजूदा कंप्यूटर प्रणालियाँ खूब गलतियाँ करती हैं। ये छोटी-मोटी गलतियाँ भी होती हैं और गंभीर गलतियाँ भी। लेकिन ये प्रणालियाँ स्वयं गलतियों का पता नहीं लगा सकती।

कम्प्यूटर अनुवाद का संपादन

मशीनी अनुवाद को संपादित करने की आवश्यकता पर अधिक महत्त्व दिया जाना चाहिए। इस क्षेत्र में कार्यरत लोग महसूस करने लगे हैं कि मशीनी कोशों को सुधारने मात्र से मशीनी अनुवाद की त्रुटियां नहीं सुधारी जा सकतीं, मानवीय सहायता अपरिहार्य है। जिन पाठों में उच्च गुणवत्ता का अनुवाद अपेक्षित है वहां तो मानवीय सहायता तथा श्रम नितांत आवश्यक है। ई.ई.सी. के आंकड़ों के आधार पर पता चलता है कि सिस्ट्रान सिस्टम से अधिक से अधिक 75% तक अनुवाद हो पाता है। अतः अनुवाद परिणाम (Translation Output) पश्च संपादन (Post Editing) के बगैर बिल्कुल उपयोगी नहीं हो सकते। किंतु पश्च संपादन में निहित आर्थिक पक्ष तथा कार्मिकों की उपलब्धता का प्रश्न भी समस्या खड़ी कर सकता है। पश्च-संपादन में लगने वाला समय भी समस्या बन सकता है जिसके समाधान के रूप में पोस्ट एडिटिंग एपरेटस सुझाया जा सकता है। किंतु ऐसा करने के लिए आर्थिक पक्ष को और भी अधिक महत्त्वपूर्ण बनाने की आवश्यकता होगी।

सूचनापरक प्रयोजनों से भिन्न प्रयोजनों के लिए मशीनी अनुवाद का इस्तेमाल

मशीनी अनुवाद का उपयोग सूचनापरक प्रयोजनों के अलावा उन पाठों (Texts) के लिए किया जा सकता है जिनका विषय क्षेत्र बहुत सीमित हो अथवा जिनमें कुछेक निरूपणों की निरंतर पुनरावृत्ति हो। साथ ही जहां बहु-अर्थपरक शब्दावली प्रयुक्त न हुई हो। उदाहरणार्थ किसी विशेष प्रकार के संस्थापन (Installation) तथा प्रचालन अनुदेशों के लिए ऐसे पाठों का पूर्व सम्पादन किया जा सकता है और अनुवाद में कम्प्यूटर द्वारा इस्तेमाल की जाने वाली शब्दावली की जांच करके इसका अनुपूरण (Supplementation) किया जा सकता है। किंतु इसके बावजूद भी अनुवादोत्तर

संपादन अपेक्षित होता है।

इसी भांति यदि विषय विशेष में प्रयुक्त शब्दावली सीमित हो तथा नियम पुस्तकें समय-समय पर पुनः पुनः तैयार की जाती हों अथवा उन्हें संशोधित किया जाता हो, जिसके परिणामस्वरूप काफी पुनरावृत्ति होती हो तो उनके अनुवाद के लिए कम्प्यूटर प्रणाली काफी लाभदायक सिद्ध हो सकती है। यद्यपि आरम्भ में इन पर काफी व्यय होगा तथापि कार्य की मात्रा को देखते हुए निवेश औचित्यपूर्ण सिद्ध हो सकता है तथा सादगीयुक्त मानक भाषा दीर्घकाल तक इस्तेमाल की जा सकती है।

सीमाएं

विभिन्न देशों में विकसित कम्प्यूटर अनुवाद सिस्टम एक सीमा तक ही सफल सिद्ध हुए हैं। कारण, भरसक प्रयासों के बावजूद मशीन मनुष्य का स्थान नहीं ले सकती। पश्चिमी देशों ने जहां कम्प्यूटर अनुवाद के क्षेत्र में काफी प्रगति की है वहां वे मशीन द्वारा की जा सकने वाली भूलों के प्रति काफी सतर्क हैं। मानकीकरण के पर्याप्त प्रयासों के बावजूद कम्प्यूटर अनुवाद में काफी गलतियां करता है। कभी-कभी तो अनुवाद पूर्णतया अनर्गल भी हो जाता है यही कारण है कि पश्च संपादन अनिवार्य माना गया है। अत्यधिक संवेदनशील तथा सुपरिष्कृत मशीन भी मानवीय बौद्धिक क्षमता की बराबरी से अनुवाद समकक्ष अथवा पर्याय निर्धारण की प्रक्रिया में नहीं लग सकती। किसी शब्द विशेष के लिए उपलब्ध दस सम्भावित अर्थच्छायाओं में से सर्वोपयुक्त कौन सी होगी उसके चयन की कठिन प्रक्रिया अब तक कोई कम्प्यूटर मास्टरी नहीं प्राप्त कर सका है। सर्वोत्तम प्रोग्रामर के माध्यम से भी विकल्पों की एक श्रृंखला ही प्रस्तुत की जा सकती है जिसमें से सर्वश्रेष्ठ अथवा बेहतर का चयन अनुवादक को ही करना होगा। मशीन अब तक इतनी ही सहायता करने में समर्थ हुई है।

कम्प्यूटर के पास स्मृति तो होती है, किन्तु मानवीय मस्तिष्क की विचार की प्रक्रिया को वह नहीं पा सकता। अतः अनुवाद में निहित सर्जनात्मकता अथवा पुनः सर्जन की प्रक्रिया में कोई मशीन मानवीय मस्तिष्क का स्थान नहीं ले सकती। केवल सीधी-सीधी सूचनाओं अथवा आंकड़ों के भाषातरण को तो यह असीम क्षमता से कर सकती है किंतु मूल रचनाकार के शब्दों के पीछे निहित अर्थ, ध्वनि व्यंजना आदि को पकड़ने और उसे पुनः प्रस्तुत करने में वह सक्षम नहीं हो सकती। संस्कृति और संवेदना पक्ष के प्रति भी मशीन से कोई अपेक्षा नहीं की जा सकती। साहित्य के अनुवाद को ही लें तो बिंब, प्रतीक, मिथक आदि को समझने के लिए मानव मस्तिष्क की ही जरूरत होगी।

कम्प्यूटर पर आने वाली लागत भी इस क्षेत्र को बड़ी सीमा है। अत्यधिक ऊंची

लागत को लेकर में पश्चिमी देश तक इसकी उपादेयता पर प्रश्नचिन्ह् लगाते हैं तो फिर भारत जैसे विकासशील देश के लिए तो इसके बारे में काफी सोचना होगा।

मशीन मनुष्य की सहायक–'टर्मिनॉलॉजी डाटा बैंक'

अनुवादकों के कार्य में मशीनी सहायता की दृष्टि से टर्मिनॉलॉजी डाटा बैंक अधिक यथार्थपरक सिद्ध हुए हैं। डाटा बैंकों की शुरुआत लगभग 25 वर्ष पूर्व यूरोपियन कोल एण्ड स्टील कम्पनी तथा जर्मन फेडरल ऑफिस ऑफ लेंग्वेजेज ने की थी। उन्होंने अपने-अपने डाटा बैंक तैयार किए। धीरे-धीरे यह माना जाने लगा कि विशिष्ट क्षेत्रों से सम्बन्धित विषयों के उच्चस्तरीय अनुवाद के लिए सुव्यवस्थित शब्दावली के बगैर भाषाई सीमाओं के पार सम्प्रेषण विकसित नहीं किया जा सकता। इनफोर्टम सर्वेक्षण के अनुसार 1978 तक दुनिया में ऐसे 14 बैंक मौजूद थे। इन बैंकों से कई प्रयोजन सिद्ध होते हैं। इनमें दो ग्रुपों का विशेष महत्त्व है–मानकीकरणोन्मुख आंकड़े बैंक (Standardization Oriented Data Bank) तथा अनुवादोन्मुख आंकड़े बैंक (Translation Oriented Data Bank)।

जर्मनी के फेडरल ऑफिस ऑफ लेंग्वेजेज के टर्मिनॉलॉजी बैंक के बहुभाषिक कोश में पचासियों लाख के लगभग प्रविष्टियां हैं जो जर्मन से अन्य भाषाओं तथा अन्य भाषाओं से जर्मन में हैं। सबसे अधिक महत्त्वपूर्ण बात यह है कि इस कोश को हर दो सप्ताह के अन्तराल के पश्चात् अद्यतन किया जाता है। इससे अन्दाजा लगाया जा सकता है कि नवीनतम भाषा प्रयोग-विधि तथा नवीनतम विषयों के क्षेत्र में यह कोश कितना अधुनातन होगा। जर्मन सरकार कोशों को जिल्दों के रूप में नहीं तैयार कराती अपितु संदर्भ-सम्बद्ध अथवा विषय-संबद्ध कम्प्यूटराइज्ड शब्द सूचियों के रूप में रखती है।

इलेक्ट्रॉनिक कम्प्यूटर का विकास हो जाने से इसके भण्डार (Store) में व्यवहार्य शब्दावली एकत्र (Feed) करने की सुविधा हो गई। नई अर्जित शब्दावली तथा अनुवादकों के डेस्कों बंद शब्दावली दोनों को ही संचालनीय, चयनीय, उपभोज्य और सबके लिए सुलभ बनाया जा सकता है। इस तरह अब कार्ड फाइलों के साथ श्रम अतीत का विषय बन गया है अथवा केवल कम्प्यूटर इस्तेमाल-कर्ताओं का कार्य रह गया है। इसका अर्थ यह नहीं कि टर्मिनॉलॉजी डाटा बैंक के अनुवादकों द्वारा इस्तेमाल में किसी तरह की बाधाएँ नहीं हैं और बड़ी सुलभता और सहजता है। इसके लिए बड़ी यात्रा में प्रोग्रामिंग आवश्यक है क्योंकि कम्प्यूटर स्वभाव से एक संगणक मशीन है भाषा विज्ञान का उपकरण नहीं। यही कारण है कि टर्मिनॉलॉजी डाटा बैंक स्थापित करने में कई समस्याएं सामने आती हैं। कम्प्यूटरों का इस्तेमाल नियंत्रित करने के साथ-साथ कम्प्यूटर के लिए अपेक्षित 'नियमों' का पालन दोनों ही जरूरी है। दोनों का

एक साथ निर्वाह सम्भव होने में कठिनाई होती है या फिर कम्प्यूटर से शब्दावली के लिए अपेक्षित कार्य कराना आवश्यक हो जाता है। कम्प्यूटर की दृष्टि से सबसे ज्यादा महत्त्वपूर्ण होता है वर्णों की पूरी तालिका उपलब्ध कराना—कम-से-कम समान वर्णमाला पर आधारित सभी भाषाओं के लिए (जैसे रोमन वर्णमाला पर आधारित यूरोपीय भाषाओं के मामले में या देवनागरी पर आधारित संस्कृत, हिन्दी और मराठी के मामले में); दूसरे, शब्दावलीपरक सूचना की अलग-अलग इकाइयों के लिए किसी भी संभावित विस्तार के उच्चारण काल विस्तार की व्यवस्था करना। तीसरे, शब्दावली इकाई के अलग-अलग सूचना खंडों की असीमित अनुवृद्धि करना यानी कोशीय अर्थ में डाटा बैंक प्रविष्टि करना।

सीमेन्स द्वारा विकसित टीम (TEAM) सिस्टम टर्मिनॉलॉजी डाटा बैंक कई तरह की तकनीकी सुविधाएं प्रदान करता है। इससे शब्दावलीकार तथा अनुवादक दोनों के समय में काफी बचत होती है। इस टर्मिनॉलॉजी डाटा बैंक के सब बैंक (Sub-banks) भी हैं। प्रत्येक बैंक आठ तक भाषाओं का सामंजस्य कर सकता है। एक सब-बैंक के भागों को दूसरे सब-बैंक के भागों से किसी भी वांछित समायोजन में जोड़ना सम्भव है। इस तरह डाटा बैंक के उपभोक्ता—अनुवादक—के पास 10 लाख शब्दावली इकाइयां उपलब्ध हो सकती हैं। सब-बैंक पूलों में उप-विभाजित होता है। एक पूल में एक निश्चित क्षेत्र में विशेषज्ञता प्राप्त अनुवादक विशेष द्वारा अर्जित शब्दावली एकत्र की जाती है। प्रत्येक पूल किसी नामोद्दिष्ट व्यक्ति अथवा व्यक्ति-समूह को सौंप दिया जाता है जो इसके अनुरक्षण के लिए जिम्मेदार होता है। इसके विषय वस्तु में परिवर्तन का अधिकार भी केवल उसी को प्राप्त होता है।

इस तरह अनुवादक तथा शब्दावलीकार की वीडियो स्क्रीन अथवा अन्य प्रकार के टर्मिनल के माध्यम से डाटा बैंक तक सीधी पहुंच होती है। इस सिस्टम का एक और इस्तेमाल प्रश्नों की पूरी तालिका के उत्तर एक ही कम्प्यूटर रन में पाने के लिए किया जाता है। प्रश्नों का बैच स्रोत भाषा शब्दों के रूप में सिस्टम में डाला जाता है। सिस्टम प्रश्नों का उत्तर लक्ष्य भाषा में समकक्ष शब्द प्रदान करके देता है। सिस्टम यह आउटपुट उच्चगति प्रिण्टर के माध्यम से प्रश्नों के क्रम में अथवा वर्ण क्रमानुसार प्रदान करता है। इसके अतिरिक्त अनुवादक इस सिस्टम से वर्ण-क्रमानुसार शब्द-सूचियां, शब्दावलियां (Glossaries) तथा कोश का आउटपुट भी प्राप्त करता है। जहां बड़ी मात्रा में अनुवाद कार्य होता हो तथा बड़ी संख्या में अनुवादक कार्यरत हों वहां इस्तेमाल की जाने वाली शब्दावली की जांच अपेक्षित होती है इसके लिए ये ग्लॉसरियां सहायक सिद्ध होती हैं। इनसे अनुवादकों को यह निश्चित करने में सहायता मिलती है कि लक्ष्य उत्पाद की शाब्दिक एकरूपता सुनिश्चित करने के लिए वे किन लक्ष्यभाषा समकक्षों को नियोजित करें।

दो

यह षड्यंत्र है कि लापरवाही

भारतीय शिक्षा व्यवस्था की जड़ों में लगे बहुत से रोगों में से सबसे जबर्दस्त रोग शिक्षा माध्यम का है। और अब तो इसे एक ऐसी आम और चलती बीमारी मान लिया गया है कि जुकाम की तरह इस के किसी खास इलाज की जरूरत तक नहीं समझी जाती। शिक्षा माध्यम को लेकर द्विभाषिकता की इस स्थिति ने हमें हर स्तर पर कहीं का नहीं छोड़ा है। कहने को तो भारतीय भाषाओं में एक हद तक उच्च शिक्षा का प्रावधान कर दिया गया है लेकिन यह सच है कि शिक्षा माध्यम को लेकर सही लोकतांत्रिक स्थिति आज तक नहीं पैदा हो सकी है। उच्च शिक्षा के स्तर पर तो अधिकांश पाठ्य सामग्री अंग्रेज़ी में लिखी पुस्तकों और पाठों के हिंदी या अन्य भारतीय भाषाओं में रूपांतर के द्वारा ही छात्रों को प्रदान की जाती है। नतीजा यह है कि इन भाषाओं में विभिन्न ज्ञान शाखाओं और विधाओं का मौलिक लेखन, चिंतन-मनन और वैचारिक आदान-प्रदान ही पीछे छूटता जा रहा है। छात्र भाषांतरण के माध्यम से प्राप्त सामग्री से ही काम चलाने को मजबूर है।

अध्ययन-अध्यापन ही नहीं पूरी की पूरी परीक्षा पद्धति भी शिक्षा माध्यम के दोहरेपन का शिकार हुई है। स्कूल, कालेज या विश्वविद्यालय ही नहीं चयन परीक्षाओं तक पर इस का बड़ा ही निराशजनक प्रभाव पड़ा है। अभी पिछले दिनों ही संघ लोकसेवा आयोग की अखिल भारतीय सिविल सेवा, प्रारंभिक परीक्षा हुई थी। वैसे तो देश की लगभग सभी परीक्षाएं और यहा तक कि सर्वोपरि चयन परीक्षा लेने वाला संगठन संघ लोक सेवा आयोग स्वयं भी पिछले कई वर्षों से लगातार अनेक तरह के विवादों के घेरे में रहा है लेकिन इस बार माध्यम भाषा को लेकर भी अच्छी कलई खुली है। अब तक संघ लोक सेवा आयोग की परीक्षा के प्रश्न उत्तर पुस्तिकाओं के साथ ही वापस ले लिए जाते थे और परीक्षा में क्या पूछा गया था क्या नहीं, इसका आधार छात्रों की स्मृति होता था। इस वर्ष कई तरह के सुधारों के तहत प्रश्नपत्रों को भी उत्तर पुस्तिकाओं से अलग कर दिया गया और छात्र उन्हें परीक्षा भवन से बाहर अपने साथ

लाए। अधिकांश द्विभाषिक माध्यम की परीक्षाओं की भांति संघ लोक सेवा आयोग के प्रश्न पत्र भी द्विभाषिक छपे होते हैं। पिछली कई परीक्षाओं को लेकर छात्रों की शिकायत रहती थी कि इस द्विभाषिक रूप में विसंगतियां और गलतियां होती थीं। यानी कि एक ही प्रश्न में हिंदी और अंग्रेज़ी रूप में अंतर होता था। लेकिन प्रश्न पत्र परीक्षा भवन के बाहर न आने के कारण ऐसी शिकायतें अखबारों की सुर्खियां बनने के बाद विस्मृति में चली जाती थीं। लेकिन अब जब प्रश्न बाकायदा सामने है तो हाथ कंगन को आरसी क्या। कमाल यह है कि इन में अधिकांश गलतियां अनुवाद की सामान्य कठिनाइयों या सीमाओं से पैदा गलतियां नहीं हैं बल्कि साफ तौर पर लापरवाही और गैर जिम्मेदाराना रवैए का नतीजा हैं। वाक्य-रचना का बेढंगापन, सही पर्याय न चुने जाने, प्रश्नवाचक भाषा में प्रश्न न बनने आदि जैसी स्थितियां तो अधिकांश परीक्षाओं के प्रश्नपत्रों में प्रश्नों के हिंदी रूपांतर में देखी जाती हैं। यह स्थिति विश्वविद्यालयी परीक्षा से लेकर विभिन्न संस्थाओं की परीक्षाओं में देखने को मिल जाएगी। लेकिन संघ लोक सेवा आयोग की चयन परीक्षा के इन प्रश्नों में तो अंग्रेज़ी शब्दों के हिंदी पर्याय भी उलट-पुलट हैं जैसे 'ब्यूरोक्रेसी' के लिए 'जनतंत्र' या इंडिपेंडेंट के लिए 'निर्भर' शब्दों का प्रयोग।

इसके अलावा एक और तरह की भारी भूल है। प्रश्नों के उत्तरों के रूप में दिए गए विकल्पों के क्रम में हिंदी और अंग्रेज़ी प्रश्नों में कई जगह असमानता है। आब्जेक्टिव टाइप प्रश्नों के उत्तर छात्र को प्रश्नों के नीचे दिए गए चार विकल्पों में से सही विकल्प चुन कर देने होते हैं। इन विकल्पों के हिंदी और अंग्रेज़ी रूप में कई जगह क्रम अलग-अलग है, जैसे राजनीति विज्ञान के प्रश्न 15 के अंग्रेज़ी पाठ में सही उत्तर 'डी' है जबकि हिंदी पाठ में 'सी' है यानी अंग्रेज़ी पाठ में चौथा विकल्प सही है और हिंदी पाठ में तीसरा। इसी तरह प्रश्न 113 में अंग्रेज़ी पाठ में पहला विकल्प यानी 'ए' सही है जबकि हिंदी पाठ में तीसरा यानी 'सी' विकल्प। ऐसी गलतियां विभिन्न विषयों के प्रश्न पत्रों में बताई गई हैं। इन हालत में हिंदी माध्यम से परीक्षा देने वाले बड़ी तादाद में छात्रों की व्यथा को आसानी से समझा जा सकता है। हम सब अच्छी तरह जानते हैं कि आब्जेक्टिव टाइप प्रश्नों का मूल्यांकन किसी परीक्षक द्वारा नहीं बल्कि कंप्यूटर द्वारा किया जाता है। कंप्यूटर के पास दिमाग तो होता है और वह इंसान की तुलना में हैवानी ताकत से कई हजार गुना ज्यादा काम भी कर सकता है लेकिन उसके दिमाग में सोच-विचार तो होता नहीं। उसे तो जितना आदेश दिया जाता है उसके भीतर ही काम कर सकता है, कॉमन सेंस का इस्तेमाल नहीं कर सकता। कंप्यूटर मूल्यांकन पद्धति विकल्पों के क्रम की गिनती पर आधारित होती है इसलिए उसमें भाषा माध्यम का भेद नहीं होता। उसे बता दिया गया है कि प्रश्न का कौन सा विकल्प सही उत्तर है। अब यदि किसी प्रश्न के अंग्रेज़ी और हिंदी रूप में अलग-अलग क्रम के विकल्प सही हैं तो कंप्यूटर खुद तो भाषा भेद कर के सामाजिक न्याय देने से रहा। ज़ाहिर है

कि हिंदी माध्यम के छात्रों को भाषांतर के दौरान बरती गई लापरवाहियों का खमियाजा अकारण ही भुगतना होगा क्योंकि कंप्यूटर में उत्तर मूल प्रश्नों (अंग्रेज़ी प्रश्नों) के आधार पर फीड किए गए होंगे।

दुर्भाग्यपूर्ण बात तो यह है कि द्विभाषिक प्रश्नपत्रों में ऐसी गड़बड़ियां कोई पहली बार या अचानक नहीं हुई हैं। विश्वविद्यालय स्तर की विभिन्न परीक्षाओं, प्रवेश परीक्षाओं, शिक्षकों और अनुसंधान वृत्ति (जे.आर.एफ.) पाने वाले छात्रों के चयन के लिए विश्वविद्यालय अनुदान आयोग द्वारा ली जाने वाली राष्ट्रीय स्तर की परीक्षाओं में भी प्रश्नपत्रों के अनुवाद को लेकर ऐसी विसंगतियां आमतौर पर देखने को मिलती हैं। चूंकि अधिकांश प्रश्न पत्र परीक्षा भवन के बाहर नहीं आते, बात वहीं की वहीं दबी रह जाती है। बीस जून 1993 को विश्वविद्यालय अनुदान आयोग की राष्ट्रीय परीक्षा के गृह विज्ञान के पर्चे में क्लोदूस एंड गार्मेंट्स को 'आवरण' कहा गया था जब कि आम आदमी जानता है कि दोनों का अर्थ सिले सिलाए वस्त्र है। आवरण तो ढकने या ओढ़ने वाले वस्त्र को कहा जा सकता है। इसी तरह 11 मई 1993 को इंस्टीट्यूट आफ चार्टर्ड एकाउन्टेंटस आफ इंडिया द्वारा ली गई सी.ए. (सैकिंड ग्रुप) की परीक्षा में भी गलती की शिकायत छात्रों ने की। प्रश्न 8(बी) में अंग्रेज़ी में पूछा गया था 'व्हाट आर द मेन प्राब्लम्स आफ इंडस्ट्रियल डेवलपमेंट इन इंडिया?' हिंदी में यही प्रश्न था—भारत में आर्थिक विकास की प्रमुख समस्याएं क्या हैं? यहाँ इंडस्ट्रियल डेवलपमेंट का हिंदी पर्याय आर्थिक विकास दिया गया है जो जाहिर तौर पर लापरवाही का नतीजा है। परीक्षा के दौरान छात्र इस विसंगति को देखकर काफी चिंतित हुए और उन्होंने अपने बहुमूल्य समय का काफी हिस्सा इस दुविधा के समाधान में लगाया कि उत्तर इंडस्ट्रियल डेवलपमेंट के संदर्भ में दिया जाए या आर्थिक विकास के संदर्भ में।

प्रश्न उठता है कि इस पूरी स्थिति को परीक्षा के मामले में असावधानी कहा जाए या जल्दबाजी। कुछ भी कहें इतना तो निश्चित है कि हमारी पूरी की पूरी व्यवस्था में हिंदी माध्यम या भारतीय भाषाओं के माध्यम से पढ़ने वाले छात्रों और प्रत्याशियों को दूसरे-तीसरे दर्जे का गया-गुजरा उम्मीदवार अवश्य समझ लिया जाता है जिसके प्रति पूरी जवाबदेही न तो देश की शीर्षस्थ चयन संस्थाएं बरत रही हैं न ही शिक्षाविद और शिक्षक वर्ग। सवाल यह है कि इस पूरे शिक्षा तंत्र और परीक्षा तंत्र को अनुवाद की बैसाखियों के सहारे चलाते चले जाना कहा तक सार्थक है। किसी भी समाज के शिक्षा तंत्र और विकास प्रक्रिया में जब तक यह पिछलग्गूपन रहेगा तब तक इसके भले-बुरे नतीजे भोगने के लिए भी उस समाज को तैयार रहना होगा। अनुवाद तो शिक्षा के भीतर बड़ा ही सकारात्मक और उपलब्धिपरक कार्य करता है। देश-विदेश की नवीन और प्राचीन ज्ञानधाराओं से संपर्क और संप्रेषण स्थापित करके वह विभिन्न ज्ञान शाखाओं और भाषाओं का विकास करता है। लेकिन ऐसा तब होता है जब उस समाज की अपनी भाषाएं स्वयं अपनी अस्मिता बनाए रखते हुए दुनिया की अन्य भाषाओं से संवाद

करती हैं। हमारी व्यवस्था में इसका बिलकुल उलटा हुआ है। जिन चीजों को हमें तुरंत अनूदित कर के अपनी भाषाओं में लाकर जन सामान्य को सुलभ बना देना चाहिए था उन्हें तो अनूदित किया ही नहीं गया। जो अमूल्य ज्ञान भारतीय भाषाओं के पाठक और छात्र वर्ग को तुरंत उपलब्ध हो जाना चाहिए था उससे उन्हें वंचित रखा गया। अनुवाद को हमने शिक्षा पद्धति की रोजमर्रा की जरूरतों, खासतौर से दोहरे भाषा माध्यम के संचालन का तरीका मात्र बना लिया। यानी शिक्षा के क्षेत्र में भी अनुवाद का ज्यादातर उसी तरह काम लिया जाने लगा जैसे सरकारी क्षेत्र में राजभाषा कार्यान्वयन के लिए लिया जाता है।

परीक्षा व्यवस्था में भी अनुवाद का ऐसा तंत्र विकसित हुआ है कि सभी स्तरों पर प्रश्न पत्र पहले अंग्रेज़ी में तैयार किए आते हैं फिर हिंदी या अन्य भारतीय भाषाओं में उनका अनुवाद किया जाता है। इस पद्धति के औचित्य की दलील यह दी जाती है कि इससे दोनों माध्यमों के छात्र की परीक्षा समान मानकों पर ली जा सकती है और किसी एक माध्यम का छात्र दूसरे माध्यम के छात्र से श्रेष्ठता का दावा नहीं कर सकता। दूसरा तर्क यह भी दिया जाता है कि इस पद्धति से परीक्षा के संचालन व नियमन में कई तरह की सुविधा रहती है। इन दलीलों को थोड़ी देर के लिए मान भी लिया जाए तो भी समान मानक रखने का कार्य प्रश्न पत्र का अनुवाद करा लेने के सिद्धांत मात्र से पूरा नहीं हो जाता। बल्कि इस से कई और प्रश्न उठ खड़े होते हैं। सिद्धांत को कार्यन्वित करने का दायित्व किसका है? जिनका यह दायित्व है वे इसे किस ढंग से और कितनी निष्ठा से पूरा करते हैं? और फिर परीक्षा की बात तो बाद में आती है। पहले तो यह देखना जरूरी है कि अध्ययन सामग्री में यह सिद्धांत किस रूप में और कहां तक कारगर हुआ है?

सामान्यतया सरकारी हिंदी के विषय में कहा जाता है कि वह इतनी जटिल और कृत्रिम होती है कि पढ़ने वाला सोचता है कि अंग्रेज़ी में छपे अंश को पढ़ लें तो बात जल्दी और सही समझ में आएगी बजाय इस अपपटी हिंदी से माथापच्ची करने के। लेकिन परीक्षाओं के प्रश्न पत्र (चाहे वे विद्यार्थियों की परीक्षाएं हों अथवा चयन परीक्षाएं) बनाने और अनूदित करने वाले लोग सरकारी कार्यालयों के हिंदी सेल के मामूली अनुवादक तो होते नहीं। न ही अनुभवहीन अध्यापक ही होते हैं। पर्याप्त अनुभव के बाद ही किसी अध्यापक को प्रश्न पत्र बनाने और मूल्यांकन का कार्य सौंपा जाता है। फिर एक बार प्रश्न पत्र बन जाने पर ज्यों का त्यों तो छाप नहीं दिया जाता। माडरेशन कमेटी बाकायदा प्रश्नपत्र को देखती है, उसमें अपेक्षित संशोधन-सुधार करती है तब वह प्रश्न पत्र छपने को दिया जाता है। इस माडरेशन कमेटी के सदस्य भी छोटे-मोटे अध्यापक नहीं होते। अपने-अपने विषयों के विशेषज्ञ प्रोफेसर—रीडर लोग होते हैं। फिर क्यों ऐसा होता है कि अंग्रेज़ी में पूछे गए प्रश्नों के हिंदी रूपांतर में कहीं वाक्य विन्यास ढीला है तो कहीं अटपटा। कहीं शब्दों के हिंदी पर्याय निरर्थक और

हास्यास्पद हैं तो कहीं एक ही विषय के विभिन्न प्रश्न पत्रों में पारिभाषिक शब्दावली की एकरूपता का अभाव है, कहीं एक ही अंग्रेज़ी शब्द के लिए भिन्न-भिन्न हिंदी पर्याय प्रयुक्त हुए हैं और इन सबसे ऊपर हिंदी माध्यम के प्रश्नों में अर्थ की दूरी ही नहीं कभी-कभी तो विपरीतता भी रहती है।

इससे इतना तो स्पष्ट ही है कि पूरी व्यवस्था इस मामले में न केवल उदासीन है बल्कि जानबूझकर हिंदी माध्यम को नाकारा बनाने में सक्रिय है। यह कहना तो धृष्टता होगी कि जिन्हें अनुवाद का कार्य सौपा जाता है या जो लोग अनूदित प्रश्न पत्रों का माडरेशन करते है उनकी सक्षमता पर प्रश्न चिन्ह लगाया जान चाहिए। हां, विनम्रता पूर्वक इतना जरूर कहना पड़ेगा कि वे अपने छात्रों के बीच वहां भेद-भाव रखते है।

— 'जनसत्ता' 12.7.1993

एक सदी के संघर्ष का अपमान

समकलीन हिंदी कविता के प्रसिद्ध कवि धूमिल ने एक बार लिखा थाः 'भाषा में भदेस हूँ / इस तरह कायर हूँ कि उत्तर प्रदेश हूँ।' धूमिल की यह 'भदेस' उक्ति बहुत से स्तरों पर सार्थक प्रतीत होती है। लेकिन भाषा के स्तर पर आज शायद यह सर्वाधिक सार्थक लग रही है, खासतौर पर उत्तर प्रदेश के संदर्भ में। भाषाई कायरता को जिस तरह न्यायपालिका के जरिए प्रतिष्ठित करने का प्रयास किया जा रहा है, उसकी मिसाल किसी आजाद समाज में आसानी से न मिलेगी।

इलाहाबाद उच्च न्यायालय ने एक आदेश जारी किया है, जिसके अनुसार उत्तर प्रदेश के जिला न्यायालयों में कामकाज़ की भाषा हिंदी के स्थान पर अंग्रेज़ी होगी। यह व्यवस्था 1 जुलाई, 1995 से लागू होने जा रही है। हालांकि इस आदेश का वकील लोग भरसक विरोध कर रहे है। प्रेस, व्याख्यान, हड़ताल, प्रतिवेदन आदि सभी के द्वारा अपनी बात कहने का प्रयास कर रहे हैं। यहां तक कि देश के प्रधान न्यायाधीश श्री ए.एम.अहमदी से भेंट कर इंडियन बार कांउसिल ने इस बारे में ज्ञापन देकर अपना सख्त विरोध ज़ाहिर किया है। लेकिन न्यायपालिका है कि कानों में उंगली डाले बैठी है और उत्तर प्रदेश सरकार उसके साथ हाथ मिलाए हुए है। अपने को समाजवादी और डॉ. लोहिया का उत्तराधिकारी कहने वाली मुलायम सिंह सरकार ने उच्च न्यायलय के अंग्रेज़ी लागू करने के आदेशों के कार्यान्वयन के लिए आर्थिक प्रावधान भी कर दिए हैं।

भाषाई दमन की यह व्यवस्था काफी सुनियोजित तंत्र के जरिए की गई है। तथाकथित लोकतांत्रिक पद्धति अपनाते हुए इलाहाबाद उच्च न्यायालय ने बाकायदा दो सदस्यीय समिति बनाई, जिसके सदस्य न्यायाधीश श्री आर.ए. शर्मा और श्री ए. के. बनर्जी थे। समिति द्वारा दी गई रिपोर्ट के आधार पर उच्च न्यायालय ने यह निर्णय लिया है। समिति ने उत्तर प्रदेश की जिला अदालतों में हिंदी के स्थान पर अंग्रज़ी के इस्तेमाल के पक्ष में तीन तर्क दिए हैं:

1. उच्च न्यायालय के एक-तिहाई न्यायाधीश अन्य राज्यों से स्थानांतरित होकर आते है। उन्हें हिंदी में लिखे निर्णयों तथा अन्य दस्तावेजों को समझने में कठिनाई होती है।

2. उच्च न्यायालय में हिंदी के दस्तावेजों को अंग्रेज़ी में अनुवाद करनेवाला विभाग कुशल और पर्याप्त नहीं है।

3. हिंदी में काम करने के कारण जिला न्यायाधीश उच्चतम न्यायालय के निर्णयों को समझ नहीं पाएंगे।

ज़ाहिर है कि इसमें से एक भी तर्क ऐसा नहीं है जो लाइलाज हो अथवा ठोस कारणों पर आधारित हो। पहला और दूसरा तर्क अनुवाद की सही व्यवस्था की कमी से संबंधित है। यदि यह व्यवस्था अच्छी हो तो पहले तर्क का स्वतः समाधान हो जाए। तीसरा तर्क मात्र हौआ है जो अंग्रेज़ी का पल्ला पकड़े रहने की इच्छा के कारण पैदा हुआ है।

जिला न्यायालय, उच्च न्यायालय और निचली अदालतों (तहसील, पंचायत आदि) के बीच का सेतु होते हैं। यह सेतु भारतीय भाषा के माध्यम से चलते रहें तो जनता और कर्मचारी वर्ग दोनों के लिए सुविधा रहती है। न्यायालय का संबंध जितना कानून से होता है, उतना ही जन सामान्य से भी। जन सामान्य के जीवन से उपजी समस्याओं, विवादों, संघर्षों के समाधान और निपटान का काम न्यायालय करता है। ये समस्याएं जनता की भाषा में उपजी होती हैं। इनके वाद-प्रतिवाद आदि में कानून ही नहीं, जीवन के सभी संदर्भ-भाव-विचार, तर्क-बहस, प्रेम-घृणा आदि जुड़े होते है। इन्हें प्रस्तुत करने वाला अधिवक्ता / वकील वर्ग भी मात्र विधि-व्यवसायी नहीं होता, उस समाज के जीवन, सोच-विचार-व्यवहार आदि का अंग होता है। भाषा उसका औजार होती है। यकायक भाषाई बदलाव उसकी संपूर्ण कार्य-क्षमता पर प्रहार है। भाषा का यह प्रयोजनमूलक संदर्भ केवल व्यावसायिक न होकर अस्मिता से संबद्ध होता है। उसकी वाचिक शैली मात्र शारीरिक व्यापार न होकर एक समग्र मानवीय व्यवहार और चेतना का निर्माण करती है। यह मात्र संप्रेषण तक सीमित नहीं, इसमें बुद्धि, विवेक, तर्क, सूझ-बूझ सब मिल कर व्यक्ति की अभिव्यक्ति क्षमता और कौशल का निर्माण करते हैं। यह मशीनी प्रक्रिया नहीं कि टापराइटरों के की-बोर्ड बदल दिए और टाइपिस्टों को ट्रेनिंग दे दी। विधिवेत्ता की सफलता जीवन संदर्भों में उसकी गहरी पैठ और समर्थ अभिव्यक्ति कौशल में निहित होती है। उसने अभिव्यक्ति के जिस माध्यम में कौशल अर्जित किया है, उसे बदल देना व्यक्ति के हथियार छीन कर रणक्षेत्र में भेजने जैसा है। और यह भी एकाध व्यक्ति के साथ नहीं, प्रदेश के 62 जिलों के हजारों की तादाद में वकीलों के साथ हो रहा है। कोई भी कार्यशील व्यक्ति अपनी कार्य-क्षमता ऐसे नहीं गिराना चाहेगा। यही कारण है कि वे लोग बार काउंसिल के जरिए तथा व्यक्तिगत प्रयासों से उच्च न्यायालय के निर्णय का लगातार विरोध कर

रहे हैं।

वकीलों के अलावा इस पूरी व्यवस्था का असर इन अदालतों के अन्य कर्मचारियों पर भी पड़ेगा। राज्य सरकार को करोड़ों रुपया खर्च कर टाइपराइटरों का अंग्रेज़ीकरण कराना होगा, टाइपिस्टों को प्रशिक्षण दिलाना होगा। साथ ही वे सब कर्मचारी लोग भारी संकट में आ जाएंगे, जिन्होंने अंग्रेज़ी नहीं पढ़ी है। ध्यान देने की बात है कि उत्तर प्रदेश, राजस्थान आदि हिंदी भाषी राज्यों की शिक्षा व्यवस्था में स्कूल स्तर पर अंग्रेज़ी अनिवार्य विषय नहीं है।

शिक्षा का अदालत अथवा सरकारी कामकाज की भाषा से कितना करीबी संबंध होता है, यह बात किसी से छिपी नहीं है। शिक्षा की भाषा और रोजगार की भाषा अलग-थलग हो जाने पर शिक्षा का व्यवसाय अथवा रोजगार में सहज प्रक्रिया में उपयोग नहीं हो पाता। अंग्रेज़ जब इस देश में आए थे तो अपने काम के लिए अंग्रेज़ी पढ़ा-लिखा अमला वर्ग तैयार करने के लिए उन्होंने परंपरागत शिक्षा व्यवस्था को समाप्त करते हुए अंग्रेज़ी शिक्षा का प्रचार किया था।

उत्तर प्रदेश की अदालतों में हिंदी भाषा के प्रवेश के लिए इस देश के रचनाकारों, पत्रकारों और देश-सेवियों ने लगभग एक शताब्दी तक संघर्ष किया था। यह बात अभी पिछली शताब्दी की ही है। सरकारी कामकाज की भाषा फारसी और फिर उर्दू होने के कारण साधारण जनता के लिए न्याय पाना बहुत कठिन था। कदम-कदम पर भाषा की ठोकर खानी पड़ती। इसके साथ ही हिंदी शिक्षा के प्रति नवयुवकों का रूझान नहीं पैदा हो पाता, क्योंकि रोजगार की गुंजाइश बहुत कम थी। हिंदी में लिखे साहित्य तथा ज्ञानोपयोगी पुस्तकों का प्रसार भी हिंदी शिक्षा के अभाव में संभव नहीं हो पा रहा था। 'अपने परंपरागत साहित्य से नवशिक्षित लोगों का अधिकांश कालचक्र के प्रभाव से विमुख हो रहा था।' (आचार्य रामचन्द्र शुक्ल, हिंदी साहित्य का इतिहास, पृ. 409)। यह बात भारतेंदु से पहले ही राजा शिवप्रसाद सितारे हिंद महसूस करने लगे थे। भारतेंदु ने तो हिंदी के प्रसार के लिए जीवन भर उद्योग किया। हिंदी भाषा और नागरी अक्षरों की उपयोगिता समझाने के लिए वे बहुत से नगरों में व्याख्यान देने गए। बहुत से पैम्फलैट उन्होंने निकाले। प्रतापनारायण मिश्र, अलीगढ़ के बाबू तोताराम, बालकृष्ण भट्‌ट, मेरठ के पं. गौरीदत्त आदि जी-जान से नागरी प्रसार में जुटे रहे। बालकृष्ण भट्‌ट 'हिंदी प्रदीप' में लगातार अदालत में हिंदी अक्षरों के प्रयोग की उपयोगिता पर लिखते, इसके विरोधियों को फटकारते और इसके पक्ष में माहौल बनाते। पं. गौरीदत्त ने अपनी पूरी जायदाद 'नागरी प्रसार' के लिए रजिस्ट्री करा दी और संन्यास लेकर नागरी का झंडा उठाए घूमते रहे।

भारतेंदु के बाद लेखकों की अगली पीढ़ी को भी अपनी बहुत सी शक्ति अदालतों में हिंदी के प्रयोग शुरू कराने में लगानी पड़ी। श्यामसुंदर दास, मदनमोहन मालवीय, अयोध्या नरेश महाराज प्रतापनारायण सिंह, मोंडा के राजा रामप्रसाद सिंह, अवागढ़ के

राजा बलवंत सिंह और डॉ. सुंदरलाल के प्रयासों से कई ज्ञापन ब्रिटिश लाट साहब को दिए गए, सरकारी दफ्तरों से नागरी को दूर रखने के कारण जनता को होने वाली कठिनाइयों का ध्यान दिलाया गया। ज्ञापनों की सफलता के लिए प्रदेश भर में भीषण उद्योग किया गया। रातोंरात हस्ताक्षर अभियान चलाया गया। मालवीय जी ने 'अदालती लिपि और प्राइमरी शिक्षा' नामक एक पुस्तक अंग्रेज़ी में लिखकर नागरी को दूर रखने के दुष्परिणामों की विस्तृत और अनुसंधानपूर्ण मीमांसा की। अपने अथक प्रयासों के बाद आखिर का सन् 1900 में अदालतों में वे लोग नागरी अक्षरों को प्रवेश दिला पाए। लिपि का गढ़ टूटते ही भाषा की दीवार ढही और फारसी लिपि में लिखी जा रही खड़ी बोली देवनागरी में लिखे जाने पर अदालतों में हिंदी के रूप में उभर कर आई।

लेकिन कैसी विडंबना है कि शताब्दी के अंत तक आते-आते इसी उत्तर प्रदेश में दबे पांव से हिंदी को बेदखल करने की साजिश हो रही है और वह भी बिना किन्हीं ठोस कारणों के। एक-तिहाई न्यायाधीशों की सुविधा के लिए प्रदेश भर की अदालतों की पद्धति बदलने में कोई हिचक नहीं है। गूदा फेंक कर छिलका खाना इसी को कहते है। दस्तवेजों के अंग्रेज़ी अनुवाद के लिए चंद कुशल अनुवादकों की व्यवस्था जो राज्य नहीं करा सकता वह 62 जिलों की अदालतों में अंग्रेज़ी में कामकाज को स्वचालित मशीन की तरह बिजली का बटन दबा कर आरंभ करा देना चाहता है। जिस राज्य के पास थोड़े से कुशल अंग्रेज़ी भाषांतरकार नहीं, वह अंग्रेज़ी माध्यम से कार्य कराने का दम किस आधार पर भर रहा है? जिस भाषा में अनुवाद संभव नहीं, उस भाषा में कुशलता से काम किया जा सकता है? उत्तर होगा—नहीं। लेकिन कुशलता की किसे परवाह है? अंग्रेज़ी अक्षरों में लिखे होने मात्र से हम खुश हो जाएंगे। इसमें जो लिखा है वह कितना सार्थक और समर्थ है, इसे सोचने की जरूरत ही क्या? हमारा आत्म विश्वास इतना डगमगाया हुआ है कि अपनी हर चीज़ के प्रति हम शंकालु है। परंपरा, इतिहास और वर्तमान सभी के प्रति हमारा दृष्टिकोण इस शंका से भरा है। पुरानी जिन चीज़ों-और पद्धतियों को पश्चिम महत्वपूर्ण कह देता है, उन्हें हम थोड़े-बहुत काम की सोचने लगते हैं। हमारे सामने जो कुछ हो रहा है या अपनी जो चीजें हैं उन पर भी हमें पश्चिम की मोहर चाहिए। अमेरिका ने कह दिया नीम बड़े काम की चीज़ है, हमें भी नीम उपयोगी लगने लगा। अमेरिका जब तक बबूल की उपयोगिता नहीं बताएगा, तब तक हम इंतजार करते रहेंगे। जिस तरह पश्चिम थोड़े-से ऊपर के तबके के लोगों के हित में बड़ी संख्या में जन के हितों को नकारता है, वैसे ही उच्च न्यायालय के एक-तिहाई न्यायाधीशों की सुख-सुविधा के लिए 62 जिलों की अदालतों और जनता की उपेक्षा हो जाए तो क्या बड़ी बात है? और फिर आर्थिक उदारीकरण के जमाने में भाषाई उदारीकरण की मिसाल भी कायम हो जाए तो क्या हर्ज? जिस तरह उदार आर्थिक नीतियों के कुपरिणाम जन-सामान्य भोग रहा है उस तरह भाषा को भी भोग लेगा।

भाषा का प्रश्न वाकई इस देश में बंदर के हाथों में पड़ा उस्तरा है, जिसे जो चाहे जिस तरह से घुमाता रहता है। हाथ और मुंह दोनों घायल कर लिए है, लेकिन सीधे चलने से कतराता है। राजनीतिज्ञ इसे वोटों का मोहरा बना कर राजनीति करता है, पंडित वर्ग इसके माध्यम से अभिजात्य को पाने और 'उत्कृष्ट' को पकड़ने की तलाश में रहता है। साहित्यकार इसे जीने की वजाए भुनाने लगा है। संस्कृति और कला की चिंताओं में व्याकुल वर्ग इसके सहारे लोक-सुरसरी में गोता खाने और पुण्य कमाने की फिराक में बैठा है। मीडिया इसके साथ निरंतर बलात्कार की तैयारी में रहता है। और जन है कि हर चीज़ का मूक दर्शक बना इक्कीसवीं सदी में छलांग लगाने को उचक रहा है। सबके सब भाषा से खिलवाड़ कर रहे है, और भाषा कार्यान्वय, उत्थान, प्रचार का जिम्मा भी लिए हुए हैं। हिंदी के नाम पर पुरस्कार, सम्मान, देश-विदेश की यात्राएं, समारोह, सभाएं, गोष्ठियां तो बेशुमार होती जा रही हैं। केन्द्र और राज्य स्तर पर अनेक विभाग, संस्थाएं, अकादेमियाँ सब के सब भाषा और संस्कृति की रक्षा और प्रसार में लगे हैं। अपार धनराशि इन क्यारियों को सींचने में बहाई जा रही हैं। लेकिन 'गुरु आंधला है और चेला निरंध।' नतीजा सब ही कुएं की ओर बढ़े जा रहे हैं। धड़ाम-धड़ाम गिर रहे हैं, पर भेड़ चाल जो ठहरी। भाषाई अस्मिता नाम की कोई चीज़ दिखाई ही नहीं दे रही। हाँ, एक जबरदस्त कर्मकांड का पाखंड मौजूद है, जिसमें सब के सब रंगे हुए हैं।

— 'नवभारत टाइमस' 15.3.1995

मानसिक दासता का नया अध्याय

हिंदी के एक प्रमुख राष्ट्रीय दैनिक के स्थानीय संपादक की ओर से विगत एक अंक में एक सूचना छपी थी कि आगामी रविवार से दैनिक में एक नया कालम शुरू हो रहा है 'लर्न इंगलिश' (आओ अंग्रेज़ी ज्ञान बढ़ाए)। संपादक महोदय का मानना है कि 'समाज में अगर आगे बढ़ना है तो अपनी भाषा पर अभिमान करते हुए भी अंग्रेज़ी सीखनी जरूरी है और यह दैनिक अपने पाठकों को अंग्रेज़ी सिखाने के दायित्व को पूरा रहा है। पाठकों के प्रति संपादक जी का दायित्व बोध सराहनीय है। वैसे इस क्षेत्र में पहल करने में हमारे संपादक महोदय कुछ पिछड़ गए हैं। हम उन्हें ध्यान दिलाना चाहते हैं कि हर शहर और कस्बे में अंग्रेज़ी सिखाने के बहुत से केंद्र अपनी दुकान पिछले तीन-चार दशकों से जमाए हैं और फिर हमारी सरकारी शिक्षा नीति भी मैकॉले की विरासत को बड़ी सफलता से ढो रही है। जिसके पास थोड़ा भी साधन है वह स्वयं अंग्रेज़ी सीखने, बच्चों को सिखाने के प्रयास में पीछे नहीं। शायद संपादक जी को ध्यान हो कि 'हमें हिंदी नहीं आती (यानी अंग्रेज़ी ही आती है का मुहावरा इस देश में अहिंदी भाषियों के बीच ही नहीं हिंदी भाषियों के वीच भी बड़ा लोकप्रिय हो गया है। अगर वे, सरकारी कर्मचारी या कालेज अथवा विश्वविद्यालय में अध्यापक हैं तो अपना काम कर सकने लायक या छात्रों को पढ़ा सकने लायक हिंदी न आना उनकी शान में चार चांद लगाता है।)'

लेकिन आजादी के 50 वर्ष बाद इतनी अंग्रेज़ी सीख जाने के बावजूद हमारी वैज्ञानिक, तकनीकी और बौद्धिक प्रगति कितनी आगे बढ़ी सका उल्लेख करने की आवश्यकता नहीं। यदि भाषा सीखने मात्र से महान बन जाने के स्वप्न देखने हों तो मौलिक प्रतिभा के विकास की गुंजाइश ही कहां रह जाती है।

वैसे तो हिंदी पत्रकारिता का इतिहास अपने आप में दयित्वबोध और संघर्ष का इतिहास रहा है लेकिन जब इस पत्रकारिता में अपने पाठकों को अंग्रेज़ी सिखाकर उनका विकास करने का दायित्वबोध जागे तो जयशंकर प्रसाद के 'ध्रुवस्वामिनी' नाटक

की एक उक्ति याद आती है–'सच है वीरता जब भागती है तो उसके पैरों से राजनीतिक छल-छंद की धूल उड़ती है।' 'ध्रुवस्वामिनी' में मंदाकिनी नामक पात्र का यह कथन कापुरुष गुप्तवंशीय शासक रामगुप्त पर व्यंग्य है जिसमें शौर्य एवं वीरता का तो अभाव है ही आत्मसम्मान भी पलायन कर गया है। वह विदेशी आक्रमणकारी शकराज द्वारा घेर लिए जाने पर अपनी रक्षा के लिए संधि की शर्त अपनी पत्नी शकराज को भेंट करके पूरी करता है।

अंग्रेज़ी सिखाकर पाठकों के प्रति दायित्व पूरा करने का उपक्रम वास्तव में हिंदी पत्रकारिता के दिग्भ्रमित, भटके हुए और आत्मविश्वास विहीन हो जाने का सूचक है। आज की उपभोक्तावादी जीवन दृष्टि और बाजारवादी अर्थव्यवस्था की होड़ इसे कैसे-कैसे बहाने खोजने को मजबूर कर रही है। अखबार को अधिक से अधिक ग्राहक चाहिए, चाहे वे किसी कीमत पर मिलें। बाजारवाद होड़ की संस्कृति को जन्म देता है और होड़ में आगे बढ़ने के लिए नए-नए नुस्खों और हथकंडों को बढ़ावा देता है। लेकिन मुश्किल यह है कि इन नुस्खों के ऊपर आदर्श का या उत्तरदायित्व का मुखौटा भी लगाना है। सब जानते है कि अंग्रेज़ी दुनिया की अन्य भाषाओं से ज्यादा व्यापक स्तर पर प्रयुक्त भाषा है और इसके ऐतिहासिक कारण हैं ब्रिटिश साम्राज्यवादी नीतियां। और हम हैं कि औपनिवेशिक विरासत को बरकरार रखने के नए से नए तरीके ईजाद करते रहते हैं। भारतवासियों को प्राचीन भारतीय ज्ञान से काटने और वर्तमान लोकभाषाओं से बौद्धिक रूप से न जुड़ने देने की जो गलती राजा राममोहन राय ने की थी उसके परिणाम हम आज तक ढो रहे हैं। स्वतंत्र हो जाने के बावजूद गुलाम मानसिकता में जी रहे हैं। आज फिर देशी भाषाओं की पत्रकारिता अपनी सभी जिम्मेदारियों से पल्ला झाड़ अंग्रेज़ी का मुंह जोहने के रास्ते खोजने लगी है। कोई भाषा सीखना या सिखाना गलत नहीं है लेकिन यह दायित्व उन लोगों द्वारा लिया जाना जिनके अन्य सभी दयित्व अपूर्ण हों, गले नहीं उतरता। क्या ये स्थानीय संपादक महोदय समझते हैं कि अखबार ने अपने अन्य सभी दायित्व पूरे कर लिए हैं। क्या वे यह भी भूल गए हैं कि भाषा को लेकर यह देश पहले ही काफी दुविधाग्रस्त और विभाजित मानसिकता का शिकार है। अपनी भाषा मात्र अभिमान की चीज़ नहीं अपने समस्त भावनात्मक अनुभव की वाहक होती है। व्यक्ति का उसके साथ जुड़ाव उसके संपूर्ण व्यक्तित्व और संस्कार का जुड़ाव होता है और जब शिक्षा तथा बौद्धिक कार्यकलाप की भाषा कोई अन्य भाषा बन जाती है तो मानसिक गतिविधि और भावनात्मक संस्कार एक दूसरे से दूर जा पड़ते हैं। भारतीय भाषाओं के साथ ऐसा ही हुआ है और इसने भारतीय जन की सीखने की प्रक्रिया को एक मानसिक गतिविधि तक सीमित कर दिया है, जो उसके भावनात्मक अनुभव से काफी हद तक अछूती बन गई है। यही कारण है कि हम जिन भाषाओं में बोलना, सोचना, अपने आसपास के परिवेश से जुड़ना सीखते हैं, सुख-दुख, राग-विराग की गहन अनुभूतियों में जिनका

आश्रय लेते हैं उन्हें जीवन के औपचारिक प्रयोजनों के लिए असमर्थ मानने लगते हैं। उच्च शिक्षा, रोजगार, व्यवसाय, वैज्ञानिक और तकनीकी कार्यकलाप के क्षेत्र प्राथमिकता अंग्रेज़ी को ही देते हैं। जिन चीज़ों या कार्यकलापों को हम व्यापक और दूर का मानते हैं उनमें अपनी भाषाओं के इस्तेमाल से बचना चाहते हैं। हमारी यह मनःस्थिति साम्राज्यवादी सांस्कृतिक हमले का परिणाम है। प्रसिद्ध अफ्रीकी लेखक न्गुगी वा थ्योंगो का मानना है कि साम्राज्यवाद हथियारों से हमला करने से पूर्व सांस्कृतिक आक्रमण करता है जो उपनिवेश की जनसंस्कृति के खिलाफ लंबे समय तक जारी रहता है। भारत में हम इस मामले को मैंकॉले की शिक्षा नीति और उसके सुदूरगामी परिणामों में देख चुके हैं। औपनिवशिक अलगाव ने हमें न केवल अपने आसपास के यथार्थ से दूर किया है बल्कि अपने परिवेश से बाहर की स्थितियों से हमारा तादात्म्य स्थापित किया है। यही कारण है कि हमें दुनिया से जुड़ने की जितनी चिंता है उसकी दशांश भी देश के भीतर जुड़ने की नहीं।

भारतीय भाषाओं के प्रति निष्ठा और आत्मविश्वास की कमी के इस माहौल में यदि हमारी पत्रकारिता इन भाषाओं के बीच कोई संवाद कायम कर सके तो वह निश्चय ही किसी महत उद्देश्य को पूर्ति करेगी, लेकिन अफसोस कि हमारे इन महाशय में दायित्वबोध अंग्रेज़ी सिखाने का जागा है; तमिल, तेलुगु, बगंला या मराठी सिखाने का नहीं। जब कोई भारतीय भाषा का अखबार यह महसूस करने लगता है कि वह जिस भाषा के माध्यम से पाठकों तक पहुंच रहा है, वह भाषा अभिमान या शान तो दे सकती है लेकिन विकास और आत्मविश्वास नहीं, तो उस अखबार को सबसे पहले तो आत्मालोचन करके यह देखने की कोशिश करनी चाहिए कि वह स्वयं उस भाषा के बोलने और पढ़ने वालों के मानसिक, बौद्धिक और भावनात्मक विकास में कितना योगदान दे रहा है और यदि वह इस विकास में भरपूर योगदान नहीं दे सकता तो वह अपना और पाठकों का समय और साधन बरबाद क्यों कर रहा है। ''संचार क्रांति के बाद दुनिया के साथ कदम से कदम मिलाकर चलना'' महज अंग्रेज़ी भाषा सीखने से नहीं आ जाएगा। हां, उसके पिछलग्गू बने रहना आ जाएगा और इसमें हम वैसे भी पीछे नहीं हैं। संचार क्रांति के क्षेत्र में आगे बढ़ने के लिए हमें उससे मौलिक रूप से जुड़ना होगा और मौलिक रूप से जुड़ने के लिए मौलिक प्रतिभा का विकास अपेक्षित है जो उधार की भाषा से नहीं विकसित हो सकती। इसके लिए तो अपनी भाषाओं को अद्यतन टैक्नोलॉजी और ज्ञान-विज्ञान से जोड़ना होगा। भारतीय भाषाओं की पत्रकारिता और विशेष रूप से हिंदी पत्रकारिता चाहे तो इस काम के लिए प्रतिबद्ध हो सकती है। संचार क्रांति से भारतीय भाषाओं को जोड़ने के लिए जो लगन और परिश्रम अपेक्षित है उसमें यदि हिंदी पत्रकारिता अपनी सक्रिय भूमिका अदा करती है, तो इस देश के जन सामान्य को वढ़ती दुनिया के साथ कदम से कदम मिलाकर चलने का रास्ता खुद-ब-खुद मिल सकती है।

अतः निवदन है कि पाठकों को अंग्रेज़ी की बैसखियां न पकड़ाइए। वे तो बाजार में उन्हें काफी मिल रही हैं। याद कीजिए, स्वाधीनता पूर्व के जागरण काल को और भारतेंदु हरिश्चंद्र को जिन्होंने मूल मंत्र दिया था–

"निज भाषा उन्नति अहै सब उन्नति को मूल।
बिन निंज भाषा ज्ञान के मिटै न हिय का सूल।।"

किसी भारतवासी के लिए निज भाषा उसके अपने क्षेत्र की भाषा मात्र नहीं, सभी भारतीय भाषाएं हैं। भारतीय भाषाओं और भारतीय जन के विकास और उनमें परस्पर संवाद का काम हिंदी पत्रकारिता आरंभ से ही बड़ी जिम्मेदारी से करती रही है। यही कारण था कि आजादी की लड़ाई में वह भारतीय राष्ट्रीय अस्मिता की वाहक बनकर उभरी। 'उदंत मार्त्तंड', 'कविवचन सुधा', 'हरिश्चंद्र मैगजीन', 'भारत मित्र', 'सारसुधानिधि', 'देवनागर', 'हिंदी प्रदीप', 'प्रताप', 'प्रभा' और 'कर्मवीर' ने हिंदी भाषियों को हिंदी भाषा के दम पर दुनिया से जुड़ना और ब्रिटिश साम्राज्यवाद से लड़ना सिखाया था। आज हिंदी पत्रकारिता के लिए अपने इस इतिहास का पुनरावलोकन जरूरी हो गया है। वरना मैकाले की प्रेतात्मा, यदि कहीं होगी, तो खिलखिलाकर हंस उठेगी डेढ़ सौ वर्ष बाद अपनी इस सफलता पर कि जिस हिंदी संपादक को ब्रिटिश राज रहते हम हरगिज काबू में न कर सके थे, वह आज हमारे काबू में स्वतः आ रहा है।

– 'जे वी जी टाइम्स' 30.11.1996

मत भिड़ाइए हिंदी और उसकी बोलियों को

पिछले दिनों राजधानी में हुई एक संगोष्ठी ने हिंदी और उसकी बोलियों के रिश्ते को लेकर एक वैचारिक बहस को जन्म दिया है। इसी सिलसिले में हाल में ही एक अखबार में छपे लेख 'डड़ैल का इलाज' में प्रो. कृष्ण कुमार ने भाषा की राजनीति के चलते हिंदी की बदहाली ओर उसका खामियाजा उठाते स्कूली बच्चों को दृष्टि में रखते हुए कई तरह की चिंताएँ व्यक्त की हैं। सच है कि भाषा की राजनीति करने वालों ने भारतीय भाषाओं और खास तौर से हिंदी का जो अहित किया है वह हर जागरूक भारतीय के लिए चिंता का विषय है। लेकिन प्रश्न यह उठता है कि क्या यह राजनीति केवल राजनीतिज्ञों ने ही की है? क्या हमारा बुद्धिजीवी वर्ग इसमें साझीदार नहीं हैं? क्या वह अपने को तटस्थ दर्शक मानकर पल्ला झाड़ सकता है? और यदि वह ऐसा कर रहा है तो क्या वह स्वयं भी उस साजिश में साझीदार नहीं है जिस साजिश को वह किसी अन्य का दुष्चक्र मानता है और स्वयं को उस दुष्चक्र में पिसता हुआ सिद्ध करता है? आज हिंदी की जो शक्ल बनी है उसके लिए हम केवल सरकार अथवा सरकारी संस्थानों को जिम्मेदार ठहरा दें यह ईमानदारी नहीं है। प्रो. कृष्णकुमार कहते है "शिक्षा के लिए बनाई गई सरकारी संस्थाएँ शिक्षा के प्रसार में स्वयं एक बाधा हैं।" प्रो. कृष्ण कुमार स्वयं शिक्षाविद् हैं, थोड़ा सा गौर करें कि स्कूली बच्चों या विश्वविद्यालयी छात्रों के साथ दुभाँति कौन कर रहा है? जो छात्र अपनी भाषाओं को माध्यम के रूप में अपनाते हैं उन्हें दोयम दर्जे की शैक्षिक सामग्री प्राप्त हो रही है तो यह राजनीतिज्ञों अथवा सरकार के मत्थे मढ़ी जाने की बात है यह हमारे शिक्षाविदों और विशेषज्ञों और आचार्यों के मत्थे मढ़ी जाने वाली। ऐसा क्यों हुआ है कि "ज्ञान का कोई भी विषय प्रस्तुत करने के लिए हमने ऐसी भाषा को स्वीकृति दे रखी है जिसमें बोली हुई हिंदी का स्पंदन नहीं है।" काश हम ईमानदारी से यह बात समझें और महसूस करें कि जिन्हें उस ज्ञान विशेष पर अधिकार है, जो उस ज्ञान क्षेत्र में एकेडेमिक संवाद करते हैं, वे ही उसे सर्वाधिक सहज और स्वच्छ भाषा में प्रस्तुत कर सकते हैं। वे उस क्षेत्र में चिंतन-मनन-लेखन करते हैं अतः उस ज्ञान की शाखा की भाषा पर उनका अधिकार होता है। किंतु जब हिंदी माध्यम की अधिकांश पाठ्य पुस्तकें अंग्रेज़ी

पाठ्य पुस्तकों के अनुवाद के द्वारा ही तैयार की जाएँगी तो उनमें भाषा का स्वाभाविक रूप कैसे और कहाँ तक कायम रह सकेगा। ''जीव वृद्धि करते हैं'' जैसे वाक्यों से हम तभी बच सकते हैं जब हम इस बात पर विचार करे कि "जन्म लेने के पश्चात् प्राणी का धीरे-धीरे विकास होता है" यह बात बच्चों को किस ढंग से बताई जाए कि उनके लिए रोचक और सार्थक बन सके। लेकिन जब किसी भाषा में ज्ञान-विज्ञान के विभिन्न विषयों पर मौलिक लेखन ही नहीं होगा तो उस भाषा में अनूदित पुस्तकों में मौलिक भाषा की गंध, लय या छटा कैसे आ पाएगी।' आज हम विज्ञान-प्रौद्योगिकी, वाणिज्य सामाजिक विज्ञान आदि विभिन्न क्षेत्रों में निरंतर अनुवाद में जी रहे हैं। एक अनुवाद जीवी संस्कृति पनपी है जो न विचार, न भाव, न भाषा और न ही कार्य-कलाप में मौलिक है। वह निरंतर पश्चिम का अंधानुकरण कर रही है और अपनी जमीन से धीरे-धीरे कटती चली जा रही है। बच्चों की पाठ्य पुस्तकों को ''सरकारी किताब'' कह कर हमारे शिक्षाविद् दायित्वमुक्त हो जाएँ यह हमारे समाज की सबसे बड़ी विडम्बना है। जो इन पुस्तकों को तैयार कर रहे हैं वे, सरकारी नुमाइंदे नहीं, शिक्षा से जुड़े लोग ही हैं।

प्रो. कृष्ण कुमार जी जरा उन बुद्धिजीवियों और अध्यापकों को कठघरे में खड़ा कीजिए जो अपने ज्ञान को केवल अंग्रेज़ी में प्रकट करके देशभर की शिक्षा व्यवस्था पर काबिज हैं। क्या उन्हें देश के उन बहुसंख्य छात्रों की रत्ती भर परवाह है जो अपनी भाषाओं के अध्ययन से ज्ञान हासिल करना चाहते हैं? जब इन भाषाओं में शिक्षा-संबंधी पुस्तकें तैयार करने की जिम्मेदारी केवल उन अनुवादकों पर ही छोड़ दी गई है जो विषय से थोड़े बहुत परिचित हैं तो पुस्तकों में बोलचाल की हिंदी का स्पंदन कैसे आ सकता है? ज्ञान को बोलचाल की लय में वही प्रस्तुत कर सकता है जिसने उसे आत्मसात कर लिया हो। हिंदी माध्यम अथवा भारतीय भाषाओं का माध्यम केवल सरकार की जिम्मेदारी मानना हमारी सबसे बड़ी भूल है। पंडित तारादत्त की प्राथमिक भूगोल की पुस्तक 140 वर्ष पूर्व लिखी होने के बावजूद आज भी इसलिए प्रासंगिक है कि उसे इस देश की धरती बोली-बानी से जोड़ते हुए यहां के निवासियों के लिए लिखा गया था। पंडित तरादत्त की निष्ठा अपनी भाषा के छात्रों में थी। वे अंतर्राष्ट्रीय ख्याति के आकांक्षी विद्वान न थे जो अपनी जमीन से जुड़े रहने से कतराते या आंखें चुराते। लेकिन आज का आधुनिक, चितंक बुद्धिजीवी भाषा को लेकर हीन ग्रंथि का शिकार है वह अपनी भाषा को अपर्याप्त मानता है। विदेशी भाषा से जुड़े रहने पर उसे अंतर्राष्ट्रीय भविष्य दिखाई देता है। प्रश्न अंग्रेज़ी के प्रति किसी पूर्वग्रह अथवा राजनीति का नहीं प्रश्न भारतीय भाषाओं के पिछड़ने का है। ज्ञान-विज्ञान के क्षेत्र में सोच-विचार और चिंतन की भाषा, ऐकेडेमिक कार्यकलाप और शैक्षिक जीवन की बृहत्तर भाषा न रहने कारण इन भाषाओं पर एक कृत्रिम बोझ बढ़ रहा है और इनकी अपनी ठेठ सौंधी महक गायब हो रही है। न तो हम भारतीय भाषाओं को अनुसंधान और अन्वेषण की भाषा

बना रहे हैं न ही उन अनुसंधानों से अर्जित ज्ञान को व्यवहार में लाने वाली प्रौद्योगिकी की, और न ही उस ज्ञान अथवा प्रौद्योगिकी को अगली पीढ़ी को सौंपने में भारतीय भाषाओं के काम ले रहे हैं फिर इन भाषाओं में इन विषयों की सहज शब्दावली और बोलचाल का मुहावरा कैसे पनप सकता है? इतना ही नहीं, इस ज्ञान से संपन्न व्यक्ति ही यदि इसे छात्रों और पाठकों को बताने, समझाने या सिखाने के लिए भारतीय भाषाओं में प्रस्तुत करने लगें तो इन भाषाओं की पुस्तकों में सहजता, मौलिकता, भाषा की रवानी, देशीपन या टिटाकपन मौजूद कर सकता है। लेकिन हम अनुवाद से लगातार मौलिक लेखन जैसी सहजता और बोलचाल की रवानी की मांग भी करते रहें और मौलिक लेखन भी न करें तो हमारी माँग पूरी होना कैसे संभव है? पंडित तारादत्त की भूगोल की पुस्तक हो या राजा शिवप्रसाद सितारे हिंद की 'भूगोल हस्तामलक' ये पुस्तकें सुपाठ्य हैं लेखक की छात्रों और पाठकों के प्रति निष्ठा के कारण, महज बोलियों अथवा उर्दू शब्दावली के कारण नहीं। वे ऐसी पुस्तक रचना चाहते थे ''जिससे बालकों को यह सारा भूगोल हस्तामलक हो पाए'' और मानते थे, ''बालक भिन्न युवा और वृद्ध भी इस ग्रंथ को पढ़ेगे तो निश्चय ही उनका परिश्रम व्यर्थ न जाएगा।'' इन लेखकों की उन पाठकों के प्रति निष्ठा, जो हिंदी के अलावा दूसरी भाषा नहीं जानते, ही इन पुस्तकों को सार्थक बनाती है। आज भी हिंदी में उच्च स्तरीय मौलिक शोधपरक पुस्तकें इक्का-दुक्का दिखाई देती हैं लेकिन ये विषय के तथाकथित विशेषज्ञों की नहीं अन्य निष्ठावान विद्वानों की हैं जैसे अनुपम मिश्र की 'राजस्थान में रजत की बूंदें' बनवारी की 'पंचवटी' डा. रामविलास शर्मा की 'भारत में अंग्रेज़ी राज्य और मार्क्सवाद' तथा 'पश्चिम एशिया ओर ऋग्वेद'। लेकिन सवाल यह है कि क्या विज्ञान, पर्यावरण अथवा इतिहास के विद्वान इन्हें अपने अध्ययन, अध्यापन अथवा शोध में इस्तेमाल करते हैं या इनसे प्रेरणा लेकर हिंदी में पुस्तक लिखते हैं?

आज जब ज्ञान-विज्ञान के प्रयोजनमूलक संदर्भों में प्रयुक्त हिंदी अटपटी महसूस हो रही है तो क्या बोलियों की शब्दावली उसमें शामिल कर देने मात्र से भाषा सहज हो जाएगी। प्रश्न भाषा की अभिव्यक्ति का है, शब्द के सार्थक और विवेकपूर्ण प्रयोग का है। भाषा विचार और व्यवहार की ऊर्जा से सहज ओर सार्थक बनती है, विचार मंथन की ऊर्जा से रगडती-झटकती, टूटती पिघलती और ढलती है। भरसक देशी शब्दावली और 'हरकत में आए', 'लपक लिया', 'चलता किया' जैसे खांटी प्रयोगों के बावजूद आज हिंदी पत्रकारिता पर अनुवाद की छाया और दबाव दिखाई देता है। उसमें बालकृष्ण भट्ट अथवा बालमुकुंद गुप्त के गद्य जैसा ओज, प्रवाह और प्रभावपूर्णता नहीं है। स्वाधीनता आंदोलन भारतीय भाषाओं के माध्यम से चला था और हिंदी की उसमें अग्रणी भूमिका थी। इस काल की पत्रकारिता अथवा विभिन्न विषयों पर लिखी हिंदी पुस्तकों पर नजर डालिए आप स्वयं यह समझ सकेंगे कि अक्षमता कहां है? आजादी के बाद हमने जब पूरी अस्मिता को ही धीरे-धीरे दरकिनार कर दिया, स्वाधीन देश की

चेतना ही मानसिक दासता में बदल गई तो फिर पराधीन मानसिकता में स्वाधीन चिंतन कहाँ से आता, और स्वाधीन चिंतन बगैर स्वाधीन भाषा कैसे कायम रहती? भाषा तो कामधेनु है वह अपने बोलने वालों को वे सब अभिव्यक्तियाँ देती है जिन्हें वे उससे माँगते हैं। जिस भाषा के बोलने वाले उससे माँगते ही नहीं वह भाषा उन्हें क्या दे सकती है?

इस भाषाई दुष्चक्र के लिए हमारे बुद्धिजीवी राजनीतिज्ञों से बड़े गुनहगार हैं। वे भाषा के तथा कथित मानकीकरण को रुकावट मानते हैं लेकिन भूल जाते हैं कि जिस मानकीकरण की आड़ वे ले रहे है वह भी तो शिक्षाविदों और विषय विशेषज्ञों की ही देन है। आज भी चाहें तो वे हिंदी को इससे मुक्त कर सकते हैं। पर इसके लिए उन्हें इस भाषा को व्यवहार में लाना होगा—केवल मंचों अथवा गोष्ठियों में नहीं जीवन और कार्य-कलाप में भी। हमारे साहित्यकार भी इस दायित्व से मुक्त नहीं हैं। उन्हें सर्जनात्मक साहित्य से इतर विषयों में लेखन के लिए प्रेरित होना होगा तभी साहित्य और जीवन की भाषा में आदान-प्रदान संभव हो सकेगा और भाषा भाव और विचार की ऊर्जा के साथ संतुलित हो सकेगी।

जहां तक हिंदी और उसकी बोलियों के रिश्ते की बात है हमें हिंदी को खुली आंखों से देखना होगा, पश्चिमी चश्मों से नहीं। ये बोलियां शब्द-भंडार और संरचना की दृष्टि से परस्पर बहुत मिलती-जुलती हैं। इन्हें बोलने वाले एक दूसरे की बात जितनी असानी से समझते है उतनी चीनी अथवा अमरीकी भाषा-क्षेत्रों की बोलियों वाले लोग नहीं समझते। भारतीय भाषिक विविधता पश्चिमी समाजों की भिन्न-भिन्न और सुदूर देशों से आए अलग-अलग लोगों की भाषिक विविधता नहीं है। यह इसी जमीन से फूटी विविधता है जिसमें बाहर से अनेक धाराएँ आ मिली हैं। 'हिंदी बनाम उसकी बोलियाँ' जैसा पौधा यहाँ मत रोपिए। उसके फल बहुत कड़ुवे और जहरीले होंगे। यह एक आरोपित धारणा है कि हिंदी अपने क्षेत्र की बोलियों को पनपने नहीं दे रही है। यदि हिंदी ने इन्हें दबाया होता तो आज भी हिंदी के इतने रूप कैसे मौजूद होते? जिस खड़ी बोली को आज हम मानक हिंदी स्वीकार करते हैं वह भी तो बोलियों का ही एक रूप है। विडंबना तो यह है कि 'आगोर' शब्द के हम इसलिए पक्ष में है कि वह बोली का शब्द है और 'जलागम क्षेत्र' के इसलिए खिलाफ हैं कि यह मानकीकृत शब्द है। यह वास्तव में शब्दों को लेकर हिंदी की बोलियों और उसके खड़ी बोली रूप की खोपड़ियाँ भिड़ाना है। क्या हम 'रामचरित मानस' को भी मानक शब्दों का जंजाल कहेंगे जब 'ग्रह भेषज जल पवन पट पाइ कुजोग सुजोग' या 'क्षिति जल पावक गगन समीरा' जैसे प्रयोग देखेंगे। 'हवा' 'पानी' या 'पवन' 'जल' जैसे शब्दों को लेकर हिंदी समाज कभी विवाद में नहीं पड़ा। हाँ, इनकी अर्थच्छायाओं में अवश्य भेद करता रहा है जो लोक मानस में अब भी व्याप्त है। 'जल कौं गए लक्खत हैं लरिका', 'झलकी भर भाल कनी जल की', 'अँखियाँ क्यों अति चारु चलीं जल च्वै', 'संसकिरत कबिरा

कूप जल' जैसे प्रयोग वास्तव में ऐसे शब्दों की लोक व्यप्ति के प्रमाण हैं। बोलियों में तत्सम-तद्भव की टकराहट नहीं है सहज लोक व्यापी अनुकूलन है। जब जैसा उचित लगा प्रयोग कर लिया। ब्रजभाषा और अवधी में संस्कृत की शब्दावली और उसका लोक रूप ऐसे घुले-मिले हैं कि एक को दूसरे से अलग करके देखना बुनियादी भूल प्रतीत होती है। जो गुमराह करती है। लोक जीवन, लोक भाषा और लोक ज्ञान से न जुड़ पाने के कारण हमारे बुद्धिजीवी हिंदी से बोलियों के इस संबंध को नहीं पहचान पाते। वे जो इन्हें गवाँरू समझ कर इनसे दूर रहते हैं और वे जो इनकी शब्दावली के प्रति नॉस्टेल्जिया रखते हैं दोनो ही इनकी मूल संवेदना से नहीं जुड़ पाते। यह मात्र बोलियों की शब्दावली का तिरस्कार नहीं, लोक-परंपरा में व्याप्त उस समस्त ज्ञान और प्रौद्योगिकी का तिरस्कार है जो इस देश के जन को वाचिक परंपरा से सहज ही प्राप्त होता रहा है। क्या हम देशी तकनीकी, विशेष रूप से परंपरागत प्रौद्योगिकी, की खोज या आज के संदर्भ में उसके उपयोग का कोई प्रयास कर रहे है? यदि नहीं तो उसकी भाषा को कैसे उपयोग में ला सकते हैं? आयातित प्रौद्योगिकी अपने साथ अपनी भाषा भी लाती है। इस तकनीकी और इस भाषा का तालमेल अपनी जमीन, अपने समाज से जोड़ने की अपेक्षा हम तकनीकविदों से करते हैं, लेकिन वे तो देशी तकनीकी की गंध तक से दूर रहना चाहते हैं। इसलिए डड़ैल का इलाज कुएँ में पड़ी उस भाँग में ढूंढ़िए जिसके नशे में आज इक्कीसवीं सदी के कगार पर खड़े हम झूम रहे हैं—सच से बेखबर।

एक और निवेदन! हिंदी उर्दू को लेकर साम्राज्यवादी शक्तियों ने जो विषबीज बोया था उसे समूल नष्ट करने की कोशिश कीजिए, उस की नई शाखाएँ मत रोपिए। अजि शिक्षा संबंधी कुछ पुस्तकें या कोई पुस्तक "उर्दू शब्दों को 'विदेशी' भाषा का करार देती है" और उनके बहिष्कार की अपेक्षा करती हैं तो यह भी कहीं-न-कहीं भाषाविदों की साजिश है—जाने में या अनजाने में। इससे आज की पीढ़ी को और भावी पीढ़ियों को बचाना होगा और खुली आँखों से देखना होगा। हिंदी सदैव जनभाषा रही है। यह तो बुद्धिजीवी हैं जो 'जनवादी साहित्य, जनवादी साहित्य' चिल्लाते हैं लेकिन साहित्य को जन से दूर ले जाते हैं वरना तुलसी हों या कबीर या रहीम न तो वे पंडित होने का दावा करते हैं न ही भाषा और विचार की राजनीति करते हैं।

— 'जनसत्ता' 9.3.1999

प्रयोजनमूलक हिंदी की परंपरा

प्रयोजन मूलक हिंदी की परंपरा की चर्चा शुरू करने से पहले जो बात में आपके सामने रखना चाहूँगी वह है प्रयोजनमूलक हिंदी की चर्चा की आवश्यकता और प्रासंगिकता की। प्रश्न यह है कि प्रयोजनमूलक हिंदी ही क्यों प्रयोजनमूलक भाषा की अथवा भाषा के प्रयोजनपरक पक्षों की चर्चा की जरूरत क्या है? आज जब हम 'राष्ट्रीय भाषा नीति और भारतीय भाषाओं के विकास जैसे प्रश्नों पर विचार करते हैं तब हम भाषा के प्रयोजनपरक संदभों को हाशिए में रखकर नहीं चल सकते। कारण, सृजनात्मक साहित्य से संपन्न होने के बावजूद भाषा के बहुमुखी स्वरूप के निर्माण एवं विकास में उसके प्रयोजनपरक क्षेत्रों की अत्यंत महत्वपूर्ण तथा अपरिहार्य भूमिका होती है। भाषा का सामाजिक-सांस्कृतिक आधार उसके प्रयोजनपरक रूपों से निर्मित होता है। कहना चाहिए कि ज्ञान की विविध शाखाओं – कला, शिल्प और विज्ञान की विविध प्रक्रियाओं और प्रविधियों से गुज़रने, वाणिज्य, व्यापार और विधि तथा प्रशासन जैसे सामाजिक सरोकारों के कार्यों से जुड़ने पर ही भाषा की सूक्ष्म और विशिष्ट अभिव्यक्ति-क्षमता और विविध अर्थच्छवियाँ विकसित होती हैं। भाषा के शब्द-भंडार का विस्तार उसके इन्हीं प्रयोजनपरक सामाजिक संदर्भों से गुज़रने पर होता है। जिस भाषा में शब्दों की कमी है उसके बारे में निरपवाद रूप से कहा जा सकता है कि उस भाषा का प्रभाव और जुड़ाव मानव समाज के कार्यकलाप से बहुत ही थोड़ा है और उसे बोलने वाले लोग बहुत सी बातों को जानते हुए भी अनजान हैं। दुनिया की सभी संपन्न और व्यापक रूप से प्रयुक्त भाषाएँ इस तथ्य की पुष्टि करती हैं कि उन्होंने यह समृद्धि जीवन और समाज से गहराई से जुड़कर ही प्राप्त की है।

इस दृष्टि से आधुनिक भारतीय भाषाओं की स्थिति एवं विकास को जीवन के विविध प्रयोजनों के केंद्र में रखकर देखने और परखने की जरूरत है। मैंने अपने आलेख को हिंदी भाषा के प्रयोजनमूलक स्वरूप तक सीमित रखा है। ऐसा इसलिए नहीं किया गया कि हिंदी को अन्य भारतीय भाषाओं से काटकर देखना मेरा उद्‌देश्य है,

बल्कि मेरे विचार से विभिन्न भारतीय भाषाओं के विकास और उनसे जुड़ी सामाजिक प्रगति के प्रश्न एक-दूसरे से अलग-थलग नहीं हैं, क्योंकि वे एक ही बृहत्तर समाज की समस्याओं, जरूरतों और परिस्थितियों से उपजे हैं और व्यापक रूप से वे भारतीय समाज के प्रश्न हैं। इस तरह एक भाषा को केंद्र में रखकर की गई चर्चा में अन्य भारतीय भाषाओं का संदर्भ भी निहित है। इसके साथ ही प्रसंग तथा अवसरानुकूल अन्य भारतीय भाषाओं का जिक्र भी यहाँ किया गया है।

हिंदी के प्रयोजनमूलक स्वरूप के विकास की जांच-पड़ताल के लिए समसामयिक युग और समाज को न लेकर ब्रिटिश कालीन भारत को लेने के पीछे भी खास उद्देश्य रहा है। पहली बात तो यह है कि भारतीय भाषाओं के विकास और उससे जुड़े भारतीय समाज के विकास की मौजूदा स्थिति को हम ऐतिहासिक परिप्रेक्ष्य से काट कर नहीं देख सकते। देखने का प्रयास भी करेंगे तो सतह के भीतर की उन परतों को उघाड़ने में सफल नहीं हो सकते जो न केवल इस प्रश्न का समाधान खोजने के लिए प्रेरित करती हैं बल्कि जिनकी वजह से इन भाषाओं की वर्तमान स्थिति और विकास का प्रश्न इस ज्वलंत रूप में हमारे सामने उपस्थित है।

दूसरे, आधुनिक भारतीय नवजागरण ने भारतीय समाज में जिस सुधार और विकास की चेतना और मुक्ति की आकांक्षा का सूत्रपात किया था उसकी वाहक भारतीय भाषाएं ही बनी थीं और हिंदी भाषा ने इस दिशा में बहुत ही व्यापक और महत्वपूर्ण भूमिका अदा की थी। इस काल में राष्ट्रभाषा का प्रश्न राष्ट्रीय एकता तथा राष्ट्रीय स्वाधीनता के प्रश्न के साथ मिलकर एकाकार हो गया था। ज़ाहिर है कि यह भूमिका उसने साहित्यिक और साहित्येतर दोनों की रूपों के माध्यम से अदा की थी। तभी वह भारतीय समाज और उसकी अस्मिता की संवाहक बन सकी थी। हिंदी की इस राष्ट्रीय-सांस्कृतिक भूमिका के साहित्यिक स्वरूप को तो भली-भाँति पहचाना गया है। उसका विवेचन-मूल्यांकन भी होता रहा है। लेकिन जीवन के अन्य विविध संदर्भों में हिंदी भाषा की भूमिका और उसके स्वरूप का समुचित मूल्यांकन अभी बाकी है। प्रस्तुत आलेख में इसी दृष्टि से स्वातंत्र्य पूर्व भारत में प्रयोजनमूलक हिंदी के स्वरूप और विकास की चर्चा करते हुए हिंदी भाषा के विकास में उसके योगदान के मूल्यांकन का प्रयास किया गया है।

हिंदी के प्रयोजनमूलक स्वरूप पर ऐतिहासिक परिप्रेक्ष्य में विचार करना आज इसलिए भी बहुत जरूरी है कि जीवन के विभिन्न संदर्भों में हिंदी की प्रयोग सामर्थ्य को लेकर आज हम एक तरह की दिग्भ्रमित स्थिति का शिकार हो गए हैं। आज़ादी की लड़ाई के दौरान जो भाषा राष्ट्रीय अस्मिता की वाहक थी तथा जिसने राष्ट्र को एकता के सूत्र में बांधने का बृहत्तर दायित्व वहन किया था वही भाषा आज़ादी के बाद अनेक तरह के विवादों के दायरे में घिर गई। ज्ञान-विज्ञान के प्रयोजनों से लेकर शिक्षा, उद्योग, व्यवसाय, शिल्प और कलाओं तक के क्षेत्र में इस भाषा की अभिव्यक्ति क्षमता को

लेकर जो प्रश्न चिह्न हमने लगाने शुरू किए, वे ऐसे फैलते गए कि उनका अंत ही न रहा। राजकाज में हिंदी को लेकर खास तौर से जो बाबेला शुरू हुआ उसके राजनीतिक रंग ने तो यह भी फैला दिया कि हिंदी प्रयोग को बढ़ाने का मायने है अन्य भारतीय भाषाओं को दबाना। हिंदी बनाम भारतीय भाषाएँ खड़ी करने की यह निहित स्वार्थों की चाल इन भाषाओं के विकास की आज सबसे बड़ी बाधा है।

ऐसी स्थिति में नवजागरण काल और भारतीय स्वाधीनता संघर्ष की पृष्ठभूमि में हिंदी के प्रयोजनमूलक स्वरूप के विकास पर विचार करने का प्रयास इस भाषा के प्रति हमारे वर्तमान रवैये और आस्था पर भी पुनर्विचार करने की प्रेरणा देने में सफल होगा, ऐसी मुझे आशा है।

भाषा के प्रयोजनमूलक स्वरूप का आधार उसकी विभिन्न प्रयुक्तियाँ अथवा रजिस्टर होते हैं जिनका विकास विभिन्न विशिष्ट क्षेत्रों में भाषा के प्रयोग द्वारा होता है। आज हिंदी की प्रमुख प्रयुक्तियाँ हैं :

– सामाजिक विज्ञानों के क्षेत्र में हिंदी
– वैज्ञानिक हिंदी
– विधिक हिंदी
– प्रशासनिक हिंदी
– व्यापार एवं वाणिज्य में हिंदी
– जन-संचार में हिंदी
– विज्ञापनों में हिंदी

इनमें से विधि के क्षेत्र में हिंदी की प्रयुक्ति को छोड़कर अन्य सभी प्रयुक्तियाँ ब्रिटिश भारत में मौजूद थीं। विज्ञान और प्रशासन का क्षेत्र अन्य क्षेत्रों की तुलना में काफी पीछे था लेकिन उसका एकदम अभाव नहीं था। इसके साथ ही सामाजिक-सांस्कृतिक जीवन में हिंदी व्यापक प्रयोग की भाषा थी।

इन प्रयुक्ति क्षेत्रों की खास शब्दावली, शैली और स्वरूप निर्माण का इतिहास हिंदी गद्य के विकास और स्वरूप निर्माण के समानांतर चलता रहा है। यही कारण है कि स्वातंत्र्य पूर्व भारत में हिंदी भाषा के साहित्य और सामाजिक सरोकार एक-दूसरे से संपृक्त रहे हैं। विभिन्न क्षेत्रों में हिंदी भाषा की इन प्रयुक्तियों के विकास और प्रसार जिन लोगों द्वारा हुआ, वह थे :

– हिंदी लेखक और पत्रकार
– शिक्षा व्यवस्था से जुड़ा वर्ग
– व्यापारी तथा महाजन वर्ग
– राष्ट्रीय स्वाधीनता सेनानी और समाज सुधारक
– हिंदी सेवी संस्थाएँ।

इस काल में प्रयुक्त प्रयोजनमूलक हिंदी के बारे में सबसे बड़ी बात यह थी कि

उस समय यह भाषा अपने प्रयोक्ताओं को किसी प्रयोजन के लिए अक्षम नहीं लगती थी। अपनी जरूरतों को वे इसके माध्यम से पूरा करने के प्रयास स्वेच्छा से कर रहे थे। सरकारी प्रोत्साहन की प्रेरणा से नहीं। अतः वे जहाँ भी शब्दावली या शैली को अपर्याप्त पाते वहीं उसकी तलाश करते, उसे गढ़ते, उसका स्वरूप निर्माण करते। उन्हें यह शिकायत नहीं थी कि अमुक विषय को कैसे प्रस्तुत करें हमारी भाषा में तो शब्द ही नहीं है, कहने का ढंग ही नहीं है। वे तो अपनी जरूरत के अनुसार जहाँ भी उपयुक्त शब्द पाते उसे स्वीकार कर लेते। चाहे शब्द उन्हें संस्कृत, अंग्रेज़ी, फारसी, बंगला, या मराठी में मिले या फिर हिंदी की अपनी बोलियों में। पश्चिम के आधुनिक विज्ञान और सामाजिक विज्ञानों की रचनाओं के अनुवाद करते समय वे संकल्पनाओं के हिंदी पर्यायों को तलाशते और स्थिर करते। यही कारण है कि जहाँ अदालतों में प्रस्तुत अर्जियों, इश्तहारों, इकरारनामों की भाषा में फारसी के शब्दों की प्रचुरता दिखाई देती है वहीं बही खाते की भाषा में ठेठ बोलियों की शब्दावली और मुहावरों की, प्राचीन इतिहास, राजनीति और विज्ञान की भाषा में तत्सम शब्दावली और अंग्रेज़ी शब्दों को स्थान मिलता वहीं विज्ञापनों में बोलचाल की रवानी को।

दूसरी ओर एक अन्य दिलचस्प बात यह है कि जैसे-जैसे साहित्य की भाषा के रूप में खड़ी बोली हिंदी गद्य का परिमार्जन होता गया और साहित्य की विविध विधाओं का विकास होता गया वैसे-वैसे विविध प्रयोजनों से संबंधित प्रयुक्तियों की भाषा में भी स्वच्छता और निखार आता गया। उदाहरण के लिए विभिन्न पत्र-पत्रिकाओं में छपे विज्ञापनों को देखा जा सकता है। 1872 में 'कविवचनसुधा' और 1878 में 'भारतमित्र' में छपे विज्ञापनों और 1928 में 'विशाल भारत' या 'प्रभा' में छपे विज्ञापनों की भाषा की तुलना इस दृष्टि से रोचक होगी।

हिंदी के प्रयोजनमूलक स्वरूप के विकास में हिंदी गद्य के प्रादुर्भाव और विकास तथा नवजागरण की चेतना के प्रसार ने महत्वपूर्ण भूमिका अदा की है। हिंदी भाषी समाज में नवजागरण की तीव्र चेतना का प्रसार 1857 की क्रांति के समय से हुआ। इस क्रांति की छाया में ही हिंदी साहित्य का आधुनिक काल शुरू होता है। और आधुनिक काल में हिंदी भाषा की सबसे महत्वपूर्ण घटना है हिंदी गद्य का विकास और प्रसार। गद्य का यहँ ब्यापक प्रसार न केवल हिंदी साहित्य की विविध विद्याओं की दृष्टि से महत्वपूर्ण है बल्कि हिंदी भाषा और व्यापक भारतीय समाज की विशिष्ट जागरूकता और सचेतनता की सूचना है। इस सचेतनता के परिणाम दो रूपों में स्पष्ट दिखाई दिए – विभिन्न विषयों की शिक्षा संबंधी हिंदी पुस्तकों के निर्माण में और हिंदी के विभिन्न लेखकों द्वारा विविध विषयों पर लेखन में। शिक्षा संबंधी पाठ्य-पुस्तकों में ईसाई मिशनरियों द्वारा स्थापित स्कूल बुक सोसाइटियों के तत्वावधान में पं. रतननाथ द्वारा निर्मित पुस्तकें – 'कथासार' (इतिहास) 'भूगोलसार', 'भूगोल दर्पण', पंडित ओंकार भट्ट द्वारा लिखित 'भूगोल सार' (1840), बद्रीलाल शर्मा द्वारा लिखित 'रसायन

प्रकाश' (1847) तथा कलकत्ता बुक सोसाइटी के प्रकाशित 'ज्ञानांतर सार या मेटीरिया मेडिका' (1821) और ऑरफेन प्रेस मिर्ज़ापुर से निकली 'भूचरित्र दर्पण', 'भूगोल विद्या', 'जंतु प्रबंध' आदि उल्लेखनीय हैं।

इनके अतिरिक्त वैयाक्तिक प्रयासों से तैयार की गई पाठ्य-पुस्तकें हैं जिनमें राजा शिवप्रसाद सितारे हिंद की 'इतिहास तिमिरनाशक', 'भूगोल हस्तामलक' पंडित वंशीधर की 'भारतवर्षीय इतिहास' (1856) और 'जीविका परिवाही' (1856) नामक अर्थशास्त्र की पुस्तक तथा पंजाब में बाबू नवीन चंद्र राय के प्रयासों से निर्मित पुस्तकें उल्लेखनीय हैं। उन्नीसवीं सदी के मध्य में निर्मित ये पाठ्य-पुस्तकें विभिन्न ज्ञान क्षेत्रों में हिंदी भाषा की शैली निर्माण और मुहावरे के विकास की प्रक्रिया को समझने का महत्वपूर्ण माध्यम हैं। राज शिवप्रसाद सितारे हिंद के 'इतिहास तिमिर नाशक' और भारतेंदु के 'उदय पुरोदय' की भाषा की तुलना इस दृष्टि से रोचक हो सकती है।

शिक्षा के प्रसार के साथ ही नवजागरण काल हिंदी भाषा के विभिन्न प्रयोग क्षेत्रों के विकास के प्रति जागरूकता और प्रयास का काल है। जागरण सुधार की चेतना से प्रेरित प्रबुद्ध वर्ग शिक्षा के विकास-प्रसार, सामाजिक-धार्मिक दोषों और कुरीतियों के परिहार सामाजिक निर्माणकारी कार्यों के प्रसार के प्रति इतना चौकन्ना है कि इस दिशा में हर संभव प्रयत्न करने का उत्सुक है। दलित, शोषित जन-सामान्य की दुर्दुशा दूर करके वह उसे समाज की मूल धारा में लाने के लिए स्वभाषा विकास को नितांत आवश्यक समझता है। देशी भाषा में ज्ञान-विज्ञान, शिल्प, कला, कौशल – आदि उपलब्ध होने पर समाज के सभी लोग उसका लाभ उठा सकते हैं और आत्म-निर्भर हो सकते हैं। भारतेंदु हरिश्चंद्र जैसे प्रतिभासंपन्न और निष्ठावान रचनाकार सभी शिक्षित जनों से अनुरोध करते हैं कि हिंदी में विभिन्न विषयों की पुस्तकें तैयार करें ताकि विभिन्न कार्यकलाप संबंधी ज्ञान इस भाषा के लोगों के लिए उपलब्ध हो सके। सन 1877 में उन्होंने 'हिंदी की उन्नति पर व्याख्यान' नामक कविता लिखी। इसमें उन्होंने ध्यान दिलाया कि अंग्रेज़ों की उन्नति का कारण उनकी भाषा में हर प्रकार की विद्या का उपलब्ध होना है। हमारे पास वह ज्ञान उपलब्ध न होने के कारण हम अंग्रेजों का मुंह जोहते हैं और अपना अपार धन उसकी बनाई वस्तुओं की प्राप्ति में खर्च कर देते हैं। सरकारी टैक्स के रूप में और अफसरों के वेतन के रूप में विदेश जाने वाली मोटी राशि के अलावा बड़ी मात्रा में धन उनके द्वारा बनी चीज़ों की खरीद पर जाता है। इसे बचाने का एकमात्र तरीका है अपनी भाषा में इस ज्ञान को उपलब्ध कराना। उक्त कविता का कुछ अंश यहाँ उद्धृत करना उपयुक्त होगा –

लखहु न अंगरेजन करी उन्नति भाषा माँहि।
सब विद्या के ग्रंथ अंगरेजी माँहि लखाहिं।। 35।।

विविध कला शिक्षा अमित ज्ञान अनेक प्रकार
सब देसन से ले करहु भाषा माँहि प्रचार।। 38।।

तिम जग की विद्या सकल अंगरेजी आधीन।
सबै जान ताके बिना रहे दीन के दीन।। 50।।

करत बहुत विधि चतुरई तऊ न कछू लखात।
नहिं कछु जानत तार में खबर कौन विधि जात।। 51।।

रेल चलत केहि भाँति सौ कल है काको नाँव।
तोप चलावत किमि सबै जारि सकत जो गाँव।। 52।।

वस्त्र बनत केहि भाँति सौं कागज केहि बिधि होत।
काहि कवाइद करत हैं बाँधत किमि जल सोत।। 53।।

उतरत फोटोग्राफ किमि छिन मँह छाया रूप।
होय मनुष्यहि क्यों भये हम गुलाम ये भूप।। 54।।

कल के कल-बल छलन सौं छले इतै के लोग।
नितनित धन सौं घटत हैं बाढ़त है दुख सोग।। 57।।

मारकीन मलामल बिना चलत कछू नहिं काम।
परदेसी जुलहान कै मानहु भए गुलाम।। 58।।

वस्त्र काँच कागज कलम चित्र खिलौना आदि।
आवत सब परदेस सौं नितहि जहाजन लादि।। 59।।

इत की रूई सींग अरू चरमहि तित ले जाय।
ताहि स्वच्छ करि बस्तु बहु भेजत इतहि बनाय।। 60।।

तिनही को हम पाइ के साजत निज आमोद।
तिन बिन छिन तृन सकल सुख, स्वाद बिनोद प्रमोद।। 61।।

कछू तो वेतन में गयो कछु राजकर माँहि।
बाकी सब व्यौहार में गयो रहयौ कछू नाहि।। 62।।

निरधन दिन-दिन होत हैं भारत भुव सब भांति।
ताहि बचाइ न कोउ सकत निज बुधि बल कांति।। 63।।

यह सब कला अधीन है तामैं इतै न ग्रंथ।
तासों सूझत नहिं कछू दृव्य वचावन पंथ।। 64।।

तैसेहि भोगत दंड बहु बिनु जाने कानून।
सहत पुलिस की ताड़ना देत एक्र करि दून।। 65।।

पै सब विद्या कौ कहूँ होइ जु पै अनुवाद।
निज भाषा में तौ सबै याको लैहें स्वाद।। 66।।

जानि सकैं सब कछु सबहिं सकल कला के भेद।
बनै वस्तु कल की इतै मिटै दीनता खेद।। 67।।

राजनीति समझें सकल पावहिं तत्व विचार।
पहिचानैं निज धरम को जानहिं शिष्टाचार।। 68।।

कविता के अपर्युक्त अंशों से प्रकट होता है कि भारतेंदु का 'हिंदी की उन्नति पर व्याख्यान' भावुक कवि के उदगार मात्र नहीं बल्कि जागरूक, प्रयत्नशील और राष्ट्र तथा समाज के प्रति प्रतिबद्ध रचनाकार के सुचिंतित विचार हैं। तार भेजने, रेल चलाने, तोप संचालन, वस्त्र, कागज बनाने से लेकर बाँध निर्माण और फोटोग्राफी आदि कलाओं के और मशीनों की जानकारी से लेकर राजनीति तथा कानून की जानकारी तक के लिए भाषा में ग्रंथों के निर्माण की आवश्यकता का ध्यान दिलाते हैं। साथ ही, इन सब विद्याओं को अनुवाद द्वारा सुलभ बनाने का मार्ग सुझाते हैं।

हिंदी भाषा के बहुविध प्रयोजनों के लिए प्रयोग के प्रयास की प्रेरणा का इतना अच्छा अन्य उदाहरण ढूंढने पर मुश्किल से ही मिलेगा। इस युग की, कहना चाहिए कि स्वाधीनता की लड़ाई के संपूर्ण युग की सृजन चेतना की सबसे बड़ी विशेषता यह है कि इस समय सृजनात्मक साहित्य और प्रयोजनमूलक साहित्य का सृजन परस्पर अभिन्न होकर चलता है। रचनाकार की मूल चिंता सामाजिक सरोकारों की चिंता है इसलिए उसका ध्यान भाषा के सामाजिक दायित्वों के प्रति है। विज्ञान, शिल्प,

राजनीति, विधि आदि के विषयों की सामग्री इस भाषा में तैयार करने की भारतेंदु की प्रेरणा का उदाहरण हम देख चुके हैं। लेकिन उनकी चिंता यही समाप्त नहीं हो जाती। आगे वे और दायित्वों के प्रति भी सचेत करते हैं :

प्रचलित कर हु जहान में निज भाषा करि जत्न।
राजकाज दरबार में फैलावहु यह रत्न।। 74।।

भाषा सौधहु अपनी होइ सबै एकत्र।
पढ़हु पढ़ाबहु लिखहु मिलि छपवाबहु कछु पत्र।। 75।।

यहाँ वे राजकाज और पत्रकारिता के क्षेत्र में भाषा के प्रयोग का सुझाव देते हैं। इस तरह हिंदी भाषा के विभिन्न रजिस्टरों – वैज्ञानिक, शिल्प और कलाओं की तकनीक विषयक, प्रशासनिक और विधिक तथा पत्रकारिता विषयक – के विकास द्वारा उसको विविध प्रयोजनों की व्यापक भाषा बनाने पर ज़ोर देते हैं। वे न केवल प्रेरणा देते हैं, बल्कि अपने समय में प्रासंगिक सभी विषयों पर हिंदी में लेखन करते हैं। स्वदेशाभिमान और राष्ट्रोद्धार तथा समाज-सुधार जैसे समकालीन विषयों के अलावा इतिहास, विज्ञान, पुरातत्व आदि विषयों पर भी लेखन करते हैं। 'काश्मीर कुसुम', 'बादशाह दर्पण', 'काल चक्र', 'पुरावृत्त' संग्रह (उदयपुरोदय, महाराष्ट्र देश का इतिहास, 'अकबर और औरंगज़ेब' आदि) की रचना कर हिंदी भाषा में विविध विषयों के लेखन का मुहावरा विकसित करते हैं। साथ ही इतिहास और पुरातत्व संबंधी कई प्रश्नों पर विचार करते हैं और इन विषयों पर शोध की परंपरा हिंदी भाषा में डालते हैं।

इस तरह विभिन्न विषयों पर लेखन की परंपरा का विकास होता है अर्थशास्त्र, राजनीति, इतिहास, पुरातत्व, विज्ञान, वाणिज्य, उद्योग, शिल्प, कारीगरी आदि विभिन्न विषयों पर श्रेष्ठ पुस्तकें और लेख और पत्र-पत्रिकाएँ प्रकाशित होती हैं। गौरीचंद हीराचंद ओझा, वासुदेवशरण अग्रवाल, चंद्रधर शर्मा गुलेरी जैसे इतिहास पुरातत्ववेत्ता, महावीरप्रसाद द्विवेदी, रामचंद्र शुक्ल, जैसे अर्थशास्त्र तथा विज्ञान मर्मज्ञ साहित्यकार बालकृष्ण भट्ट, बालमुकुंद गुप्त, प्रताप नारायण मिश्र, महावीर प्रसाद द्विवेदी, माखनलाल चतुर्वेदी, बनारसीदास चतुर्वेदी, गणेशशंकर विद्यार्थी जैसे पत्रकार हिंदी भाषा को विविध विषयों की अभिव्यक्ति की सक्षम भाषा में ढालते हैं। हिंदी में विभिन्न विषयों पर पुस्तक लेखन के विस्तार और विविधता के परिचय स्वरूप कुछ रचनाकारों की रचनाओं की सूची यहाँ दे रही हूँ :

आचार्य महावीर प्रसाद द्विवेदी : 'संपत्तिशास्त्र' (1907), 'औद्यौगिकी' (1920), 'पुरातत्व प्रसंग' (1929), 'विज्ञान वार्ता' (1930) 'जल चिकित्सा' (1907)।

राधामोहन गोकुल (1865) : रचित 'कम्यूनिज़्म क्या है' तथा 'देश का धन'।

जगन्नाथ प्रसाद चतुर्वेदी (1875) : 'स्वदेशी आंदोलन'

श्रीप्रकाश ([illegible]) : 'भारत के समाज और इतिहास पर स्फुट विचार', 'नागरिक शास्त्र'

देवीदत्त शुक्ल (1888) : 'अवध के गदर का इतिहास', 'स्वाधीनता के पुजारी'।

संपूर्णानंद (1898) : 'भारत के देशी राष्ट्र', 'चीन की राज्य क्रांति', 'मिस्र की स्वाधीनता', 'अंतर्राष्ट्रीय विधान', 'समाजवाद', 'सम्राट हर्षवर्धन' आदि।

संतराम बी.ए. (1887) : 'अल्बरूनी का भारत', 'मानव जीवन का विधान'।

लक्ष्मीनारायण गर्दे (1889) : 'जापान की राजनीतिक प्रगति', 'एशिया का जागरण', 'महाराष्ट्र रहस्य'।

लाला सीताराम बी.ए. : 'अयोध्या का इतिहास'।

आचार्य नरेंद्र देव (1889) : 'राष्ट्रीयता और समाजवाद', 'समाजवादः लक्ष्य तथा साधन'।

रामचंद्र वर्मा (1890) : 'साम्यवाद', 'हिंदू राजतंत्र', 'प्राचीन मुद्रा' (दो भाग) 'असहयोग का इतिहास', 'हम स्वराज क्यों चाहते हैं'।

अंबिका प्रसाद वाजपेयी (1880) : 'भारतीय शासन पद्धति'।

इंद्र विद्या वाचस्पति (1889) : 'भारत में अंगरेज़ी राज का उदय और अस्त', 'मुगल साम्राज्य का क्षय और उसके कारण', 'भारत का इतिहास'।

अंबिका दत्त व्यास : 'वर्ण व्यवस्था'।

प्रयागदत्त शुक्ल (1898) : 'सतपुड़ा की सभ्यता', 'नागपुर के भौसले', 'मध्य प्रदेश का इतिहास'।

गंगाप्रसाद गुप्त (1886) : 'तिब्बत वृतांत', 'भारत का इतिहास', 'सिक्खों का साहस', 'डॉ. बर्नियर की भारत यात्रा', 'टाड राजस्थान' (कर्नल टाड की पुस्तक का अनुवाद)।

पं. श्रीकृष्णदत्त पालीवाल (1894) : 'साम्यवाद' (1930), 'हमारा स्वाधीनता संग्राम', 'किसान राज्य', 'गांधीवाद और मार्क्सवाद' (1946)

नलिन विलोचन शर्मा (1916) : 'कौटिल्य के अर्थशास्त्र में दंड विधान'

शिवप्रसाद गुप्त : 'पृथ्वी प्रदक्षिणा'

मुकुंदीलाल श्रीवास्तव : 'साम्राज्यवाद'

विज्ञान, शिक्षा, वाणिज्य, शिल्प, पशुपालन तथा अन्य विद्याओं पर भी लेखन की परंपरा के प्रमाण-स्वरूप कुछ उदाहरण दिए जा सकते हैं जैसे **शिवनारायण अग्निहोत्री** (1850) की पुस्तक 'विज्ञानमूलक तत्वशिक्षा'।

रामकृष्ण वर्मा : 'भूकंप', 'उपवास चिकित्सा'।

चंद्रशेखर शास्त्री (1900) : 'पृथ्वी और आकाश', 'वन महोत्सव', 'आधुनिक अविष्कार'।

माधवराव सप्रे (1871) : 'भारतीय युद्ध'
अंबिका दत्त वाजपेयी : 'समाचार-पत्र कला', 'समाचार-पत्रों का इतिहास'
राजा लक्ष्मणसिंह (1826) : 'नए करों के विषय में', 'ढोरों का इतिहास', 'बीमारियों का इलाज'।
मेहता लज्जाराम शर्मा (1873) : 'भारत की कारीगरी'।
लाला भगवानदीन (1867) : 'धर्म और विज्ञान'।
ठाकुरप्रसाद खत्री (1869) : 'देशी करघा', 'सुघर दर्जिन', 'लखनऊ की नवाबी', 'सुनारी', 'हिंदुस्तान के ढोर-डांगर : उनकी जातियां और गुण'।
श्रीनारायण चतुर्वेदी (1893) : 'उत्तर प्रदेश की ग्राम शिक्षा का इतिहास'।
विनोबा भावे (1903) : 'शिक्षण विचार', 'गांव-गांव के स्वराज्य'।

पुस्तकों के साथ ही पत्र-पत्रिकाओं में विविध विषयों पर लेखन ने हिंदी की विभिन्न प्रयुक्तियों को भरपूर विकसित और परिमार्जित किया। 'कविवचन सुधा', 'हरिश्चंद्र चंद्रिका', 'हिंदी प्रदीप', 'ब्राह्मण', 'भारतेंदु', 'सारसुधनिधि', 'उचित वक्ता', 'भारत मित्र', 'सरस्वती', 'प्रभा', 'कर्मवीर', 'प्रताप', 'विशाल भारत', 'सैनिक', 'हंस' आदि पत्र-पत्रिकाओं ने राजनीति, विज्ञान, अर्थशास्त्र, साहित्य, पुरातत्व, इतिहास और दुनिया भर के सभी महत्वपूर्ण गतिविधियों और आंदोलनों से हिंदी भाषा को जोड़ा। इसके अतिरिक्त विशिष्ट विषयों से संबंधित पत्रिकाएँ भी प्रकाशित होती थीं जैसे ठाकुरप्रसाद खत्री (1969) की पत्रिका 'व्यापार सिंधु', प्रयागदत्त शुक्ल की पत्रिका 'हमारे गांव', श्रीधर पाठक की पत्रिका 'विज्ञान' आदि।

पत्रकारिता के विकास के साथ ही हिंदी की एक अन्य प्रयुक्ति विकसित हुई, वह है विज्ञापन संबंधी प्रयुक्ति। पत्रकारिता के आरंभ से ही उनमें विज्ञापनों और सूचनाओं का प्रकाशन होता था। विज्ञापन की भाषा के मुहावरे के विकास और उसकी व्यावसायिक उपयोगिता की क्षमता के विकास के अध्ययन की दृष्टि से हिंदी पत्रकारिता के विभिन्न चरणों के विज्ञापनों की तुलना उपयोगी होगी। 'कविवचन सुधा' या 'भारत मित्र' के आरंभिक विज्ञापन जहां सूचनापरक अधिक हैं वहीं 'प्रभा' और 'विशाल भारत' तक पहुंचते-पहुंचते वे उपभोक्ता को आकृष्ट करने की शक्ति से सम्पन्न हो गए हैं।

जहाँ तक प्रशासनिक कार्यों के क्षेत्र में हिंदी की स्थिति का सवाल है हिंदी को प्रशासनिक संपर्क की भाषा के रूप में इस्तेमाल करना विदेशी शासकों की अनिवार्य आवश्यकता थी, यद्यपि वे इस बात को ज़ाहिर तौर पर स्वीकार नहीं करना चाहते थे। अपनी राजभाषा नीति को वे इतनी सहज भी नहीं रखना चाहते थे कि भारतीय भाषाओं का वर्चस्व स्थापित हो। लेकिन यहां की भाषाओं से बिल्कुल कटे रहने पर वे यहां शासन करने में सफल नहीं हो सकते थे यह बात उन्हें भली भांति मालूम थी। मुगलों के शासन काल में इस्तेमाल होने वाली राजभाषा फारसी भी उनके लिए उतनी ही नई

थी जितनी कि भारतीय भाषाएं। और फिर वे यह भी समझ गए थे कि फारसी के माध्यम से जनता से प्रशासनिक संपर्क असंभव है। दूसरी ओर यहां के लोगों को अंग्रेज़ी में शिक्षित करने का कार्य भी तुरंत नहीं किया जा सकता था, इसके लिए समय चाहिए था। उन्हें इस बात का अहसास था कि यह देश उनके अन्य उपनिवेशों से भिन्न है, यहां की भाषाएं, साहित्य तथा संस्कृति बहुत प्राचीन समय से समृद्ध रही हैं और यहां के सांस्कृतिक-सामाजिक कार्यकलाप तथा राजकाज यहाँ की अपनी भाषाओं के माध्यम से संपन्न होते चले आ रहे हैं। ऐसी स्थिति में यहाँ की भाषाओं से विदेशी भाषा में अंतरण के कार्य के लिए पर्याप्त चतुराई आवश्यक थी। इसलिए आरंभ में उन्होंने प्रशासनिक कार्य के लिए अंग्रेज़ी के साथ हिंदी-उर्दू का प्रयोग करने की व्यवस्था भी की। पश्चिमोत्तर प्रदेश में सरकारी आज्ञाओं का हिंदी / हिंदुस्तानी अनुवाद नागरी तथा फारसी अक्षरों में प्रस्तुत कराया जाता। इसके लिए हिंदी नवीस और फारसी नवीस की व्यवस्था थी। कंपनी सरकार तथा बाद में ब्रिटिश सरकार की ओर से देशी नरेशों और प्रशासकों को लिखे गए पत्रों की भाषा हिंदी होती थी। देशी राजाओं द्वारा उन्हें हिंदी में लिखे गए पत्रों का अनुवाद वे अंग्रेज़ी में कराते थे। पालिटिकल सुपरिटेंडेंट, पालिटिकल एजेंट, गवर्नर जनरल तथा रेजीडेंट के कार्यालयों में अनुवाद की व्यवस्था थी जिससे कंपनी सरकार को इन पत्रों का त र्जुमा प्राप्त हो सके तथा सरकारी आज्ञाओं का हिंदी-उर्दू तर्जुमा दिया जा सके। इसके साथ ही उन्होंने अंग्रेज़ अफसरों के हिंदी प्रशिक्षण की व्यवस्था की। इसके लिए कलकत्ता में फोर्ट विलियम कॉलेज की स्थापना की तथा सिविल सर्विस अधिकारियों के हिंदी शिक्षण के लिए इंगलैंड में व्यवस्था की। फ्रेड्रिक पिन्काट ने इनके लिए हिंदी व्याकरण की पुस्तक तैयार की थी तथा राजा लक्ष्मणसिंह के 'शंकुतला नाटक' को भी इस पाठ्यक्रम में लगाया था। सिविल सेवा परीक्षा कमिश्नरों की ओर से यह आदेश दिया गया था कि भारतीय सिविल सेवा में प्रवेश के इच्छुक प्रत्येक अंग्रेज़ को हिंदी सीखनी होगी।

यद्यपि जाहिर तौर पर वे यही कहते थे कि फारसी के कचहरियों में प्रयोग से जनता को बहुत कठिनाई होती है इसलिए जनता को अपनी भाषा में अपनी अर्जी लिखने की सुविधा सरकार प्रदान कराना चाहती है। इस आशय का एक इश्तहार पत्र 1835 में सदर बोर्ड की ओर से निकाला भी गया था जिसमें कहा गया था कि जिस भाषा में अर्जी होगी उत्तर भी उसी भाषा में दिया जाएगा। लेकिन यह सत्य था कि अपने राजनीतिक लक्ष्यों की पूर्ति के लिए सरकार ने हिंदी को किसी न किसी रूप में केंद्रीय स्तर तक के प्रशांसनिक कार्यों में चलने दिया।

राष्ट्रीय अभिलेखागार में मौजूद अंग्रेज़ी शासन काल की फाइलों में लगे हिंदी पत्रों तथा डॉ. धीरेंद्र वर्मा द्वारा संपादित 'प्राचीन हिंदी पत्र संग्रह' से ज्ञात होता है कि हिंदी का प्रयोग अदालत की कार्रवाई, अर्जी, जमानत पत्र, शर्तनामा, कबूलनामा, इकरारनामा, सनद, परवाना, इजहार, बलीवुज अर्थ, दस्तक कोलनामा, अहदनामा,

मुख्तारनामा, नोट (फाइल), राजीनामा, पैमाइस, नकसा, फैसला, यादी फेहरिस्त, कैफियत, खसरा नकल पक्के कागज पर कराना, दरखास्त, खरीद, हिसाब, देहात फरद तथा डेमी ऑफिसियल के लिए होता था। इसकी शब्दावली में फारसी शब्दों की प्रधानता थी, वाक्य विन्यास पर बोलीगत प्रभाव था। उदाहरण स्वरूप कुछ वाक्य हैं:

''अरज ऐसा जो सरकार से परबाना लेकर
सीपाही आवा। हवाल मालुम भआ''

(25 अगस्त 1806 'अरजी ठाकुर अजीत सींघ)

''पालदेव वगैरा की अब जागीर में पाया है। अब तक अदालत के हुकुम में था। अगर डिगरी कोई मुकदमे की रैयत व जिमीदारी मौजे मजकुरी के नाम मई होइ औ उसके जारी करने कौ हुकुम मारफत साहेब अर्जेंट की पहुंच माफक हुकुम के अमल में ल्यावै उजर वाहिर होना हुकुम अदालत का न करें व येक आदमी कों अपनी तरफ से मुषत्यार करके सरकार में हाजिर रषै...''

(18 जून, 1812 करारनामा)

ब्रिटिश कालीन भारत में कचहरियों में हिंदी के प्रयोग के विषय में ध्यान देने की बात यह है कि बिहार और मध्य प्रदेश में तो इसका प्रचलन हो रहा था लेकिन संयुक्त प्रांत (वर्तमान उत्तर प्रदेश) में कचहरियों में उर्दू का प्रचलन था। कचहरियों में नागरी लिपि के प्रवेश के लिए यहाँ के लोगों को काफी संघर्ष करना पड़ा और अभियान चलाने पड़े। भारतेंदु, कार्तिक प्रसाद खत्री, प्रतापनारायण मिश्र, बालकृष्ण भट्ट, पंडित गौरीदत्त, बाबू तोताराम, बाबू श्यामसुंदर दास, राधाकृष्ण दास, पं. मदनमोहन मालवीय आदि ने अदालतों में नागरी लिपि के प्रवेश के लिए भरसक प्रयास किए और 1898 में संयुक्त प्रांत की कचहरियों में नागरी का प्रयोग शुरू हुआ। इस नागरी आंदोलन में कुछ संस्थाओं की भूमिका अविस्मरणीय है। इनमें अलीगढ़ की 'भाषा संवर्द्धिनी सभा' (1884) तथा काशी की 'नागरी प्रचारिणी सभा' (1893) विशेष रूप से उल्लेखनीय हैं। नागरी प्रचारिणी सभा ने अपने नाम को सही मायने में सार्थक करते हुए नागरी अक्षरों के प्रचार और हिंदी की समृद्धि का कार्य अद्भुत कीर्ति और सफलता से पूरा किया तथा सरकारी कचहरियों में नागरी के प्रवेश के अतिरिक्त हिंदी भाषा और साहित्य संबंधी शोध, संग्रह, पांडुलिपियों की खोज, प्रकाशन, साहित्येतिहास लेखन, कोश निर्माण, व्याकरण रचना, विविध प्रयोजनमूलक क्षेत्रों में हिंदी के विकास की दिशा में अविस्मरणीय कार्य किया। 'हिंदी शब्द सागर' जैसे बृहत् कोश के निर्माण के अतिरिक्त 'वैज्ञानिक कोश' 1906 में तैयार कराया। उसके बाद विज्ञान के विभिन्न विषयों के लिए अलग से कोश तैयार कराया। इस तरह पारिभाषिक शब्दावली निर्माण के कार्य का महत्वपूर्ण दायित्व वहन कर प्रयोजनमूलक हिंदी के विकास-प्रसार में योग दिया।

व्यापार एवं वाणिज्य के क्षेत्र में हिंदी काफी पहले से व्यवहार की भाषा चली आ रह थी। मुगलों के समय में आगरा व्यापार की बड़ी मंडी था और देशभर के लोगों का

इस क्षेत्र में आवगमन तथा व्यावसायिक संपर्क रहता था। औरंगज़ेब के समय से ही दिल्ली के आसपास के व्यापारी वर्ग के मध्य भारत और संयुक्त प्रांत में जा बसने से खड़ी बोली हिंदी का प्रसार उन क्षेत्रों में हुआ था। बही खातों की भाषा हिंदी ही थी। व्यापार क्षेत्र की शब्दावली के अतिरिक्त इसकी एक और विशेषता थी मुड़िया लिपि का प्रयोग जिसे महाजनी लिपि भी कहा जाता है। मात्राओं का प्रयोग न होने के कारण इसे मुड़िया कहा जाता है। बंगाल, गुजरात, दक्षिण आदि प्रांतों से भी व्यापार एवं वणिज्य के क्षेत्र में संपर्क के लिए हिंदी का इस्तेमाल किया जाता था। व्यापार के उद्‌देश्य से भारत आए अंग्रेज़ों ने जिस भाषा को सीखना जरूरी समझा वह हिंदी अथवा हिंदुस्तानी ही थी। कंपनी शासन की स्थापना के पश्चात् कंपनी के कर्मचारियों को भारतीय भाषाओं की शिक्षा के लिए ही फोर्ट विलियम कॉलेज (1801) खोला गया था जिसमें हिंदुस्तानी के अध्यापक गिल क्राइस्ट ने लल्लू लाल और सदल मिश्र को हिंदी पुस्तकें तैयार रकने के लिए नियुक्त किया था।

इसके अलावा हिंदीतर भाषाओं में छपने वाल अखबारों में भी बाज़ार भाव हिंदी में छपते थे। उदाहरणस्वरूप 'बंगदूत' या 'हिंदुस्तान' को लिया जा सकता है। इतना ही नहीं, इंगलैंड से उर्दू में निकलने वाले व्यापार-पत्र 'आइने सौदागरी' में भी कुछ पृष्ठ हिंदी के होते थे। व्यापार एवं उद्योग तथा शिल्प पर लिखी गई विभिन्न पुस्तकें तथा इस क्षेत्र के लिए विशिष्ट रूप से प्रकाशित पत्र इस प्रयुक्ति क्षेत्र की पर्याप्त समर्थ स्थिति का परिचय देते हैं। आधुनिक वाणिज्य एवं लेखा शब्दावली में भी बड़ी तादात में शब्दावली इसी परंपरा से आई है। उदाहरणस्वरूप 'रोकड़', 'खुदरा', 'उजरत', 'मीजान', 'मुनाफा' आदि शब्दों को तथा 'भूल चूक लेनी देनी' जैसे प्रयोगों को लिया जा सकता है। दूसरी ओर ईस्ट इंडिया कंपनी की व्यापारिक गतिविधियों ने बड़ी मात्रा में अंग्रेज़ी शब्दावली भी व्यापारिक तथा आद्यौगिक क्षेत्र में प्रदान की। जैसे 'कंपनी', 'शेयर' आदि शब्द अंग्रज़ी से ले लिए गए।

इस तरह हम देखते हैं कि हिंदी के प्रयोजनमूलक स्वरूप का सहज विकास आज़ादी से पहले हो चुका था। बीसवीं शताब्दी के आरंभ होने तक विभिन्न विषयों पर गंभीर लेखन इस भाषा में शुरू हो गया था। महावीरप्रसाद द्विवेदी सन 1907 में 'संपत्ति शास्त्र' में अर्थशास्त्र जैसे महत्वपूर्ण विषय को लेकर भारतीय अर्थव्यवस्था का विवेचन कर चुके थे और आचार्य रामचंद्र शुक्ल सन 1920 में हैकल की महत्वपूर्ण विज्ञान विषयक कृति 'रिडिल ऑफ दि यूनिवर्स' का 'विश्व प्रपंच' नाम से अनुवाद कर चुके थे। गौरीचंद हीराचंद ओझा और चंद्रधर शर्मा गुलेरी ने इतिहास तथा पुरातत्व विषयक महत्वपूर्ण पुस्तकें तथा लेख लिखे थे। विज्ञान के क्षेत्र में भी हिंदी की पुस्तकें तैयार होने लगी थीं। सन 1936 में रामदास गौड़ ने 'विज्ञान हस्तामलक' जैसी पुस्तक लिखी जिसमें विभिन्न वैज्ञानिक सिद्धान्तों को बड़ी ही सीधी सादी भाषा में प्रस्तुत किया गया है। इसकी अभिव्यक्ति शैली आज विज्ञान विषयक लेखन के लिए मॉडल का काम कर

सकती है। भूगर्भ विज्ञान, रसायन, भौतिकी, अंतरिक्ष आदि विभिन्न विज्ञानों से संबंधित ये निबंध भाषा और विषय को परस्पर आत्मसात किए हुए हैं। इसी प्रकार व्यापार, वाणिज्य, शिल्प, कारीगरी और राजकाज में हिंदी का बहुविध प्रयोग इस काल में हो रहा था। आज हिंदी भाषा को अपने उसी प्रयोजनमूलक स्वरूप से जुड़ने की जरूरत है लेकिन आजादी के बाद जब से हिंदी के विकास का दायित्व सरकार और संविधान ने सँभाला तब से भाषा समाज की बजाए राजनीति से अधिक जुड़ गई है। लेखक, पत्रकार और शिक्षाविदों में वैसी दायित्व भावना नहीं, जैसी भारतेंदु, महावीरप्रसाद द्विवेदी अथवा शिवप्रसाद सितारेहिंद में थी।

फलतः प्रयोजनमूलक हिंदी अपने सहज विकास के कटकर अनुवाद जीवी हिंदी होती जा रही है। अंग्रेज़ी में सोचकर और लिखकर फिर हिंदी में प्रस्तुत करने की आदत ने केवल सरकारी कामकाज की हिंदी को ही कृत्रिम नहीं बनाया है बल्कि शिक्षा, व्यवसाय, बैंकिंग, और तो और पत्रकारिता की हिंदी को भी अनुवाद जीवी और बोझिल बना दिया है। आज यह ध्यान रखने की जरूरत है कि भाषा की विविध छबियों का निर्माण और विकास उसे सामाजिक सरोकारों से सीधे जोड़कर ही संभव है, उनसे निरपेक्ष रखकर नहीं। हिंदी के प्रयोजनमूलक स्वरूप का सहज विकास तभी संभव है जब हम उसे जीवन के विविध प्रयोजनों की भाषा बनाएँ।

– 'भारतीय हिंदी परिषद' की जयपुर में
आयोजित संगोष्ठी में पठित आलेख
(अक्तूबर 1992)

संस्कृति की माला फेरते मंहत

बात 1994-95 की है गांधी शांति प्रतिष्ठान में मानवेंद्र राय स्मारक व्याख्यान देते हुए विश्वविद्यालय अनुवाद आयोग के भूतपूर्व अध्यक्ष प्रो. यशपाल ने स्वसंस्कृति पर गर्व और उसकी रक्षा की अपील की। उनका कहना था कि आज मानवता के सामने एक बड़ी चुनौती ''सांस्कृतिक अस्मिता'' को लेकर पैदा हुई है। नई विश्व व्यवस्था में सबको मुख्यधारा में लाने के नाम पर जो प्रयास जारी हैं उनसे सांस्कृतिक विविधता और सांस्कृतिक अस्मिता खतरे में पड़ गई है। विश्व में शक्तिशाली देश बड़ी सुनियोजित व्यवस्था के तहत अपनी संस्कृति और भाषा दूसरे देशों पर थोपने में सफल हो रहे हैं। कमज़ोर देशों के सहयोग और विकास के नाम पर वे अपने इन इरादों की पूर्ति करते हैं। सैन्य शक्ति का इस्तेमाल किए बगैर मानसिक रूप से ही इन देशों को अपने अधीन बना लेते हैं। प्रो. यशपाल ने इन सबल देशों की इस प्रवृत्ति के प्रति रक्षात्मक रवैया अपनाने की जरूरत पर ज़ोर दिया तथा मातृभाषा में बुनियादी शिक्षा के महत्व को रेखांकित किया।

जाने-माने शिक्षाविद प्रो. यशपाल इस देश की उच्च शिक्षा नीति निर्धारण के क्षेत्र में तो महत्वपूर्ण हस्ती रहे ही हैं, बच्चों की शिक्षा और विशेष रूप से प्रारंभिक शिक्षा संबंधी नीति और योजना के क्षेत्र में भी उनका महत्वपूर्ण योगदान रहा है। अपनी इस भूमिका में वें बच्चों को ''भारी बस्ते के बोझ से मुक्त कराने'' तथा मातृभाषा में बुनियादी शिक्षा की जोरदार वकालत भी कर चुके हैं। अपने भाषण के दौरान उन्होंने बच्चों को बचपन से ही अंग्रेज़ी रटाने की प्रवृत्ति पर गहरी चोट की। फिर भी क्या कारण है कि हम उनकी बात को सतह से नीचे नहीं महसूस कर पाते। हमें लगता है कि जो कुछ कहा जा रहा है वह और जो कुछ किया जा रहा है अथवा हो रहा है वह कहीं न कहीं एक-दूसरे से दूर जा पड़े हैं। आजकल हमारे बुद्धिजिवियों, शिक्षाविदों और राजनीतिज्ञों में संस्कृति को लेकर जितनी व्याकुलता है उसमें फैशन की तड़प अधिक और अनुभूति की गहराई कम दिखाई देती है। असल में संस्कृति को हमने एक पोटली

मान लिया है जिसमें बंधे माल को हम सिर पर लिए डोलते हैं। कभी पोटली खोलकर उन बेशकीमती चीज़ों की नुमाइश लगाते हैं तो कभी उन्हें संग्रहालय या ड्राइंगरूम में संजाते हैं। कभी उनकी सुरक्षा के लिए बेसब्र हो उठते हैं तो कभी उनकी महानता पर फूले नहीं समाते।

बस केवल इतना नहीं जानते – नहीं जानना चाहते – कि संस्कृति है क्या? यह नहीं समझ पाते कि संस्कृति एक जैविक इकाई है जो किसी समाज विशेष की समस्त जीवन पद्धति के रूप में अभिव्यक्त होती है। वह केवल बाहर की वस्तु नहीं जो मात्र भारत महोत्सवों, अपना उत्सवों, आयोजनों, संग्रहों, प्रदर्शनियों अथवा मेलों- त्यौहारो में ही व्यक्त होती हो। वह तो आंतरिक जीवनधारा है जो संपूर्ण आचरण और व्यवहार तथा रहन-सहन की प्रक्रिया में समाहित रहती है। लोक जीवन और भाषा में अभिव्यक्त होती है, पनपती और जीती है और भाषा से असंपृक्त होने पर खंडित एवं विच्छिन्न दिखाई देती है। भाषा और संस्कृति एक-दूसरे से ऐसे जुड़ी होती हैं जैसे फूल और रंग। उनमें निरंतर बदलाव की प्रक्रिया ज़ारी रहती है लेकिन एक-दूसरे क़े साथ-साथ। जैसे कली से फूल बनने की प्रक्रिया में रंग निरंतर नया रूप लेता रहता है वैसे ही सांस्कृतिक विकास की प्रक्रिया में भाषा निरंतर नए रूप, नई छवियाँ और नए ढंग पाती रहती है। भाषा संस्कृति के साथ विकसित होती है और संस्कृति भाषा में मुखर होती है।

लेकिन हमारे नीति निधारकों की तो समस्या यही है कि वे स्वसंस्कृति की रक्षा पर ज़ोर देने की बात भले ही कहें समाज अथवा संस्कृति को उसकी असलियत में न देख कर पश्चिमी मॉडलों पर देखना चाहते हैं। हर चीज़ को पश्चिम के ढांचे और सांचे में फिट करके देखते, परखते, मूल्यांकित करते, निर्णय देते और नीति बनाते हैं, भले ही अपनी चीज़ें उस ढाँचे में फिट आती हो अथवा नहीं। यही कारण है कि शिक्षा संबंध ी महत्वपूर्ण पदों से जुड़े रहने के दौरान शिक्षा में भारतीय भाषाओं के महत्व से लगभग बेखबर रह चुकने के बाद बच्चों की शिक्षा नीति संबंधी समिति में आने पर ही प्रो. यशपाल बुनियादी शिक्षा में मातृभाषा के महत्व को समझ पाए हैं। विडंबना यह है कि मातृभाषा के महत्व की यह वकालत भी हमारे शिक्षाविदों की मौलिक सूझबूझ अथवा देश की परिस्थितियों की ज़रूरत से अपने निष्कर्षों का परिणाम नहीं है। यदि ऐसा होता तो इस महत्व को प्रारंभिक शिक्षा, माध्यमिक शिक्षा और उच्च शिक्षा तक देखा-समझा जाता। वास्तविकता यह है कि पिछले कुछ समय से पश्चिमी भाषाविदों ने सांस्कृतिक बहुलतावाद और भाषिक बहुलतावाद के प्रश्न को महत्व देना शुरू किया है। इस बहुलता पोषक दृष्टिकोण के परिणामस्वरूप वहां शिक्षा में द्विभापिकता (Bi-lingualism) के सिद्धांत को बल मिला। इसी चलन में हमारे यहां भी शिक्षा पद्धति में नूतन क्रांति को आयातित करते हुए नवोन्मेष की इच्छा जागी। हमारे भाषाविव द्विभाषिकता के क्षेत्र में अध्ययन-अनुसंधान में लग गए। स्कूली बच्चों के सर्वेक्षण-परीक्षण करके निष्कर्ष निकालने लगे कि द्विभाषिकता का शिक्षा पर क्या और कैसा प्रभाव है और इसे किस

दिशा में आगे बढ़ना चाहिए। दूसरी ओर, शिक्षाविदों ने गंभीर विचार-मंथन, चिंतन-मनन के पश्चात मातृभाषा के महत्व को प्रारंभिक शिक्षा में स्थापित करते हुए बृहत्तर सुधारों का दावा किया।

लेकिन बहुलता की समस्त स्वीकृति और द्विभाषिकता पर समस्त अध्ययन स्कूली स्तर तक ही सीमति रहे, इससे आगे बढ़ने की ज़रूरत नहीं समझी गई। मातृभाषा का उच्च शिक्षा से भी कोई संबंध है – इस बात पर बोलने की भी हिम्मत नहीं की गई, सोचना-विचारना तो दूर। यही कारण है कि खुली आंख वाला हर सामान्य व्यक्ति समझता है कि शिक्षाविदों अथवा भाषाविदों की ये बातें अथवा सुझाव कितने सतही हैं।

संस्कृति पर हमले की जिस बात की चर्चा आज ज़ोरों पर है, उसका जीता-जागता उदाहरण भारत खुद सदियों से रहा है। कमज़ोर देश पर अपनी संस्कृति, शिक्षा और रहन-सहन थोपकर उसके ऊपर बौद्धिक नियंत्रण स्थापित करने में पश्चिमी देश सैकड़ों वर्षों से माहिर हैं। औपनिवेशिक शासनकाल में वे यही करते रहे हैं भले ही उसके लिए तरीके उन्होंने अलग-अलग अपनाए हों। भारतीय समाज और संस्कृति का जिस शिक्षा पद्धति के ज़रिए ब्रेनवाशिंग किया गया उसमें पश्चिम के महान वर्तमान के समक्ष भारतीय स्थितियों-परिस्थियों और पद्धतियों को हीन सिद्ध करने का बौद्धिक जाल फैलाया गया था। हमारे आधुनिक शिक्षाविद् एवं शिक्षक वर्ग इसी बौद्धिक जाल का विस्तार हैं जिन्हें भारतीय शिक्षा पर मंडराती मैकाले की काली छाया दिखाई ही नहीं देती उसे दूर करने की बात तो अलग है।

परिणाम यह है कि हम पश्चिम से न केवल ज्ञान-विज्ञान अथवा तकनीक आयात करने के आदी हो गए हैं बल्कि सोच-समझ भी उन्हीं से लेते हैं। अपनी सोचने और देखने की क्षमता को तो हमने फटे कपड़े की तरह उतार फेंका है। मौलिकता अथवा देशीयता हमारे लिए बेमाने हो गई है। अपनी इसी आयातित समझ के कारण आज हम संस्कृति का बिगुल बजाते हुए भी यह नहीं समझ पा रहे हैं कि बहुलताएं भी भिन्न-भिन्न तरह की होती हैं क्योंकि भिन्न-भिन्न संस्कृतियों से निसृत होती हैं। उन्हें एक समान मॉडल पर नहीं आंका जाना चाहिए।

अपनी बहुलता को देखने के लिए हमें पश्चिमी सोच नहीं अपने भीतर देखने और थाहने की दृष्टि चाहिए जिसे हमें स्वयं विकसित करना होगा। पश्चिम से उधार लिया सांचा या तो छोटा रहेगा या फिर बड़ा। पश्चिम की भाषायी और सांस्कृतिक बहुलता तथा भारतीय भाषायी और सांस्कृतिक बहुलता में बुनियादी अंतर है, जिसे पहचानने पर बहुत से प्रश्नों और समस्याओं के समाधान खोजे जा सकते हैं। अमेरिका अथवा कनाडा जैसे देशों में आज जो लोग निवास कर रहे हैं उनमें से अधिकांश वहाँ आकर बसे हुए लोग हैं जो भिन्न-भिन्न समाजों और संस्कृतियों से आए हैं। राष्ट्र के रूप में वे एक सामान्य भूभाग के निवासी और सामान्य राजनीतिक व्यवस्था में साझीदार तो हैं लेकिन किसी सांस्कृतिक अथवा ऐतिहासिक विरासत में साझीदार नहीं हैं। उनकी भाषाओं की बहुलता भी वहाँ के मूल निवासियों की भाषिक बहुलता नहीं है जिसे किसी

ऐतिहासिक, सांस्कृतिक या प्राकृतिक परिवेश ने गढ़ा हो।

इसके विपरीत भारतीय समाज की बहुलता एक समग्र सांस्कृतिक विरासत की देन है। यहां की भाषिक बहुलता यहां के वैविध्यपरक समाज और संस्कृति से उपजी है। ये भाषाएं एक सामान्य इतिहास और संस्कृति के भीतर होने वाले परिवर्तनों, उद्वेलनों और आंदोलनों के साथ पनपी और विकसित हुई हैं। इनकी परंपरा, मिथक, लोक विश्वास और मुहावरा समान परिवेश और जीवन पद्धति के भीतर उपजे-बढ़े हैं। अतः अलग-अलग होने के बावजूद इनमें एक आंतरिक लय और संरचनापरक साझेदारी है जिसमें व्यापक भारतीय संस्कृति की भाँति विविधता में एकता को समाहित कर सकने की क्षमता है। यहाँ की प्रमुख भाषाओं और बोलियों का संबंध शासक और शासित अथवा शोषक और दमित वाला नहीं है। बृहत्तर स्तरपर प्रयुक्त भाषाएँ बोलियों के रूप में अपनी छोटी इकाइयों से रससिक्त होती रहीं हैं जैसे छोटे-छोटे झरनों और नालों से जल पाकर नदी की धारा। इन भाषाओं और बोलियों के बीच अस्मिता का संकट (आइडेंटिटी क्राइसिस) नहीं है बल्कि भाषाएं आज भी बोलियों से ऊर्जा पाती हैं क्योंकि लोक जीवन का मुहावरा वहीं से मिलता है। मातृभाषा के रूप में प्रयुक्त बोली प्रमुख भाषा की ही छोटी इकाई है। किसी भाषा द्वारा बोली / बोलियां को निगल लिए जाने का खतरा यहाँ बेमाने है। यहां की आदिवासी और जनजातीय बोलियां भी बड़ी भाषाओं से स्वतंत्र होने के बावजूद उनसे पूर्णतया कटी हुई नहीं हैं। उदाहरण के लिए, अरूणाचल प्रदेश की विभिन्न जन जातीय बोलियों के बीच संपर्क भाषा हिंदी है। वहां बाज़ार आदि में व्यवहारमूलक तो हिंदी चलती ही है, बोलियों की शब्दावली में बड़ी तादाद में हिंदी शब्द हैं। इन बोलियों की तुलना उन अमरीकी जनजातियों, मूल निवासियों की बोलियों से नहीं की जानी चाहिए जिनके गोरों द्वारा संहार के परिणामस्वरूप उनकी प्रजाति और भाषायी अस्मिता नष्ट हो गई अथवा हो ज़ाने की स्थिति में है।

ऐसी स्थिति में मातृभाषा को लेकर हमारी स्थिति उन पश्चिमी समाजों से भिन्न है जहां किसी बड़ी अंतर्राष्ट्रीय भाषा ने देशी भाषाओं अथवा उन्हें बोलने वालों को दबोच रखा हो अथवा पूरी तरह रौंद कर अपने को स्थापित किया हो। यहां रौंदने की स्थिति यदि किसी भाषा की हो सकती है तो वह अंग्रेज़ी की भले ही हो किसी भारतीय भाषा की नहीं हो सकती। अतः मातृभाषा और शिक्षा के जुड़ाव को भी भारतीय समाज के भाषायी परिप्रेक्ष्य में देखना होगा, यह बात यहां के शिक्षाविदों और भाषाविदों, दोनों की समझ में आनी चाहिए। भारतीय भाषाओं में शिक्षा के सवाल को यहां जन-बोलियों की स्वायत्तता के बहाने से भटका नहीं दिया जाना चाहिए जैसा कि कुछ भाषाविद् करना चाहते हैं। वे यहां की बोलियों की बड़ी तादाद को गिना कर अथवा उनकी अस्मिता की रक्षा के नाम पर उन प्रमुख भारतीय भाषाओं में शिक्षा के प्रश्न को गुमराह कर देते हैं जो अरसे से भारतीय समाज में उच्च शिक्षा का माध्यम रही हैं अथवा हो सकती हैं। यह बात स्पष्ट होनी चाहिए कि यहां मातृभाषा में शिक्षा के मायने घर के

भीतर की बोली और आसपास के समाज या बृहत्तर समाज में प्रयुक्त प्रमुख भाषा के बीच की दूरी नहीं बल्कि दोनों का आपसी रिश्ता है।

पश्चिमी समाज में शिक्षा में द्विभाषिकता के मायने और भारतीय शिक्षा में द्विभाषिकता के मायने यहीं पर आकर अलग-अलग हो जाते हैं। वहां समस्या विभिन्न स्थानों से आए लोगों की नई पीढ़ियों को उनकी मूल भाषा से जोड़े रखने की है जो समाज वे छोड़ आए है उसकी जड़ों से उनके कट जाने से बचाने की है, जबकि भारतीय समाज में द्विभाषिकता शिक्षा माध्यम से आरंभ से लेकर ऊपर तक जुड़ी है जिसमें अंग्रेज़ी का वर्चस्व लगातार कितनी पीढ़ियों को न केवल उनके अधिकारों से वंचित करता रहा है बल्कि उनकी सोचने-समझने की मौलिकता का भी ह्रास किए जा रहा है। इस भाषायी वर्चस्व ने देशी संकल्पनाओं और स्थितियों के लिए भी आयातित शब्दावली के इस्तेमाल को ऐसा बढ़ावा दिया है कि भारतीय जीवन, समाज और संस्कृति के अर्थपरक संवेदनों को समझ पाने में हमें असमर्थ बना दिया है। इसका एक उदाहरण तो हम शिक्षा के संदर्भ में ही देख रहे हैं कि मातृभाषा के प्रयोग की पुरजोर सिफारिश की जा रही है लेकिन केवल स्कूली स्तर तक। उच्च शिक्षा और तकनीकी शिक्षा में मातृभाषा अथवा भारतीय भाषा के प्रश्न को लेकर हमारे शिक्षाविद् मौन हैं।

उच्च शिक्षा में भारतीय भाषाओं को जहां तक भी प्रवेश मिला है उसमें से अधिकांश छात्रों की मांग और दबाव के परिणामस्वरूप हुआ है न कि राष्ट्रीय शिक्षा नीति की प्राथमिकता के तहत। नतीजा यह हुआ है कि विश्वविद्यालयी शिक्षा और कुछ स्तरों पर तकनीकी शिक्षा में भारतीय भाषाओं का प्रयोग लागू हो जाने के बावजूद उसके लिए समुचित परिवेश निर्मित नहीं हुआ है, न ही उसे पंगु होने से बचाने के सुनियोजित प्रयास ज़ारी रखे गए हैं। ऐसे में दो धाराएं समानांतर चल रही हैं। एक धारा का दर्जा ज़ाहिर तौर पर ऊपर का है। दूसरी धारा अपेक्षाकृत पिछड़ी है जिसे जब-तब और पीछे धकेलने में कोई नहीं चूकता। आज़ादी के पांच दशक पूरे हो गए को हैं। इस आधी शताब्दी में शैक्षिक माध्यम का जो सवर्णवाद पनपा है उसकी जिम्मेदारी हमारे शिक्षकों, बुद्धिजीवियों और नीति निर्धारिकों पर है जिनमें न तो भारतीय भाषाओं के प्रति निष्ठा है और न ही आत्म-विश्वास। लोकतांत्रिकता के नाम पर या छात्रों की हठ पर इन भाषाओं को शिक्षा का माध्यम तो दे दिया लेकिन न तो इनमें अपेक्षित बौद्धिक संवाद किया न ही उच्च-स्तरीय अनुसंधान और लेखन। शैक्षिक सामग्री को अंग्रेज़ी से भाषांतरित करते रहे और अपना दायित्व पूरा मान लिया। बौद्धिक / शैक्षिक गोष्ठियों, सम्मेलनों, चर्चा-परिचर्चा की व्यापक स्तर पर भाषा आज भी अंग्रेज़ी ही है चाहे उसका स्तर तीसरे दर्जे का ही क्यों न हो। बौद्धिक व्यवसायी की ज़्यादा शक्ति भाषा संवारने में लगती है। भला अब इस देश को अपनी भाषाओं से कौन काट रहा है? इन बुद्धिजीवियों के सामने क्या मजबूरी है? देशी भाषाओं से इतने बच-बचाकर चलने वाले हमारे समाज में संस्कृति की अस्मिता की पुकार भी कुछ-कुछ आंखों पर पट्टी बांधकर रास्ता ढूंढने जैसी लगती है।

तीन

अनुवाद से आमना-सामना

Copper and the Environment

Sustainable Development, Energy Savings, Cleaner Technologies Recycling....Copper has been an active crusader for environment protection in numerous ways. Copper is not just a renewable and natural element, it plays a critical role in wide ranging applications such as solar and wind energy, eco-friendly vehicles, health and sanitation and even nuclear waste disposal. The following paragraphs unfold the many wonders of copper and its effects on our environment and lives.

Timeless, ageless and beautiful, Copper is one of the oldest metals known to man. Next to gold, it's the only primary metal with colour. The use of Copper marked the transition from the Stone Age to a more modern way of life. Ancient civilizations could use Copper because it is found in its natural state, has a distinctive colour, and is easily worked upon.

The story of Copper (and its principal alloys-bronze and brass) is virtually a chronicle of human endeavour since man emerged from the Stone Age. The history of Copper usage by human is a long and varied one, dating back nearly 10,000 years with multiple applications. Copper is in fact humanity's first metal and shows up in Sumerian and Egyptian metallurgy circa 3900 BC. The ubiquity of copper and its contribution it a unique position in the civilization and progress of mankind.

The versatility of copper coupled with progressive technologies has made it priceless through the ages. The evolution of this unique metal can be traced by its various applications over time. From primitive tools to cooking vessels. Form artistic sculptures to currency standards. From practical plumbing too mystical healing. From simple motors to complex semiconductors. Copper has, and continues, to touch our lives uniquely in every aspect.

Grain gain: India emerges top Asian exporter

India is now Asia's Exporter No. 1. Backed by a generous government subsidy, India has for the first time beaten heavyweights Thailand and China to become the continent's biggest grain exporter. And with ample rice and wheat stocks, already more than Africa and European Union put together, and bullish demand, the Indian juggernaut is unlikely to stop rolling anytime soon.

India has exported eight million tonnes of wheat and rice in 2002-02, which pushes back Thailand's 7.9 million tonnes and China's 7.4 million tonnes to second and third place respectively. But though India appears to have only a marginal lead in volumes, it is phenomenal in growth terms. While India has doubled its cereal exports from 4.1 million tonnes in 2000-01, China has shrunk from 12.3 million tonnes to 7.4 million tonnes. Thailand's exports have remained static from 7.8 million tonnes in 2000-01. More importantly, India's exports are divided virtually equally between wheat and rice, which is proving to be advantageous in the long run. The total world rice trade is only 24 million tonnes, with the market shares of USA, Thailand, Vietnam and China taking out more than 16 million tonnes. So if India needs to expand rice exports to even 5 million tonnes next year, it will have to capture the market share of Thailand and USA after beating competition, the opportunity to expand is limited because the over all rice trade is so small.

As Thailand's exports are wholly rice driven, it has limited opportunity to expand total exports substantially. In contrast, the world wheat trade is 105 million tonnes annually, which gives ample scope for India to export more. Even if India exports a whopping eight million tonnes wheat, it is unlikely to substantially alter the world wheat market carved between USA, Canada, Australia and Argentina.

However, India's low prices can definitely depress overall price levels, particularly at the lower end of the market. Meanwhile, India continues to hold almost 60 million tonnes grain in 2002. After China's 271.6 million tonnes and USA's 66.9 million tonnes, this is the highest carry forward stock of grains in the world. India today holds more stocks than Africa, South America and Central America put together. Even the European Union, with its problematic grain stocks, holds only about 37 million tonnes carry forward stocks. Ukraine, India's nearest rival in wheat, holds 4.9 million tonnes stocks.

With developing countries likely to substantially increase their imports this year, India's markets will remain bullish. Africa is expected to import 6.4 million tonnes rice and 24.7 million tonnes wheat. Asia's wheat import will rise to 50.5 million tonnes, while rice imports will be 13 million tonnes.

– Economic Times

Musharraf's Lobster Quadrille

LEWIS CARROLL in this immortal alice's adventures in wonderland writes about a whiting asking snail to join him in a Lobster Quadrille. "Will you, won't you, will you, won't you, will you join the dance?" The world seems to be asking Pervez Musharraf a similar question. Will he, won't he, will he, won't he stop cross-border terrorism in Kashmir? The general's latest response to that query is also quite similar to that of Carroll's snail. While he admits the `possibility' of Islamic militants crossing the border into Kashmir, he states that there is "nothing happening on the Line of Control" and that the world can't expect Pakistan to "block the borders" to stop the actions of `rogue militants. What General Musharraf is really saying is that he "would not, could not, would not, could not, would not join the dance".

And what, pray, are 'rouge' militants? Is the general admitting that there are also 'official' militants? For India, there is nothing surprising in the Pakistani dictator's latest prevarications. General Musharraf has long been maintaining that all talk of militants being trained and funded in Pakistan and PoK is a figment of India's imagination. Since September 11, when Pakistan was roped in to join the US-led coalition against terrorism, the general has been doing that extra bit to convince the world that he is serious about fumigating the subcontinent of Islamic hardliners. In a series of speeches, General Musharraf sounded tough and sincere. But speaking into the microphone and carrying out cosmetic raids on terrorist outfits do not amount to much if one runs with the hare and hunts with the hounds.

To state that 'rouge' Islamic militants are beyond his control and, therefore, can't be stopped from infiltrating into India is an easy way out of taking responsibility. It is uncanny how the number of terrorists slipping across the LoC dips during a sub continental visit by an American or British diplomat. If the militants were indeed an 'uncontrolled' lot - as General Musharraf is never tired of stating- then surely cross-border terrorism and infiltration would show no startling ups and downs. But then, the general knows that his survival as Pakistan's latest dictator may hinge on support from the mujahideen lobby- a group that knows whose side General Musharraf is really on.

– Hindustan Times

Skeletons in the war cupboard

The Great Escape immortalised in film the story of 50 Allied prisoners of war who tried to flee and were killed by Hitler's secret police, the Gestapo. Classified files later released by the British Public Record Office revealed that some German generals did try to protest against the Fuhrer's decision by quoting the Geneva Convention. But Nazi party members curtly told them that "it (the convention) is a scrap of paper which doesn't interest us". This chilling response has since echoed around the world in places like Bosnia and Rwanda and more recently, it seems, in Afghanistan. Reports speak of hundreds of Taliban prisoners of war who died after surrendering to the US backed forces. The prisoners allegedly died of suffocation in overcrowded container trucks without any ventilation as they were taken from Kunduz to a prison near Mazar-e-Sharif.

Coming close on the heels of the discovery of other mass graves in Afghanistan, the grim incident underlines the barbaric manner in which warfare is conducted in the strifetorn country. The world community has a responsibility to investigate these gory incidents, which would easily qualify as war crimes. Perhaps this very thought promotes Afghans running for cover. International investigation agencies would probably find many of them guilty of charges not unlike those leveled against the perpetrators of the My Lai massacre in Vietnam.

Although there is no evidence of the involvement of US forces in these carnages, Pentagon generals will be happy to put these unpleasant findings behind them. Unfortunately for Washington, it may now find itself in an awkward position as it tries to explain that these revelations have nothing to do with its efforts to question the credentials of the International Criminal Court.

– Hindustan Times

Foxed by SMS? Just use the COD

It's Official now. Text messages or SMS are a legitimate part of the English language. The latest revised 10th edition of the Concise Oxford Dictionary has a new feature that decodes the abbreviations commonly used in the roughly one million SMS messages sent all over the world everyday.

The dictionary's new SMS feature not only provides a handy guide to fledgling as well as experienced SMS users, it legitimises the SMS subculture with entries like B4 (before), BBL (be back later) and IMHO (in my humble opinion). Some of the abbreviations, of course, pre-date the language of SMS. XOXOX, for instance has been the symbol for hugs and kisses, even before the advent of SMS.

"The edition illustrates how the English language has been changing", says S. Balan, director (projects) Oxford University Press (OUP). "A dictionary must present a correct, contemporary picture of life through words that are being used today".

Adds Judy Pearsall, publishing manager of English Dictionaries, OUP, who will be flying in to India for the launch. "We always monitor the language to keep it up to date".

As with previous editions, the revised 10th edition also includes several words of Indian origin. While jungle and khaki, words of Sanskrit and Urdu origin, have long made their debut, the revised edition embraces even more words of Indian origin -arhat (a high ranking saint in the Buddhist and Jain monastic hierarchy), bafta (coarse cotton fabric) and yantra (a geometrical diagram used in tantric worship) .

Interestingly, Indian cuisine seems to have gone even more global with nariyal (coconut), haldi (turmeric) and lassi (buttermilk) finding their way into the dictionary.

According to Balan, roughly 600 words of Indian origin are to be found in the new edition.

"The dictionary acknowledges the contribution of Indian languages to English," says Balan. "English is a far more international language now."

The revised edition, with its newlook jacket, will be launched in Delhi on August 20 and has a special Indian price of Rs 525. So, BK YR CPY B4 ITS 2LT.

– Hindustan Times

India retains lead over China in software

Derek Williams is executive vice-president of Oracle Corporation's Asia Pacific Division. Based in Singapore, Williams oversees Oracle's operations in 29 countries in the region including Japan. He has been awarded an honorary professorship in recognition of his contribution to the development of the Chinese software industry. Williams was recently in India and met up with the Hindustan Times.

Experts :

How important is India as a software destination for Oracle?

We run a successful business in India. The key is our ability to harness the capability of India, which has quality software engineers. Outside of the United States, Oracle's primary development centre is India, which is one of the few markets worldwide that is doing well. India is in the early stages of development and immense opportunity exists. Our operations interlink with a common thrust of technology. There is no body else here, who has the same span.

Are you increasing focus on India?

We are making more investments in people and facilities. From over 2,000 people, we ultimately intend to grow to 4,000. In addition to our Banglore facility, we have an MoU for a 7-acre Hyderabad facility, with the option on two more acres, with the Andhra Pradesh Government. Our application development group, which does work within our global framework, will move into the facility which will initially house 1,000 people. That may well double over a three year period.

Is the perception about Indian software engineers being used as low cost labour correct?

No. That is absolutely old fashioned and dangerous thinking that undermines the capability of Indian software engineers. The new economy is about highly qualified Indian software engineers developing products staying here. We would not have increased our size, unless we are sure of this.

I must tell you 10 patents have been filled from India by Oracle. Estimates suggest that 25% of all software is developed by Indians. Infact, 40% staff in Oracle is from Asia and a vast majority of them are Indians.

In revenue terms, how is India placed?

India was number 10 in revenue terms for Oracle three years ago in Asia Pacific region, which contributes 13% of our world-wide revenues. Today, it is number five, after Japan, Korea, China and Australia in that order. India is on its way to reach the slot and has the potential to be the number two.

How does India and China compare in the software arena?

India and China are the only countries that have grown in the past two years. China has grown at 50% while India has grown at 30%. Both markets have the same potential, although development work in China is for local needs. Currently India retains a lead over China in software development and skills. But five years later - who knows.

APPEAL

During field visits to various colonies of South district, it has been observed that the residents of the colonies have encroached upon the public land/foot paths surrounding their houses and have blocked storm water drains by constructing ramps etc. This cause inconvenience to the people of the colony and create problems like traffic jams, choking of the drains and safety hazards for the pedestrians. Due to such unauthorised constructions on the drains, the cleaning of drains becomes impossible and the rain water gets accumulated on the roads and foot paths thereby damaging them, causing inconvenience to the public sanitation problems and increase the risk of diseases. As there is no out-let for the rain water, it invariably finds its way in sewer lines thereby chocking them and leading to over-flow sewer and associated health hazards.

Various Government agencies have put in sporadic efforts from time to time to remove the encroachments without much success. Such an enormous task, which involves all the residents of the colony and affects each and every citizen in some way or the other cannot be taken up successfully without active cooperation of each and every citizen who has to realize his own mistake and rectify it voluntarily. The social pressure of the neighborhood groups and Resident Welfare Associations through their members can only make a dent on this habit and result in the solution of a number of day to day problems being faced by the residents.

I sincerely appeal to all the Resident Welfare Associations and the residents of the colonies of South district to realize gravity of the problems caused to the people in general and remove such encroachments from the public ways and drains on their own. This gesture on the part of RWAs and citizen will go a long way in improvement of the quality of life of the people and will be a significant contribution by the residents in the concept of Bhagidari.

ABC
Dy. Commissioner.

All Residents Welfare Association of Distt. South.

Towards an Equitable Society

Today, we hear criticism of the educational institutions run on no-grant basis and on capitation fees. In principle, there is nothing wrong in imparting education by charging capitation fee so long as the fee charged is enough to meet the cost of education. If Government or other public authorities have no funds and therefore, cannot afford to subsidise education beyond a certain limit, and if private institutions step in to meet the need of the aspiring students and organise imparting of education on self-help basis such well-meaning venture has to be welcomed. The only alternative to such endeavour is to deny the deserving students the education the needy and are capable of pursuing. There is so much loss of talent to the society. The capitation fee institutions have earned a bad name because some of the unscrupulous managements are running them for profit. There are ways and means of tackling this evil. The most effective way is to calculate fees on no-profit-no-loss and ensure that admissions are made to these institutions by the Government from among the applicants on strict merit basis and no student who is not recommended by the Government is admitted to these institutions. It is forgotten by those who are receiving education in aided and Government and semi Government institutions that the fees which they pay do not cover even a fraction of the cost of education they receive. The entire balance of fees is paid as capitation for them by the rest of the society. The point is that those of you who have received education in aided and public institutions are all the more under an obligation to compensate the society by rendering your free services to it. But for the capitation fee paid by the society, for your education, you would not have been what you are today. This must be kept constantly in mind.

This does not mean that those who have paid the cost of their education in terms of the capitation fee, have no obligation towards society. All educated persons have this obligation for the simple reason that in addition to the visible monetary cost, the society contributes to the education of all in myriad invisible ways. The land given for the construction of the educational institutions is sometimes free and sometimes at the nominal price or rent, and sometimes acquired from others depriving them even of their sole means of livelihood. The institutions also receive free services of social workers who establish and run them by making several sacrifices. The institutions also get the benefit of the subsidies and exemptions from taxes and duties for importing equipment necessary for imparting education in some disciplines. Even the instruction which is imparted by the teachers in these institutions is on a considerably less salary than the teacher's experience, knowledge, talent and labour. The instruction imparted by the teacher is not born in a vacuum. Its source is accumulated and inherited knowledge of the society over the centuries. Every educated man, therefore, owes his debt to the society in one form or the other.

You should also not forget that in this country, you are being provided with the secondary, college and university education at the cost of millions who are starved of primary education for want of sufficient funds. This is an imbalance unique only to this country. In the developed and other developing countries, higher education i.e. education beyond the secondary stage and in some countries even the secondary education is not subsidised at all by the Governments and all those who want to receive higher education have to pay its cost in its entirety. Most of you would have been deprived of the college and university education, if you were to pay for it as in other countries, whatever the branch of your study. It is, also necessary for you to remember that you have been educated at the cost of millions of your brothers and sisters who are starved of even their elementary education

– "Professional Competency is Higher Education."

- N.K. Oberoi

General Awareness About Hepatitis B

Most Commonly Asked Questions

What is Hepatitis B?

It is very serious liver disease caused by the Hepatitis B Virus (HBV). Jaundice is the most visible symptom. HBV damages liver tissues and can lead to cirrhosis of liver (scarring of liver tissue) or liver cancer. Once a person is infected, there is no sure cure. Besides, it spreads very easily.

Why is it called a "SILENT KILLER"?

Children infected by this virus may not show any immediate signs and symptoms. In some of these children, period between exposure to the deadly virus and development of the disease can range from 10 years to 40 years. After remaining silent for many years, it may make itself visible either as a chronic liver disease or as liver cancer. Thus it is aptly called a "Silent Killer".

How does it spread?

The main sources of infection are human blood and other body fluids like semen and saliva.

- Through transfusion or blood products or through infected syringes and needles while receiving infections, tattooing, acupuncture.
- Contact with blood or other body fluids of an infected person (if you have a scratch or a wound).
- From the infected mother to a new born baby.

- From the infected sexual partner

It is very unlikely to spread through contact with body sweat or tears from the eyes.

Who can be affected?

Almost everyone. Nobody is safe from this disease. However, some people, due to their professional or family history, are more likely to be affected.

Here are a few examples:

1) Doctors, nurses and other healthcare workers.
2) Patients receiving frequent blood transfusions such as in hemophilia, thalassemia and patients on dialysis.
3) Infants born to HBV carrier mothers.
4) Sex Workers.
5) Homosexual and heterosexual with multiple partners.
6) Alcoholics.
7) Intravenous drug abusers (addicts)
8) People who play contact like football, hockey, wrestling and karate.
9) People who undergo tattooing and acupuncture.

What should an individual do after accidental blood or bodily fluid contamination? Significant contamination is defined as the direct contact of blood or body fluids with the open skin or mucous membrane (i.e. eyes, nose, mouth, anus or vagina). The contaminated individual should seek immediate medical attention (best before 24 hours or not later than 7 days post exposure). Information regarding the source of the blood or body fluids, the time of exposure, and the history of Hepatitis B workers. This information will assist them in assessing the likelihood of hepatitis contamination and in prescribing the appropriate treatment.

How do you know whether you have Hepatitis B?

In spite of being infected with virus, one may or may not show any signs or symptoms. Even when they appear, it may happen after a long time. One can also become a silent carrier disease.

Initial symptoms of Hepatitis may vague and resemble flu. These include fever, headache, extreme weakness, nausea, vomiting, loss of appetite and discomfort in the abdomen. Jaundice appears in some patients which can be recognised in the dark coloured urine, clay coloured stools and yellowing of skin and eyes. In the absence of any specific symptoms Hepatitis B often goes undiagnosed. The only way to be absolutely sure is a blood test called the Hepatitis B surface antigen test (HBs Ag). This test detects a part of the virus which circulates in the blood of infected person.

What do I need to do if been diagnosed to have Hepatitis B ?

Do not panic if you have been diagnosed to have Hepatitis B. You should see your family doctor, and depending upon the stage of your liver disease, he/she will decide whether you will be followed-up regularly or if you need to be referred to a liver specialist.

What kind of outlook can I expect if I have a Hepatitis B infection?

Many patients with a Hepatitis B infection can expect to lead a full and normal life. Most adult patients recover completely from the disease. However, it is important to take precautions not to spread the disease and get medical check-ups regularly.

What complications can I expect from Hepatitis B infection?

A small proportion of patients with Hepatitis B can develop persistent liver disease or liver cancer.

Persistent liver disease may lead to hardening or scarrying of liver called cirrhosis in some patients.

However, a large number of patients can just carry the Hepatitis B virus for life and do not develop liver disease. There is no way that the doctor can predict who will develop liver cirrhosis or who will develop lever cancer, therefore it is very important that you are followed by your doctor regularly.

NO CURE ONLY PREVENTION

Hepatitis B damages your liver over a long period of time. This liver performs vital functions like cleaning and purifying your blood.

– 'Lok Kalyan Samiti' News Letter

SHANKAR AND EMERGENCY

This year marks the centenary of Shankar (Keshav Shankar Pillai), the doyen among political cartoonists of India. After freelancing for a while in Bombay where he was private secretary to a shipping magnate, he was invited to join the *Hindustan Times* in Delhi as its staff cartoonist. That post was created for him at the instance of Pothen Joseph, who was among those editors who had come to appreciate his cartoons. Soon after he joined the *Hindustan Times*, Joseph persuaded Shankar to move over to Delhi, the then seat of the British Government where there was enough meat for the cartoonists. The year was 1932 and Shankar was only 30 then.

Shankar's daily cartoons and 'March of Time' in the weekend edition of the newspaper were a rage. The Britishers, we are told, have a high sense of humour and no wonder, and the Viceroys enjoyed the caricatures drawn by Shankar. Lord Linlithgow would often send for the original and pay for it. At other times, Shankar would himself send the cartoons to him with his compliments. Lord Willingdon had a collection of Shankar's cartoons which, it was reported, later adorned his study when he went back to England.

On the contrary, some of the Indian leaders could not tolerate the way they were being caricature. J.P. Srivastava Hon'ble Member of the Vicerory's Executive Council, invited Shankar to meet him, and when he was ushered into his presence, Shankar was horrified to see him near-naked and having a massage. ''Ah, Shankar! I hope you don't mind. Why, you may even draw me like this!"

He did not know that Shankar had already drawn the Hon'ble Member's caricature—in his mind. Srivastva never appeared fully clothed in any of Shankar's cartoons later.

There was still another Hon'ble Member, Sir Jeremy Raisman, in charge of Food. His paunch used to be highlighted by Shankar in his caricatures and he used to revel about the ''deficit" and ''surplus" areas in him—one on top and the other below.

And, of course, Rajaji was already the butt of a pun—C.R. and 'siyar' (in Hindi, meaning fox). In Shankar's caricatures, an exaggerated nose was the distinguishing feature which irritated the venerable gentleman. He asked his son-in-law, Devadas Gandhi, who had by then taken over as Editor of the *Hindustan Times* to suggest that he need not be made such a 'nosey' (no pun intended) character. Shankar did not agree. And he bade adieu to the paper. The year was 1946.

So much for Indian's sense of humour, which Shankar used to lament sincerely. The irony was, when the country was enjoying the fruit of freedom, Shankar was not reaping any benefit. His own Indian News Chronicle had only an 11 month life, and he had decided not to work for anyone for a salary. He then dreamed of a cartoon journal which would not give him the headaches of a daily newspaper.

Shankar's Weekly was born on May 23, 1948. This first issue was released by Prime Minister Jawaharlal Nehru, who turned to the cartoonist and said those historic words: ''Shankar, don't spare me."

Shankar's Weekly ran for a little over 27 years, till 1975—the year of Emergency. Was Emergency the cause of its closure? No. I know this for certain, because I was ''handling" the Weekly on behalf of Shankar who was also my boss (I hate to use that word, because he was very affectionate to me).

– K. Ramkrishnan – INSA News Letter

Prof. Indira Goswami

While writing, I am not conscious of my gender. In the whole business of writing the creative process probably is the same for both, man and woman. But suddenly, somewhere, sometimes, I come across some experiences, or some incidents which make me realize with a jerk that I am a woman.

Nearly three decades ago, I went to Vrindavan after the sudden death of my husband. My mental condition was not sound. I was in deep distress, and mentally disturbed. My husband was only 28 years old when he got killed in a jeep accident. I was only a couple of years younger. I stayed in a temple and did research work on tantrism at the institute of Oriental Philosophy in Virndavan

Though I had been a regular writer since my childhood, I plunged myself into writing with full vigour (and perhaps desperately) to counter my acute depression. I lived in the small hovel-like room of the temple. I also kept sleeping pills with me, thinking that if the pain became unbearable, I would end my life. Here at Vrindavan, I saw the most pitiable plight of the widows. Their future was uncertain. For them the fear of life was more dominant than the fear of death, I was witness to the hustle and bustle of a pilgrimage centre where the widows, the sanyasies, the tantric sadhus and the devotees in hundreds came from all over India. I decided to write a novel on the miserable life of the widows there.

I used to set out alone to find out things for myself, to gather material for my novel, to feed my senses on the sight, the sound and the smell of the people and the place. This has been my habit right from the beginning. I can write only about those things which I see or feel about, and experience for myself at first hand. I collected material from the hovels where the widows stayed at places like Harabari of Gopinath Bazar, Bankhandi, and amidst the ruins near Cheerharan Ghat, etc. The discarded beings came mostly from Bankura, Mymensingh, Dinazpore, Rajshai, etc. in East Bengal (now Bengladesh). I met some of them from Assam and Manipur as well.

As a woman, alone in search of material in the intricate lanes of Vrindavan, I realized all of a sudden how difficult and unsafe it was for me. I discovered the handicap of being a female in a male dominated place. Seeing a young woman moving about alone, the ruffians and the rogues of the city started following me everywhere. Probably they thought I was one of the widows swarming the temple city, easy prey for the idle vagrants. They molested old widows and deprived them of their meager saving tied up in a corner of their sarees. Having been witness to it, I had to take Prof. Upendra Chandra Lekhara, my guide for my research work, wherever I went for gathering material for my novel.

पंडित श्री नारायण चतुर्वेदी का पत्र विष्णुकांत शास्त्री के नाम

आदित्यशैल
53, खुर्शेदबाग, लखनऊ-4
16.7.78

प्रिय विष्णुकान्त जी,

मुझे पिछली शती का महाराष्ट्र का बना भूषण का एक रेखाचित्र मिल गया जिसमें वे छत्रपति के समक्ष काव्यपाठ कर रहे हैं। हिंदी के प्राचीन कवियों के पुराने चित्र प्रायः अप्राप्य हैं। अतएव मैंने उसका एक वृहदाकार 6 X 4 फुट का तैलचित्र बनवा लिया जो अत्यंत सुंदर बना है। फ्रेम सहित उसका आकार 6 1/2 X 4 1/2 फुट हो गया है। मैं उसे हिंदुस्तानी एकेडेमी के सभागार में लगवाना चाहता हूँ। एकेडेमी ने इसे स्वीकार भी कर दिया है। मैंने उसके अधिकारियों से कहा है कि उसका अनावरण महाराष्ट्र के किसी मूर्धन्य साहित्यकार से करावें। वे इसके लिए राजी हो गए हैं। उस समय एक छोटा-मोटा उत्सव भी किया जाय।

चित्र की तैयारी में 3700 से कुछ अधिक लगे हैं। मैंने 700 से कुछ अधिक अपने पास से लगा दिए हैं। एक तो मेरे ऐसे पेंशनर के वित्त के बूते की बात नहीं कि मैं सारा व्यय उठा सकूँ, दूसरे मैं यह भी चाहता हूँ कि यह चित्र हिंदी साहित्यकारों और प्रेमियों की ओर से भेंट किया जाय, न कि किसी एक व्यक्ति के द्वारा। यदि मैं प्रयत्न करता तो एक ही ऐसा व्यक्ति मिल जाता जो तीन हजार दे देता। अतएव मैंने अपने कुछ साहित्यकार और हिंदी-प्रेमी मित्रों को लिखा कि उनमें से प्रत्येक 100 भेज दें। 2500 आ गया है किंतु ये सब मित्र उत्तर प्रदेश के हैं (जैसे डॉ. बाबूराम सक्सेना, डॉ. उदयनारायण तिवारी, डॉ. रामकुमार वर्मा, डॉ. विद्यानिवास मिश्र आदि।) शेष 500 भी यहाँ मिल सकते हैं। किन्तु मैं इसे उ.प्र. के साहित्यकारों की भेंट नहीं बनाना चाहता-समस्त हिंदी क्षेत्र के हिंदी साहित्यकारों और प्रेमियों की बनाना चाहता हूँ। अतएव मैंने म.प्र. से राजेन्द्र सिंह जी, बिहार से गंगाशरण सिंह जी, दिल्ली से अज्ञेय जी, बम्बई से धर्मवीर भारती जी और कलकत्ते से आपको लिखने का निश्चय किया। व्योदार जी और गंगाशरण सिंह जी की स्वीकृति आ गई है। दो चार दिन में उनके रुपये

आ जायेंगे। अब मैं शेष तीन मित्रों को लिख रहा हूँ। उसी क्रम में यह पत्र है। मुझे आशा है कि आपका भी मुझे सहयोग प्राप्त होगा। यदि आप मेरा निवेदन स्वीकार करें तो रुपया मनीआर्डर या ड्राफ्ट से भेजें। चेक से रुपया वसूल करने में बहुत विलम्ब होता और झंझट होता है। यदि किसी कारण से आप सहयोग न दे सकेंगे तो मैं इसे अन्यथा नहीं समझूँगा।

यदि हिंदुस्तानी एकेडेमी ने मेरे सुझाव के अनुसार एक उत्सव में महाराष्ट्र के किसी मूर्धन्य साहित्यकार से चित्र का अनावरण कराया तो अन्य भारतीय भाषाओं से हमारे सम्पर्क का एक नये ढंग का श्रीगणेश हो जाएगा और हम उनसे सामंजस्य और घनिष्ठता उत्पन्न करने की दिशा में कुछ बढ़ेंगे। इसके बाद में केरल के महाराज स्वाति तिरूनाल के चित्र का प्रबंध करना चाहता हूँ। फिर खानखाना का।

आशा है कि आप स्वस्थ और प्रसन्न हैं।

आपका
श्रीचतुर्वेदी

— 'दस्तावेज़' 14 / जनवरी-मार्च, 2002 के सौजन्य से

भारतीय मूर्तिकला

मूर्ति बनाने में आरंभ से ही मनुष्य के मुख्यतः दो उद्देश्य रहे हैं। एक तो किसी स्मृति को वा अतीत को जीवित बनाए रखना, दूसरे अमूर्त को मूर्त रूप देना, अव्यक्त को व्यक्त करना अर्थात् किसी भाव को आकार प्रदान करना। यदि हम सारे संसार की सब काल की प्रतिमाओं का विवेचन करें तो उनका निर्माण बिना देशकाल के बंधन के मुख्यतः इन्हीं दोनों प्रेरणाओं से पावेंगे। ऊपर जिन प्रारंभिक मूर्तियों की चर्चा हुई है उनमें भी इन्हीं प्रवृत्तियों का बीज मिलता है, अर्थात् हाथी और घोड़े की आकृतियाँ बनाकर मनुष्य ने अपने इर्द गिर्द के जंतु जगत् की और संभवतः उसके ऊपर अपनी विजय की स्मृति सुरक्षित की है। इसी प्रकार मनुष्य आकृति को इंगित करनेवाले ताँबे के टुकड़े बनाकर उसने अमूर्त आध्यात्मिक भावना को आधिभौतिक रूप दिया है। देखा जाय तो मानवना का विकास वस्तुतः इन्हीं दो विशेषताओं पर अवलंबित है—अतीत का संरक्षण और अव्यक्त की मूर्त अभिव्यक्ति।

मूर्तिकला में ऐतिहासिक मूर्तियाँ पहले सिरे के अंतर्गत और धार्मिक तथा कलात्मक मूर्तियाँ दूसरे सिरे के अंतर्गत हैं। वस्तुतः आध्यात्मिक भावना में उपासना में—जो अतींद्रिय, बुद्धिग्राह्य, आत्यंतिक सुख प्राप्त होता है वा रागात्मक अभिव्यक्ति में जो लोकोत्तर सुख है वह और कुछ नहीं निराकार को, बुद्धिग्राह्य को अर्थात् भाव को साकारता प्रदान करना है। दूसरे शब्दों में मूर्ति, चित्र, कविता वा संगीत के रूप में परिवर्तित करना है। हमारे देश की मूर्तिकला ने मुख्यतः इसी दूसरे लक्ष्य की ओर अपना सारा ध्यान रखा है। भौतिक रूप का निदर्शन न करके तात्विक रूप का निदर्शन ही उसका मुख उद्देश्य है जैसा कि हम आगे देखेंगे।

भारत की सबसे प्राचीन मूर्तियाँ सिंध काँठे के मोहनजोदड़ो और हड़प्पा के प्राचीन नगरों के ध्वंसावशेष में मिली हैं। ऐसे नगरों की एक माला सारे सिंधकाँठे में और उसके पश्चिम बलूचिस्तान तक तथा संभवतः इधर गंगा, यमुना एवं नर्मदा के काँठे तक व्याप्त थी। ये नगर 300 ई. पू. के आसपास के हैं, किंतु इनमें मानव सभ्यता की बहुत उन्नत अवस्था पाई जाती है।

पेशावर तथा हज़ारा जिलों के चट्टानों के लेखों को छोड़कर, जो खरोष्ठी लिपि में हैं, स्तंभों पर के तथा अशोक के अन्य सभी लेख ब्राह्मी लिपि में हैं, जिसकी सबसे श्रेष्ठ सतति देवनागरी लिपि है और भाषा तो सभी की मागधी अर्थात् उस समय की हिंदी है। इससे यह तो प्रत्यक्ष ही है कि उस समय जनता में पढ़ने लिखने का व्यापक प्रचार था, क्योंकि तभी इन धर्मलेखों की उपयोगिता थी। साथ ही यह भी प्रत्यक्ष है कि हिंदी का राष्ट्रभाषा का तथा नागरी का राष्ट्रलिपि का स्वत्व आज से नहीं उसी समय से चला आता है, अस्तु, कला की दृष्टि से इन लेखों के अक्षर बड़े उत्तम है और उनकी खुदाई भी वैसी ही हुई है। अक्षरों की आकृति और मरोड़ सुंदर और एक सा है। उनमें गोलाई और तनाव है तथा वे छरहरे हैं; नाटे, चिपटे वा फैले हुए नहीं हैं। उनकी पंक्तियाँ सीधी हैं। रुम्मनदेई का स्तंभ लेख इन सब विशेषताओं का सर्वोत्कृष्ट नमूना है। उसमें आज भी टटकापन बना हुआ है जो अक्षरों के खोदे जाने के दिन था।

पटने के पास दीदार गंज में मिली और अब पटना संग्रहालय में प्रदर्शित चामरग्रहिणी की ओपदार मूर्ति (फलक-5) भी अशोककालीन मूर्तिकला का अपने ढंग का नमूना है; अतः दर्शनीय है।

मथुरा, अहिच्छत्रा (रामनगर, जिला बरेली), कौशांबी, मसोन (जिला गाजीपुर), पटना आदि में असंख्य में मृणमूर्तियाँ भी मिल रही हैं। इनमें कितनी ही, कला की दृष्टि से, बड़ी उत्कृष्ट हैं। किंतु इनमें से जो शुंगयुग से पूर्व की हैं उनका कालविभाजन अभी तक, अध्ययन की कमी के कारण, ठीक ठीक नहीं हो पाया है। वे ई. पू. 7वीं शती से लेकर मौर्यकाल तक की हो सकती हैं। अतएव उनके विषय में अधिक न कहकर केवल एक का चित्र (फलक-11 क) देकर ही हम संतोष करेंगे। इसमें शिव वा कोई यक्ष अपनी अर्धांगिनी के सहित बड़ी बारीकी और सुंदरता से अंकित किया गया है।

इसके संबंध में एक विशेष बात यह भी है कि ठीक इस तरह की, सोने के पत्थर की, ठप्पे से बनाई गई एक मूर्ति पटने में मिली है, जो वहाँ के रायबहादुर सेठ, राधाकृष्ण जालान के अद्वितीय संग्रह में है। उक्त दोनों मूर्तियाँ पिछले मौर्य वा आरंभिक शुंग काल की हैं।

- भारतीय मूर्तिकला' – रायकृष्ण दास

अंतर्राष्ट्रीय साक्षरता दिवस

राजधानी दिल्ली के विज्ञान भवन में छत्तीसवां अंतर्राष्ट्रीय साक्षरता दिवस समारोह मानाया गया। इस अवसर पर उपराष्ट्रपति श्री भैरोंसिंह शेखावत ने कहा–निरक्षरता एक अभिशाप है जो देश के विकास के मार्ग की बहुत बड़ी रूकावट है। साक्षरता का अभियान चला कर देश की जनसंख्या, रोजगार की और अन्य सामाजिक समस्याओं को भी हल किया जा सकता है। उपराष्ट्रपति महोदय ने देश के प्रत्येक शिक्षित व्यक्ति से अपील की कि वह पाँच निरक्षरों को अक्षर ज्ञान कराए। गरीबों को भी लगना चाहिए कि शिक्षा प्राप्त करना उपयोगी है।

समारोह की अध्यक्षता मानव संसाधन विकास मंत्री डॉ. मुरली मनोहर जोशी ने की। इस अवसर पर बोलते हुए डॉ. जोशी ने कहा–5 मई 1988 में राष्ट्रीय साक्षरता मिशन की शुरूआत के साथ ही देश भर में समयबद्ध तरीके से साक्षरता कार्यक्रम शुरू हुए। उन्होंने यह भी कहा कि निरक्षर लोगों के लिए साक्षरता अभियान, उनके पठन-पाठन को सुदृढ़ बनाने के लिए उत्तर साक्षरता कार्यक्रम तथा आगे पढ़ने की इच्छा रखने वालों के लिए सतत शिक्षा कार्यक्रम विभिन्न राज्यों में चलाए जा रहे हैं। उन्होंने यह भी कहा कि निरक्षर लोगों को तकनीकी विकास से वंचित नहीं रखा जा सकता।

इस बार राष्ट्रीय साक्षरता मिशन ने छत्तीसगढ़ के दो जिलों को संयुक्त रूप से पुरस्कृत किया जिसमें महासमंद और कंकर प्रमुख हैं। बिहार के जिले बक्सर को भी पुरस्कृत किया गया। साक्षरता पश्चात् कार्यक्रम के लिए राजस्थान के जिले बीकानेर को भी पुरस्कृत किया गया। इसके साथ अनेक संस्थाओं को भी सम्मानित किया गया।

इस समारोह में हिंदी सहित 16 भारतीय भाषाओं के 59 रचनाकार पुरस्कृत हुए। हिंदी के कुल तेरह लेखक सम्मानित किए गए।

इससे साफ जाहिर है कि पढ़ने की कोई सीमा नहीं है। कोई उम्र इसमें बाधा नहीं। केवल जरूरत है इच्छा शक्ति जगाने की। मंजिल खुद ब खुद बन जाएंगी। आइए एक नई शुरूआत करें...

पेट की तकलीफ होने पर...

केवल दो निवाले पेट में डाले और लगने लगा कि पेट भर गया। लोग कहते हैं कि पेट में गैस है। तनिक मुंह जूठा क्या किया, लगता है कि पेट में ठसाठस पत्थर भरे हैं। पेट क़ा ऊपरी भाग कुछ भारी-भारी सा लगता है। कुछ लोगों को लगातार कई डकारें आती हैं। कुछ लोग छाती में जलन होने की भी शिकायत करते हैं। गले में जलन होती है। ये सारे अपच या बदहज़मी के लक्षण हैं।

जरूरत से अधिक पेट में ठूसते रहने से बदहज़मी हो जाती है। बूढे लोगों के दांत नहीं होते। इसलिए उनसे भोजन ठीक-ठीक चबाया नहीं जाता। नकली दांत ठीक से काम नहीं करते। इससे भी बदहज़मी होती है।

अधिक काम करने से आदमी थक जाता है। कभी कोई बड़ी चिंता उसे खाये जाती है। तेज गुस्सा आता है। कोई दुख सताता है। इन सभी कारणों से बदहज़मी हो सकती है।

कुछ लोग तली हुई चीजें अधिक खाते हैं। ये हज़म नहीं होती हैं। कभी-कभी भोजन कच्चा रह जाता है। कुछ लोग बासी खाना भी खाते हैं। इससे पेट खराब होता है। इन से बचना चाहिए।

सिर दर्द के लिए एस्पिरिन जैसी गोली खाने से भी बदहज़मी होती है। छूत की या लगने वाली संक्रामक बीमारियां, मियादी बुखार या फ्लू, अन्न विष बाधा, पेट में सूजन ऐसी बीमारियों में भी हमेशा बदहज़मी होती है।

थोड़ा सा पेट खराब हो तो एक प्याला पानी लें। उस में आधा चम्मच खाने का सोडा घोलें। यह पानी पीएं। अम्ल नाशक दवा बाजार में मिलती है। सोडामिंट की गोली भी खाई जा सकती है। सोडा बोतल पीने से भी आराम मिलता है। हां, लेकिन शराब कतई ना लें। थोड़ी देर तक लेटे रहें।

बदहज़मी को टालने के लिए अच्छी खुराक लेना चाहिए। खाना ठीक तरह से पकाना चाहिए। कई लोगों का पेट कुछ विशेष चीज खाने से खराब हो जाता है। अपने आहार में ऐसी चीज टाल दें। खुराक की मात्रा थोड़ी हो। सिगरेट-बीड़ी पीना बंद करें। तम्बाकू खाने से पेट के भीतर सूजन आती है। इससे बदहज़मी होती है।

— डा. सुरेश नाडकर्णी

— अनुवाद : हेमा जावडेकर

- नेशनल बुक ट्रस्ट द्वारा प्रकाशित पुस्तक 'साधारण रोग' से उद्धृत

कला समीक्षक मुकुन्दीलाल

प्रसिद्ध कला समालोचक और लेखक स्वर्गीय मुकुंदीलाल का जन्म 1885 में गढ़वाल में हुआ। उन्होंने इलाहाबाद, कलकत्ता और क्राइस्ट चर्च (ऑक्सफोर्ड) में शिक्षा प्राप्त की। 1918 में उन्होंने बैरिस्टर के रूप में वकालत शुरू की और इलाहाबाद उच्च न्यायालय में 20 वर्ष तक वकालत करते रहे। अगले छह वर्ष वह टेहरी गढ़वाल राज्य के उच्च न्यायाधीश के पद पर आसीन रहें तथा संयुक्त प्रांत (अब उत्तर प्रदेश) में 1923 से 1930 तक विधान परिषद के उपाध्यक्ष रहे। 1962 से 1967 तक उन्होंने उत्तर प्रदेश विधान सभा में गढ़वाल का पुनः प्रतिनिधित्व किया।

युवावस्था से ही उन्हें भारतीय संस्कृति, विशेष रूप से भारतीय चित्रकला में रुचि थी। अपने छात्र जीवन से ही वह डॉ. आनंद कुमारस्वामी और अवनींद्रनाथ ठाकुर के संपर्क में आए।

चित्रकार तथा कवि मोलाराम (सन 1743-1833) के वंशज श्रीनगर में मुकुंदीलाल के परिवार के पड़ोसी थे। में दोनों के मकान आमने-सामने थे। मोलाराम के पोते अपने दादा के चित्र और कविताएँ यदा-कदा मुकुंदीलाल को दिखाया करते थे। इससे मुकुंदीलाल-को गढ़वाल की चित्रकलाओं के विषय में खोज करने की प्रेरणा मिली और उनमें मोलाराम के चित्रों का संग्रह करने की इच्छा जागी। अनुसंधान करने पर उन्होंने पाया कि गढ़वाल के कलाकारों की कृतियों में रंगों का विलक्षण समन्वय, अनोखा लावण्य और चित्ताकर्षक सौंदर्य विद्यमान है। इसके अलावा उन्हें गढ़वाल चित्रकला के इतिहास और विकास के विषय में प्रचुर हस्तलिखित सामग्री प्राप्त हुई। उन्होंने सोचा कि ऐसी दुर्लभ सामग्री को संकलित करके कलाकारों, कला-प्रेमियों और कला-मर्मज्ञों को उपलब्ध कराना उनका कर्तव्य है।

उन्होंने विभिन्न हिंदी और अंग्रेज़ी पत्रिकाओं में गढ़वाल की चित्रकला और विशेष रूप से मोलाराम की चित्रकला पर लेख लिखे। सन 1944 से लेकर 1954 तक उन्होंने अंग्रेज़ी पत्रिका 'रूपलेखा' में एक लेखमाला निकाली जो बाद में ग्रंथाकार में प्रकाशित हुई। मूल रूप से अंग्रेज़ी में प्रकाशित इस पुस्तक का हिंदी संस्करण भी लेखक ने स्वयं ही तैयार किया। इस पुस्तक की विशेषता यह है कि इसमें मोलाराम की वे कविताएँ भी सम्मिलित हैं जो मोलाराम के अपने बनाए हुए चित्रों के ऊपर या उनके पीछे लिखी हैं। इस प्रकार हिंदी संस्करण वह साहित्यिक रचना भी है जो मोलाराम ने अपने चित्रशाला के विषय में और अपने समकालीन प्रसंगों के बारे में पद्य में की है।

‘बहुवचन’ के वार्षिक सदस्य बनने के लिए प्रपत्र

महात्मा गांधी अन्तरराष्ट्रीय हिन्दी विश्वविद्यालय
16, द्वितीय तल, सीरी फोर्ट रोड,
नयी दिल्ली–110049

प्रिय महोदय,
‘बहुवचन’ के अंक.....से.....अंक तक के लिए रुपए का...
ड्राफ्ट / मनीआर्डर भेज रहा हूँ। कृपया मेरी प्रति निम्नलिखित पते पर भिजवाएँ :

नाम : ....
पता : ....
....
....
पिन कोड ....
फोन : ....

हस्ताक्षर ....

ड्राफ्ट या मनीआर्डर ‘महात्मा गांधी अन्तरराष्ट्रीय हिन्दी विश्वविद्यालय’ के नाम पर बनाएँ और निम्नलिखित पते पर ही हमें भेजने की कृपा करें :

बहुवचन
महात्मा गांधी अन्तरराष्ट्रीय हिन्दी विश्वविद्यालय
16, द्वितीय तल, सीरी फोर्ट रोड,
नयी दिल्ली–110049

वार्षिक सदस्यता शुल्क : 200/- रुपए

– म.गां.हि.वि.वि. से साभार